公益小镇与志愿服务丛书

志愿服务

传 承 与 创 新

CHUANCHENG YU CHUANGXIN

谭建光　　汪彩霞　　李 森　／　主编

中国社会出版社

国家一级出版社 · 全国百佳图书出版单位

图书在版编目（CIP）数据

志愿服务：传承与创新 / 谭建光，汪彩霞，李森主编 . -- 北京：中国社会出版社，2025. 4. --（公益小镇与志愿服务丛书）. -- ISBN 978-7-5087-7193-9

Ⅰ . D669.3

中国国家版本馆 CIP 数据核字第 202599KD87 号

志愿服务：传承与创新

责任编辑：张翠萍

责任校对：卢光花

装帧设计：时　捷

出版发行：中国社会出版社

　　　　　（北京市西城区二龙路甲 33 号　邮编 100032）

印刷装订：北京九州迅驰传媒文化有限公司

版　　次：2025 年 4 月第 1 版

印　　次：2025 年 4 月第 1 次印刷

开　　本：170mm×240mm　1/16

字　　数：285 千字

印　　张：17.25

定　　价：58.00 元

《志愿服务：传承与创新》编委会

主　　编：谭建光　汪彩霞　李　森

执行主编：胡东辉　黄　悌　梁志立

成　　员：马　凯　凌　莉　陈　立　彭卓宏

　　　　　林锐斌　姚晓妍　苏　敏　徐丽纯

主持机构

广东省社工与志愿者合作促进会

广州市天河区原点社会工作服务中心

特别感谢

广州市海星公益基金会资助研究工作

何伯权先生资助研究工作

广东省团校（广东青年政治学院）青年公益与志愿者学院
支持撰写工作

广州市天河区启智社会工作服务中心支持传播工作

前　言

中国式现代化建设进程中，社会工作者和志愿者"必须展现新担当新作为"。广大志愿者、志愿服务组织、志愿服务工作者要深刻领会党对志愿服务发展的新要求新期望，把握正确方向、主动担当作为，为社会工作与志愿服务高质量发展作出贡献。值此时机出版《志愿服务：传承与创新》一书具有特别的意义，故撰写文章，作为前言与广大志愿者分享。

志愿者要站位更高，自觉服务党的事业。社会工作"事关党长期执政和国家长治久安"，志愿服务作为党的社会工作的重要组成部分，也发挥着不可或缺的作用。中国式现代化对志愿服务提出新的要求，志愿者要站在党的事业发展高度，重新认识开展志愿服务的意义和价值。过去有些志愿者、志愿服务组织负责人认识不足，觉得志愿服务就是"做做好事""帮帮人"，而没有提升到对党的事业发展、对国家发展繁荣的积极作用的认识高度。我们认为，要让更多的志愿者提高认识、提高境界。一是志愿者通过丰富多样的服务活动弘扬党的宗旨理念，让广大群众进一步感受为人民服务的温暖。二是党员志愿者通过奉献和服务树立党组织的新形象，更好地吸引群众和赢得群众。三是在志愿服务中建立党与群众的纽带关系，激励广大群众关心并参与党的事业发展。四是在志愿服务中培养和锻炼基层党建人才，让优秀的志愿者参加党组织，成长为党组织的骨干，发挥越来越重要的作用。我们推动社会工作与志愿服务发展的时候，要让广大志愿者提高思想觉悟，认识到助力党的长期执政与弘扬为人民服务宗旨紧密相连、坚持党的正确领导有利于更好地服务群众利益需求。

志愿者要立场更稳，勇于为人民作奉献。社会工作和志愿服务的发展，就是为了人民的幸福安康，这要求志愿者牢牢坚持人民立场，坚持以人民为中心。一是志愿者和志愿服务组织开展服务时，出发点和落脚点都是为了人民，为了人民的生活，而不是"应付任务""满足形式"。二是开展志愿服务时，要真真正正贴近群众和帮助群众，按照群众的愿望和需求提供关爱帮扶，而不是"想当然""随意性"。三是敢于面对群众遇到的困难和问题，能够攻坚克难，让群众的生活得到改善。四是遇到事情时，将群众利益放在首位，将个人利益放在后面，积极主动为人民群众创造幸福。郭明义、徐本禹等就是这方面的典范人物，值得我们学习。郭明义长期坚持为"希望工程"捐款，参与无偿献血、捐献造血干细胞等，帮助身边群众和有需要的人群，以学雷锋助人为乐作为自己的人生准则。徐本禹从大学时期开展深入贵州山区的支教志愿服务，到发起一支支"本禹志愿服务队"开展支教、助老、助残、乡村振兴、邻里互助等服务，为全社会掀起邻里守望、友善互助的氛围作出了贡献。如今，郭明义兼任全国总工会副主席，徐本禹担任共青团湖北省委副书记，但他们仍然坚持带领志愿者队伍，定期前往社区、农村开展服务，为老人、儿童、残疾人等提供关爱帮助。这就是坚持人民立场的体现，就是时时刻刻为人民谋幸福、为民族谋复兴的体现，值得广大志愿者学习和效仿。

志愿者要热情更高，积极参与社会治理。在中国式现代化进程中，社会转型发展、利益需求多样化，难免引发纠纷矛盾和风险隐患。为此，广大志愿者要坚定不移走中国特色社会主义社会治理之路，努力化解矛盾、防范风险。一是深入学习"枫桥经验"，创建"红枫义警"等多种形式的队伍，在社区和农村的义务巡逻、维护治安中发挥积极作用，保护人民群众的生命和财产安全。二是深入邻里、沟通交流，发现矛盾纠纷的萌芽，及时劝说和调解，减少冲突的发生。三是协助信访工作，了解信访人员的诉求，通过以情动人、以理服人的交流，促进问题的妥善解决。四是开展依法办事、依法维权的宣传普及，引导群众理性表达诉求，避免极端行为。在这些方面，各地志愿者都探索出许多优秀的经验，值得总结推广。志愿者和志愿服务组织参与基层治理，促使群众理性友善解决问题，有利于减少矛盾冲突，有利于共建共治共享。

志愿者要服务更实，更好地满足群众需求。新时代要抓好服务群众工作，就要通过志愿者和志愿服务组织深入社区、深入农村，不断满足群众需求、积极引领群众需求。一是要深入群众身边、走进群众心中，切实了解他们的困难问题、利益需求。改革开放以来，乡村社区发生了较大的变化，基层群众的需求也有着非常大的变化。目前，许多地方开展的"微心愿＋微志愿"活动发挥了积极作用，即社区和农村收集"一老一小"、残疾人、低收入群体的特殊需求，如冬天需要棉衣、夏天需要风扇，以及电饭锅、新轮椅等。

一方面吸引爱心人士捐资购买生活用品，另一方面鼓励爱心志愿者结对帮扶，解决困难，改善生活。二是要善于在志愿服务中引领需求。志愿者不仅要满足群众的需求，更要帮助群众获得更多的帮助，提升生活质量，共享美好生活。如在助老服务中推进"适老化改造"，为社区和农村的老人建设多类型的适老化设施，让老人方便、舒适地生活。又如在助残服务中推进"结对出行"，让残障人士便捷出行就业创业，便捷出行旅游休闲，丰富精神世界、获得更多机会。三是为广大群众创造更多更好的生活。志愿者和志愿服务组织将时尚文化、非遗技艺等引进社区、农村，让群众在身边就可以感受新时代的美好和幸福。特别是伴随网络时代的发展，科学技术的进步，如何让智能技术、AI技术等在志愿服务中获得推广，通过志愿者的传播和普及惠及城乡群众，非常值得探索。

志愿者要素质更强，推动高质量创新发展。志愿者既要奉献爱心热情，也要奉献智慧技能。《中共中央办公厅 国务院办公厅关于健全新时代志愿服务体系的意见》提出，"志愿服务是社会文明进步的重要标志，是新时代党引导动员人民群众贡献智慧力量、创造美好生活、实现奋斗目标的生动实践"。其中，"贡献智慧力量"的说法，意味着志愿服务进入3.0阶段。1.0阶段是2017年以前，很多地方性法规和政策文件解释，志愿者是无偿奉献时间和精力，为社会进步与他人幸福提供服务的人。这里面的"精力"被一些人简单理解为体力，就出现了认为志愿者是"免费劳动力"的误解。2.0阶段是2017年国务院公布《志愿服务条例》，提出"本条例所称志愿者，是指以自己的时间、知识、技能、体力等从事志愿服务的自然人"。知识、技能的加入，能更好发挥志愿者的素质特长。3.0阶段是2024年以来，《中共中央办公厅 国务院办公厅关于健全新时代志愿服务体系的意见》提出志愿者"贡献智慧力量"，包括思维创新、创意创造等成为志愿服务的重要元素，为志愿者发挥专业作用提供更广阔的空间，也为社会工作与志愿服务的高质量发展提供有力支持。广大志愿者、志愿服务组织和志愿服务工作者要更多更好地发挥智慧力量、发挥专业优势、发挥知识价值、发挥技能特长，为人民群众创造美好幸福生活。

志愿者要更有情怀，建设繁荣伟大祖国。新时代的志愿者既要仰望星空，也要脚踏实地。要能看到志愿服务对国家兴旺发展、社会繁荣富强的积极作用，充分认识新时代志愿服务的"双重功能"。一是服务国家战略。志愿者要以推进中国式现代化，实现中华民族伟大复兴的中国梦为己任，通过智慧志愿服务、专业志愿服务等方式，在科技创新、产业转型、乡村振兴、社区治理、文化繁荣等领域热情奉献、发挥作用。二是服务民生改善。志愿者要以提高人民群众的获得感、幸福感、安全感为己任，既要做好"一老一小"、残疾人、特殊人群的关爱扶助，也要做好邻里守望、社区互助的服务，让广大群众通过身边的志愿者感受社会的关心关怀。大学生"西部计划"志愿服务，鼓励志愿者在走向西部、深入农村，开展支教、助农服务的同时，也为基层治理、乡村振兴作出贡献，"从小事着手"为广大农村的发展繁荣作出贡献。青年志愿者海外服务计划前往亚非拉国家，提供助学、助农、助医以及工程技术、体育文化等方面的志愿服务，帮助友好国家和地区的发展，为所在国家和地区人民提供关心帮助。这些送温暖、做好事的"小小行为"，都是为国家发展兴旺"添砖加瓦"，为中国国际友好"添砖加瓦"。

广大志愿者要科学有效开展志愿服务，为党和国家事业的发展作贡献，为人民群众的幸福作奉献。同时，要在党建引领下做好社工人才与志愿者骨干的联动发展，不断壮大社会工作力量、志愿服务力量，在中国式现代化进程中更有作为。这就是本书出版之际，我们与大家倾情交流的目的。

谭建光

2025 年 1 月于广州

目　录

第一篇　志愿服务发展

第一章　中国志愿服务的传承与创新 ……………………………… 002

第一节　中国志愿服务的传承 ………………………………………… 002

第二节　中国志愿服务的特征 ………………………………………… 006

第三节　中国志愿服务的创新 ………………………………………… 010

第二章　中国式现代化与志愿服务引领需求 ………………………… 015

第一节　中国式现代化推动志愿服务引领需求 ……………………… 016

第二节　志愿服务引领需求的领域与类型 …………………………… 018

第三节　志愿服务引领需求的路径方式 ……………………………… 022

第三章　中国新时代志愿服务的发展趋势 …………………………… 026

第一节　新时代志愿服务的发展趋势 ………………………………… 026

第二节　志愿服务发展的思考和启示 ………………………………… 033

第四章　中国社会治理与志愿服务 …………………………………… 036

第一节　社会治理与志愿服务的研究 ………………………………… 036

第二节　社会治理与志愿服务发展机制 ……………………………… 038

第三节　社会治理与志愿服务发展特征 ……………………………… 042

第五章　中国的共同富裕与志愿服务 ………………………………… 048

第一节　党引领志愿者为实现共同富裕作贡献 ……………………… 049

第二节　新时代志愿服务促进共同富裕的路径 ……………………… 054

第三节　青年志愿者在实现共同富裕进程中的责任担当 …………… 059

第二篇　志愿服务体系

第六章　中国特色的志愿服务体系 ················· 064

第一节　中国志愿服务体系的构建 ················· 065

第二节　中国志愿服务体系的要素 ················· 069

第三节　中国志愿服务体系的发展 ················· 074

第七章　中国志愿服务体系的区域探索 ················· 077

第一节　志愿服务体系的区域基础 ················· 078

第二节　志愿服务体系的区域特色 ················· 082

第三节　中国志愿服务体系的区域探索 ················· 089

第八章　中国"志愿者之城"的建设机制 ················· 092

第一节　"志愿者之城"建设的社会价值 ················· 092

第二节　顶层设计：志愿服务政策制度 ················· 095

第三节　中观构建：志愿组织发展创新 ················· 098

第四节　微观活跃：邻里守望志愿服务 ················· 101

第九章　中国社会工作者与志愿者的合作机制 ················· 103

第一节　中国社会工作与志愿服务历程 ················· 103

第二节　中国社会工作专业化发展趋势 ················· 106

第三节　中国志愿服务全民化发展趋势 ················· 109

第四节　中国社会工作者与志愿者合作创新发展 ················· 111

第十章　中国志愿服务工作体系的建设 ················· 114

第一节　中国志愿服务工作体系建设历程 ················· 115

第二节　新时代志愿服务工作体系 ················· 118

第三节　新工作体系推动青年志愿服务发展 ················· 123

第三篇　志愿服务类型

第十一章　中国志愿服务研究的代际传承⋯⋯⋯⋯⋯⋯⋯⋯⋯⋯ 128
　　第一节　志愿服务研究的多学科视角⋯⋯⋯⋯⋯⋯⋯⋯⋯⋯ 128
　　第二节　志愿服务研究代际差异与传承⋯⋯⋯⋯⋯⋯⋯⋯⋯ 131
　　第三节　志愿服务研究的展望⋯⋯⋯⋯⋯⋯⋯⋯⋯⋯⋯⋯⋯ 136

第十二章　中国的"志愿工匠"及其价值⋯⋯⋯⋯⋯⋯⋯⋯⋯⋯ 138
　　第一节　"志愿工匠"的研究与发现 ⋯⋯⋯⋯⋯⋯⋯⋯⋯⋯ 138
　　第二节　"志愿工匠"群体的类型⋯⋯⋯⋯⋯⋯⋯⋯⋯⋯⋯ 139
　　第三节　"志愿工匠"服务的特征⋯⋯⋯⋯⋯⋯⋯⋯⋯⋯⋯ 143
　　第四节　"志愿工匠"的培养途径 ⋯⋯⋯⋯⋯⋯⋯⋯⋯⋯⋯ 145
　　第五节　几点启示⋯⋯⋯⋯⋯⋯⋯⋯⋯⋯⋯⋯⋯⋯⋯⋯⋯⋯ 146

第十三章　中国志愿服务发展的"珠江特色"⋯⋯⋯⋯⋯⋯⋯⋯ 149
　　第一节　志愿服务区域特色的研究⋯⋯⋯⋯⋯⋯⋯⋯⋯⋯⋯ 149
　　第二节　志愿服务发展的"珠江特色"⋯⋯⋯⋯⋯⋯⋯⋯⋯ 150
　　第三节　珠江三角洲地区志愿服务的"双构建"⋯⋯⋯⋯⋯ 153
　　第四节　志愿服务"珠江特色"的脉络⋯⋯⋯⋯⋯⋯⋯⋯⋯ 157

第十四章　中国青年发展型城市与志愿服务⋯⋯⋯⋯⋯⋯⋯⋯⋯ 160
　　第一节　青年发展型城市与志愿之城建设的叠加效应⋯⋯⋯⋯⋯ 161
　　第二节　志愿之城建设让城市对青年更友好⋯⋯⋯⋯⋯⋯⋯⋯ 164
　　第三节　青年发展推动志愿之城高质量发展⋯⋯⋯⋯⋯⋯⋯⋯ 166
　　第四节　青年志愿者在青年发展型城市建设中的时代担当⋯⋯⋯ 168

第四篇　青年志愿服务

第十五章　中国式现代化与青年志愿服务的创新⋯⋯⋯⋯⋯⋯⋯⋯ 172
　　第一节　中国青年志愿服务"源与流"⋯⋯⋯⋯⋯⋯⋯⋯⋯⋯ 173
　　第二节　新时代青年志愿服务的"四个如何跟上"⋯⋯⋯⋯⋯ 177

第十六章　中国青年志愿服务的发展方向……………………… 182

　　第一节　新中国青年志愿服务的溯源……………………… 182

　　第二节　新时期青年志愿服务的崛起……………………… 184

　　第三节　新时代青年志愿服务的发展方向………………… 186

　　第四节　青年志愿服务"双主线"：助人与育人…………… 189

第十七章　中国青年志愿服务巩固党的执政基础…………… 191

　　第一节　党领导的青年志愿服务发展规律………………… 192

　　第二节　青年志愿服务促进巩固党的执政基础…………… 195

第十八章　中国共青团与青年志愿服务……………………… 202

　　第一节　共青团对青年志愿服务的引领作用……………… 202

　　第二节　新时代青年志愿服务的发展趋势………………… 205

第十九章　中国新时代的志愿服务与青年发展……………… 212

　　第一节　志愿服务促进青年发展的重要价值……………… 213

　　第二节　志愿服务促进青年发展的类型分析……………… 216

　　第三节　青年发展对志愿服务的推动作用………………… 221

附　录

中国式现代化与小镇青年发展

　　——以广东省中山市小榄镇"青榄社"为例……………… 226

青新公益说案例……………………………………………… 235

小镇青年成长新摇篮：青榄社……………………………… 252

后　记………………………………………………………… 262

第一篇

志愿服务发展

第一章 中国志愿服务的传承与创新

改革开放以来，中国志愿服务获得新发展、新繁荣，在社会各个领域发挥积极的作用，也受到广大城乡群众的赞誉。习近平总书记指出"志愿服务是社会文明进步的重要标志"[①]。特别是进入中国特色社会主义新时代以来，志愿服务在基层党建、文明实践、社区治理、乡村振兴、疫情防控、应急救援、生态环保等工作中凸显更大的价值。谭建光教授分析，"志愿服务对于人类生活的积极作用是随着历史的发展而逐渐呈现出来的……现当代社会，志愿服务组织对于社会和他人的服务内容、服务领域不断扩大，发挥的作用日益明显，受到各界人士的广泛重视"[②]。志愿服务不仅仅是爱心人士的奉献行为，而且成为社会大众的生活方式，成为国家形象的重要元素。为此，迫切需要对中国志愿服务的"源与流""传承与创新"进行深入的探讨，既发掘志愿服务的历史源泉，也展现志愿服务的未来走向。通过文献分析和调查研究发现，中国新时代的志愿服务，既传承中华文化，也弘扬党的宗旨、传播雷锋精神，同时吸收和借鉴外国经验，吸收和借鉴我国港澳地区做法要领，根据改革开放以来的城乡群众需求，创造出富有特色活力的路径和方式。

第一节 中国志愿服务的传承

当代中国的志愿服务，在改革开放的大背景下获得迅速的发展。1983年

---

① 习近平致中国志愿服务联合会第二届会员代表大会的贺信［EB/OL］.（2019–07–24）［2024–11–04］. https：//www.xinhuanet.com//politics/2019–07/24/c_1124792815.htm.

② 谭建光. 志愿服务理念与行动［M］. 北京：人民出版社，2014：218.

北京大栅栏"综合包户"志愿服务项目,1987年广州"手拉手"青少年志愿者服务热线,1989年天津市朝阳里社区志愿服务队伍,1990年深圳市依法注册义工联等,标志着现代意义的志愿服务诞生和发展。但是,改革开放后的志愿服务不是"无源之水""无根之木",而是浸润在华夏文化和主流价值之中,也吸收和借鉴世界各国的经验,探索出新路径、新方式。

一、中华传统的熏陶

改革开放初期,中国志愿服务发展的时候,较多借鉴外国经验和我国港澳地区做法。但是,很快发现不能照搬外来经验,而是要结合中华民族的优秀文化,吸取营养和动力。习近平同志指出:"在去粗取精、去伪存真的基础上,坚持古为今用、推陈出新,努力实现中华传统美德的创造性转化。"[1] 因此,不论是北京、天津志愿服务的立志服务社会、帮助他人;还是深圳、广州志愿服务的义通天下、仗义为民,都融入传统的慈善互助元素。魏娜教授等分析中国志愿文化的思想根基包括仁者爱人、兼爱非攻、兼济天下、宗教慈善,等等。[2]近年来的研究成果表明,中华优秀传统文化对志愿服务的发展,具有多方面的积极作用。一是仁爱传统让城乡群众具有爱心,乐于关心和帮助有需要的人群,从而为乡村社区发展志愿服务组织、开展志愿服务提供良好基础。二是慈善传统让城乡群众延续互助习惯,在遇到困难的时候守望相助,也为志愿服务在不同时期发挥作用提供支持。三是仗义传统让社会公平正义获得广大群众的认可,在志愿服务发展中维护和帮助困难人群、特殊群体,共同解决问题、改善状况,等等。调查发现,志愿服务传承中华优秀传统文化,不仅仅是国学文化、礼仪文化、孝廉文化、邻里文化等融入志愿服务理念,也体现在志愿者在参与服务的时候感悟和体验传统文化的价值、传统文化的魅力,逐渐追求"美美与共""天下大同"的境界。

二、党的宗旨的引领

中国特色志愿服务是在党的宗旨和理念引领下不断发展、不断壮大的。《中国志愿》编辑部撰写的《永远高举为人民服务的旗帜——中国共产党人

---

[1] 习近平. 习近平谈治国理政 [M]. 北京:外文出版社,2014:160.
[2] 魏娜. 志愿服务概论 [M]. 北京:中国人民大学出版社,2018:88-91.

百年"志愿服务"启示录》一文中分析："中国特色志愿服务的红色基因，从党的成立之初、从人民军队诞生之初，即铺就了为人民服务的鲜红底色，经过一代代接续传承，汇成了中国共产党人生生不息、流淌奔涌的志愿服务大潮。"① 这是在党的领导下，志愿服务发展的强大精神支撑。同时，也是中国志愿服务不同于其他国家的鲜明特色。陆士桢教授提出："将全心全意为人民服务的理念嵌入现代志愿服务中，是中国特色志愿服务体系区别于他国他地的重要特征之一。"② 我们发现，党在不同时期都将宗旨、理念、目标作为推动一切事业发展的动力，也作为推动志愿服务发展的动力。党的全心全意为人民服务宗旨，引领党员志愿者、团员志愿者等将关心和帮助群众作为自己的使命。党的以人民为中心的理念，引领志愿者和志愿服务组织在开展服务的时候，坚持从群众的需要出发，坚持发挥群众的主体作用。党的为人民美好生活奋斗的目标，引领广大志愿者深入乡村社区、深入家家户户，为改善群众生活、创造幸福生活作出贡献。尤其是新时代志愿服务发展进程中，志愿者和志愿服务组织自觉主动将党的宗旨作为指导和引领，不断提高思想认识、不断领悟服务意义，将"平凡"和"琐碎"的志愿服务做得更实更好，做得更有价值，从而也让自己的志愿服务人生更有精神动力、更有崇高体验。

三、雷锋精神的弘扬

每一个国家都有自己的榜样、每一个民族都有自己的英雄。当代中国志愿服务与"向雷锋同志学习"的群众运动紧密结合，成为弘扬雷锋精神的最好载体。张仲国教授等分析，"将雷锋精神与志愿精神有机结合起来，提升志愿者的思想道德境界，使每个志愿者做好事越发自觉、越发主动，从而造就'雷锋式'的志愿者，让'雷锋叔叔'回到我们的身边"。③ 其实，雷锋形象是伴随时代发展而不断丰富的。我们曾经分析，20 世纪 60 年代，雷锋形象是"好战士"，既有政治先进特征，也有无私助人特点。80 年代，雷锋形象是"好榜样"，激励干部群众特别是青少年奋发图强、学习上进。进入 21 世

---

① 《中国志愿》编辑部. 永远高举为人民服务的旗帜：中国共产党人百年"志愿服务"启示录［J］. 中国志愿，2021（3）：5.

② 陆士桢. 中国特色志愿服务概论［M］. 北京：新华出版社，2017：221.

③ 张仲国，聂鑫，刘淑艳. 雷锋精神与志愿者行动［M］. 北京：中国财政经济出版社，2013：230.

纪后，雷锋形象是"好公民"，引导大家遵纪守法、互助友爱。与此同时，中国的学雷锋活动与志愿服务的契合度越来越高。20世纪80年代刚刚改革开放的时候，人们会询问"学雷锋是不是志愿服务"；21世纪初的时候，人们会说"学雷锋是志愿服务的一部分"；进入新时代，人们都说"学雷锋就是中国特色志愿服务"，因此就大力推广"学雷锋志愿服务"的理念。应该说，志愿服务不论在东方还是西方，不论在中国还是外国，都有社会的土壤，都有文化的基因。那么，每个国家或者民族在发展志愿服务的时候，借鉴人类共同的理念之时，也会彰显和弘扬本国本民族的特殊元素。中国新时代的发展，学雷锋志愿服务成为最主要的潮流，让党的为人民服务的宗旨与中华文化友善传统在志愿服务中融合，成为激励志愿者和志愿服务组织爱心服务的动力源泉。

四、中外文化的交融

中华文明是开放的文明，志愿服务也是开放的事业。改革开放以来，广大志愿者、志愿服务工作者吸收和借鉴其他国家地区志愿服务的经验做法，促进内地省市志愿服务的创新发展。其中，东南沿海地区，尤其是广州、深圳等地成为中外交汇、融合创新的先行地区。改革开放初期的广州，新旧体制转轨引发人们思想困惑，外来享乐思潮引发青少年心理躁动，社会面临信仰危机、道德滑坡、颓丧焦虑和心理问题频发等问题。广州一批年轻党员、团干部在了解和借鉴相关青少年服务经验时发现，社工、义工是关心和帮助青少年成长的健康力量，于是参照我国港澳地区的做法，成立"手拉手"青少年志愿者服务热线，义务接听电话、答疑解惑，开辟了内地志愿服务的新路径。深圳的年轻党员、团干部在面对新兴外来务工青年权益保护需求、生活融入需求的时候，也先了解"罗湖桥"对岸的我国香港社工、义工经验，通过借鉴和学习，依法注册义工联，喊出了"爱心奉献、助人自助"的口号。笔者多年来调查访问广州、深圳志愿服务的发起人，发现他们有两个特征非常明显，值得重视。一是发起者大多数是年轻党员，很多兼任团干部，并且都有过"学雷锋、做好事"的服务经历。二是都谈及外国志愿服务或者我国港澳义工文化的影响，其中对民间自发、社团运作、广泛参与的志愿服务有较大的兴趣，希望借鉴和推广相关的经验。也就是说，在这些最早的志愿服务发起人身上，党的宗旨、中华文化、雷锋精神等影响，与改革开放、中外交流并学习参考外国公益慈善、志愿服务经验是相互结合、互相促进的。进入新时代，中国志愿服务高质量发展进程中，立足国情特色与学习借鉴世界各国经验仍然是并行不悖、相互促进的重要路径，也是中国特色志愿服务发展的趋势。

第二节　中国志愿服务的特征

中国特色社会主义新时代，志愿服务在传承与融合的基础上，不断创造出特色经验，不断体现出鲜明特征。从调查研究和文献分析来看，党的领导、文明引领、青年先行、专业支持、公众参与等是非常突出的特征。

一、党领导下的志愿服务

中国革命和建设各个历史时期的经验证明，共产党是领导一切事业发展壮大的根本保证。在革命战争年代是坚持"党指挥枪"，确保革命武装绝对忠诚于党和人民。在社会主义建设年代是"党领导一切"，确保各项工作坚持人民至上。中国志愿服务与世界其他国家相比的特别之处，是坚持党引领志愿服务发展的正确方向，党领导志愿服务事业发展繁荣。一是思想领导。志愿服务是党和国家事业的重要组成部分，是社会主义现代化建设的重要力量。新时代中国特色志愿服务是党领导下的志愿服务，党的领导是中国特色志愿服务最本质的特征。[①] 参与志愿服务的人员虽然类型多样，但是都要将全心全意为人民服务宗旨、以人民为中心理念等作为指导，踏踏实实、认认真真做好爱心奉献和关爱服务。二是行动领导。即在志愿服务中贯彻和落实党的宗旨，不是停留在"喊口号、做表态"，而是落实在志愿服务的各项活动之中，发挥党员志愿者的示范带动作用，激励和吸引广大群众参与志愿服务。特别是在新冠疫情防控期间，各地区都发出号召"党员干部就地转为志愿者"，即党员干部在居家防控、居家办公的时候，要勇于挺身而出报名参加社区志愿服务，穿上红马甲、戴上红党徽，在核酸检测、秩序维护、代送物资、关心安抚等服务过程中传递党的温暖、弘扬宗旨理念。这样，党员志愿者发挥表率作用，在群众中树立党组织的威信，为新冠疫情期间的防疫志愿服务注入

---

① 张翼. 中国志愿服务发展报告（2021—2022）［M］. 北京：社会科学文献出版社，2022：7.

强大动力。三是组织领导。各级党委要重视和加强对志愿服务组织的领导和支持，将志愿服务工作纳入党委重要议题，制定政策措施推动志愿服务发展。同时，要鼓励和支持志愿服务组织成立党支部、团支部，发挥党员志愿者的核心堡垒作用，引导广大志愿者信赖党组织、贴近党组织。如今，不论是国家与地方的志愿服务法规，还是各部门制定的志愿服务政策，都将加强党对志愿服务事业的领导，加强志愿服务组织的党组织建设纳入并列出专门条文、提出专门要求。这有利于切实保障党对志愿服务事业的领导地位，切实保障志愿服务沿着正确的方向发展。

二、文明引领的志愿服务

志愿服务是社会文明进步的重要标志。社会主义精神文明引领志愿服务的发展繁荣，志愿服务为社会文明的方方面面提供支持和帮助。一是新时代文明实践中心建设，以志愿者为主体力量，以志愿服务为主要活动形式。志愿者和志愿服务组织积极面向乡村社区群众开展乡村宣讲、文艺传播、礼仪辅导、民俗弘扬等服务活动，同时在关爱和帮助群众的时候传播新思想、引领新风尚，让新时代新文明深入村村寨寨、深入千家万户。二是文明城市创建工作，广大志愿者和志愿服务组织积极参与，将窗口文明、市场文明、广场文明、校园文明、大院文明等越做越好，真正在点滴之间体现文明新风，让广大群众受到文明的熏陶和感染。三是精神文明与高尚文化传播，志愿者将崇高的精神文化传播到社区、农村，吸引广大群众在享受文化成果的过程中提高思想认识、提高道德境界。尤其是文艺志愿者"到人民中去"，将丰富多样的主流文化作品送给乡村社区群众的时候，也激发广大群众奋斗进取的热情，共同建设美好家园。四是中华文明与世界文明的互动融合，志愿者积极参与人类命运共同体的建设，通过"请进来、走出去"的方式，包括做好奥运会、冬奥会的志愿服务，开展援外志愿服务，积极参与国际志愿服务论坛、沙龙等，将中华文明之光和中国志愿精神传播出去，丰富世界志愿服务的文化，丰富世界文明的宝库。调查发现，在文明引领志愿服务发展的时候，志愿服务也为文明传播、文明升华作出了重要的贡献。

三、青年先行的志愿服务

当代中国志愿服务的一个重要特征，就是青年志愿者的率先发起、率先探索。"1993 年 12 月，共青团实施'跨世纪青年文明工程'，向全社会推出'中国青年志愿者行动'，'青年志愿者'走进了人民群众的日常生活。"①1994 年时任中共中央政治局常委的胡锦涛同志为中国青年志愿者协会成立大会致贺词。1997 年时任中共中央总书记的江泽民同志为"中国青年志愿者"题词。这个时期，党和政府通过共青团中央、中国青年志愿者协会的率先探索和实践，推动"奉献、友爱、互助、进步"志愿精神在全社会的传播和普及。进入 21 世纪，尤其是 2001 年联合国启动"国际志愿者年""国际志愿者日"活动，中国参与其中并广泛宣传推广志愿服务，引起社会各界的积极关注和响应，群众热情地参加志愿服务。这时候，青年作为活跃力量，在各个领域的志愿服务中发挥创新作用，如 2008 年的北京奥运会、2010 年的上海世博会与广州亚运会、2011 年的深圳大运会等大型赛会中，青年志愿者的服务赢得国内外的广泛赞誉，成为中国国际友好形象的体现。中国特色社会主义新时代，青年志愿者积极参与党建引领志愿服务、文明实践志愿服务、乡村振兴志愿服务、社区治理志愿服务、应急救援志愿服务、生态环保志愿服务等，冲锋在前、热情奉献，为乡村社区志愿服务注入生机活力。目前，全国志愿服务信息系统中，14 岁至 35 岁的注册志愿者已超过 9000 万人，他们活跃在中华大地，成为"社会中最有生气、最有闯劲、最少保守思想的群体"②。在实现伟大复兴中国梦、走向共同富裕的进程中，青年志愿者依然是最活跃、最有创新性的先行力量。

四、专业支持的志愿服务

中国志愿服务呈现大众化与专业化并行的趋势。大众化就是越来越广泛地吸引和激励城乡群众参加志愿服务组织、参与志愿服务。中国志愿服务网2024 年 10 月上旬公布的数据显示，全国实名志愿者总数 2.37 亿人、志愿队伍总数 135 万个，志愿服务已经从城市社区向山区农村不断扩展、逐渐普及。专业化就是志愿者和志愿服务组织发挥智慧、知识、技术、技能等，为社会人群提供针对性强、实效性强的服务。尤其是进入中国特色社会主义新时代

---

① 共青团中央宣传部，中国青年志愿者协会秘书处. 中国青年志愿者［M］. 北京：大众文艺出版社，1999：1.

② 习近平. 在庆祝中国共产主义青年团成立100周年大会上的讲话［EB/OL］.（2022-05-10）［2024-11-04］. https://qnzz.youth.cn/gzdttt/202205/t20220510_13680601.htm.

以来，志愿服务专业化成为更加突出的趋势。体现在以下几个方面：一是吸引专家学者、专业人士参加志愿服务组织，提高志愿服务的专业水平。近年来，通过倡导开展退休教师深入乡村的支教志愿服务，退休医生等专业人士参与专门领域的志愿服务，以及鼓励律师、会计师等参加志愿服务组织，组建文化志愿队伍、艺术志愿队伍等，专业志愿服务组织类型增多、形态多样；同时，社区和农村的志愿服务组织专业志愿者比例提高，服务能力得到提升。二是加强志愿服务组织的专业管理协调，通过"社工＋志愿者"联动机制的建设，鼓励大量社工作为志愿服务组织的管理人员，协调推进针对各类群众需求的服务，提高专业实效。三是加强志愿者和志愿服务组织的专业培训教育，让普通志愿者掌握服务需要的专门知识、专业技术，提高专业能力。四是推进专题志愿服务的专业化程度，鼓励城乡志愿者在助老、助残、助学、助困以及社区治理、生态环保等领域的服务中做熟做精，逐渐培养专业技能，成为该领域的专业志愿者。因此，志愿服务的专业化，并不是只有教授和专家，而是包括普通志愿者对知识和技能的掌握运用，提高志愿服务的水平。在专业志愿者的参与和支持下，中国志愿服务发挥越来越大的成效，在社会各领域具有更大的作为。

五、公众参与的志愿服务

共建共治共享是新时代构建和完善社会治理格局的重要方向和机制，其在志愿服务领域获得更加充分的体现。一是城乡群众获得更广泛的参加志愿服务组织、参与志愿服务的机会和平台，能够在国家和地方的社会事务中发挥更大的作用，社会参与能力和素质得到培育和锻炼。谭建光教授提出："大力发展社会组织、活跃公民力量的过程，并不是放任自流，而是通过党和政府统筹、社会组织运行、志愿者示范和带动，构建民生改善和社会进步的健康基础。"①党领导的志愿服务事业发展，党引领的志愿服务组织壮大，正是广大群众参与社会建设的有效途径。一方面，通过"党员示范、青年先行、公众参与"的途径，逐渐带动各个阶层、各个年龄的人群参与志愿服务。目前，深化拓展新时代文明实践中心建设，各个社区、村庄都建立文明实践站、建设文明实践志愿队伍，党员作为核心成员的同时，吸引和激励老年、妇女、

---

① 谭建光. 志愿服务理念与行动［M］. 北京：人民出版社，2014：1.

青壮年等参与，还开展亲子家庭志愿服务，父母引导子女参与活动。这样，全民参与、全社会发展的志愿服务格局逐渐形成，人人可为、人人有为的志愿服务氛围逐渐浓厚。另一方面，城乡群众在参与志愿服务的过程中学会协商民主、培养治理能力。在走向现代社会治理的过程中，需要广大群众掌握民主讨论、协商共事的方式方法。志愿服务组织的成员，为了共同关心和帮助有需要的人群，为了共同建设和睦友善的家园，需要商议和合作，逐渐培养现代民主议事的能力。调查发现，通过志愿服务的过程培养民主协商能力，比单纯就利益进行民主协商，取得的进展和成效更好。因为，居民、村民作为志愿者关心帮助社会人群，民主协商的时候更加理性与友善，更加容易达成良好的协商意见。为此，鼓励城乡群众参与志愿服务，在志愿服务组织的民主协商、共同行动中学习治理方式，并运用到日常生活中开展协商治理，能够产生更好的效果。为此，中国特色社会主义新时代，党领导的公众参与社会治理，在志愿服务活动中获得更加充分的体现，产生更加重要的价值。

第三节　中国志愿服务的创新

当代中国的志愿服务，传承中华文化、党的宗旨、雷锋精神等元素，形成富有时代特色的基因和品质。与此同时，伴随改革开放的进程，伴随社会转型和发展，尤其是进入中国特色社会主义新时代，志愿服务需要适应新环境新任务新要求，以创新谋发展，不断形成新的生机活力。

一、志愿服务的理论创新：融合与特色

理论是实践的先导。党的宗旨、理念、目标引领志愿服务的发展方向，志愿精神的确立激发志愿服务的发展动力，志愿文化的繁荣吸引社会的关注和参与。魏娜教授等对"奉献、友爱、互助、进步"的志愿精神进行阐述，提出"奉献是带有敬意的给予，表达了志愿服务的高尚性；友爱表达了志愿服务对'善'与'美好'的追求；互助展现了志愿服务的利他性；进步表现出志愿服务对于个体、对于社会的推动作用"[①]。我们通过比较可以发现，在

---

① 魏娜. 志愿服务概论［M］. 北京：中国人民大学出版社，2018：97.

欧美国家关于志愿文化的各种表述中，特别强调"博爱"等元素，对源于宗教的"普遍的爱"非常重视，成为激励志愿者服务的基本动力。中国志愿精神首要突出"奉献"，这与党员为人民利益而奉献的要求是一致的，是相得益彰的。在奉献理念的引导下，爱心、热情、友善、亲和等都获得彰显，发挥积极的作用。回顾改革开放以来的志愿服务理论研究，可以发现这是一个理论不断积淀丰富的进程。最初的文献较多介绍欧美国家的志愿理念与文化，较多推崇博爱、慈爱、大爱；后来的文献逐渐联系到中国传统文化，加入"仁义""互助""友善"等元素，增加志愿文化的国情特色；进入新时代的志愿服务研究文献，注重发掘党的宗旨、理念、目标对志愿服务理论的引领价值，也注重共产党员品质中的志愿文化和理念要素。与此同时，越来越多的理论文献将雷锋精神与志愿精神相结合，进行深入的探讨，为中国特色志愿服务理论的形成与发展奠定基础。从"拿来"到"扬弃"，再到"融合"与"特色"，中国志愿服务的理论逐渐具有自主的要素，逐渐建立了扎实的根基。

二、志愿服务的组织创新：动员与自主

改革开放以来的中国志愿服务组织发展，一直探索两种路径，并且不断交织融合。一种是社会动员路径。从 20 世纪 90 年代共青团中央启动"青年志愿者行动"，通过组织动员，激励团员青年争当志愿者；到新时代各级党委政府大力动员，激励全社会参与文明实践志愿服务，对广大群众尤其是青少年产生了巨大的影响。全国 2.37 亿实名志愿者，其中 14～35 岁的注册志愿者已超过 9000 万人。正是广泛的社会动员，让城乡群众在关心和参与志愿服务的过程中，了解志愿精神、体验志愿活动，陶冶身心、完善自我。另一种是自主参与路径。社会特色志愿服务组织、民间自发志愿服务队伍，活跃在城市和农村的各个地方，通过倡导友爱互助的志愿理念，开展友善互助的志愿活动，吸引各个年龄段的群众加入志愿服务组织、参与志愿服务。党和政府通过支持和引导，鼓励这些自主发展的志愿服务组织越来越活跃、越来越繁荣，成为中国志愿服务领域的亮丽品牌。调查发现，社会动员的志愿服务组织发展构建了覆盖城乡的服务网络，自主参与的志愿服务组织搭建了贴近群众的服务纽带，有利于保持中国志愿服务的生机活力。

三、志愿服务的项目创新：务实与时尚

中国志愿服务经历了活动、项目、品牌的发展历程。在改革开放初期，许多党团组织、地方政府缺乏项目发展、项目运行的理念，停留在志愿服务活动阶段。所谓活动，多是定期开展慰问、关爱、帮助困难群众的一些行动，尤其是节假日的定期服务，结束之后缺乏持续性；或是配合重点工作或大型活动，开展辅助性的志愿服务活动，结束之后也难以持续。进入 21 世纪以来伴随国内外志愿服务的交流合作，以及专业志愿服务的逐渐发展，志愿服务项目的设计和实施备受重视，各社会服务组织围绕社会与群众需求，设计具有针对性、持续性的服务项目，不断深化服务效果。进入新时代，尤其是2014 年首届"中国志愿服务交流会暨青年志愿服务项目大赛"举办后，志愿服务相关工作部门、志愿服务组织等越来越注重推动志愿服务品牌项目的发展，以此强化示范效应，为各地区、各组织提供引领和借鉴。近年来，志愿服务项目呈现两个发展趋势：一是更加务实、注重实效。尤其是力求避免"作秀""浮夸""表面功夫""流于形式"等弊端，努力贴近乡村社区群众的需求，努力掌握特殊困难人群的需求，设计和实施解决问题、改善生活的志愿服务项目。二是不断创新、时尚活跃。尤其是适应"90 后""00 后"青少年的兴趣爱好，引入网络思维、动漫思维、游戏思维等，探索志愿服务项目的新颖方式。一方面是使原有的传统特色项目、常态化项目"上网""触电"，增添新元素、焕发新魅力；另一方面是将网络社群、动漫社群、游戏社群、街舞社群等兴趣爱好引入志愿服务领域，创作富有新奇特色、新颖活力的志愿服务项目。调查发现，志愿服务项目的务实与时尚之间，不是非此即彼的关系，而是相互借鉴、相互融合的关系，有利于丰富新时代的志愿服务事业。

四、志愿服务的传播创新：口碑与网络

中国志愿服务的发展需要广泛的传播普及。然而，由于中国的地区多样化和人口多样化，传播内容与传播形式也需要丰富多样。既要有适应中华传统特色，适应民间习俗的口碑传播；也要有适应新生代青少年，发挥网络优势，具有新奇特色的潮流传播，从而利用多渠道、多途径深入人心。陶倩教授等分析："志愿服务具有特殊的凝聚、导向和传承的文化力量，它以看不见的手运行于核心价值观的教育之中，促使人们将内心认同转化为崇德向善的

实际行动，促进社会主义核心价值观的培育和践行。"①曾经有一段时间，人们认为志愿服务文化传播主要依靠新方式、新途径，对传统的习俗传播、口碑影响力有所忽视。但是，进入新时代以来的志愿服务发展，却重新激发传统活力，充分利用习俗与口碑传播的优势，做到贴近人心、深入人心。如贵州省龙里县"山歌伴飞新思想"志愿服务队，深入苗族、布依族等少数民族生活的村寨，以传统山歌的方式传播新思想新文明、传播志愿服务理念和文化，吸引广大山区群众参与志愿服务，建设美好家园。即使在广州、深圳等粤港澳大湾区的城市，志愿服务也发掘本地的粤语、客家话、潮汕话等民俗特色，作为志愿服务深入民间、吸引群众的传播方式。所以，重新发掘中华传统民俗的传播元素，为推广普及志愿服务提供支持，具有非常重要的作用。另外，伴随社会生活网络化、信息化，志愿服务应适应网络传播的"碎片化、即时性"等特点，开发抖音、视频、微博、微信等不同的传播形式，让从青少年到老年人的不同群体，随时随地都可以接触志愿服务、了解志愿服务。我们发现，新时代志愿服务文化传播呈现多样化的状态，从不同渠道、不同途径深入乡村山区、深入千家万户。

当代中国的志愿服务，是在改革开放后获得长足发展的，不断壮大和繁荣，成为全民参与、全社会活跃的高尚事业。但是，志愿服务有着丰富的"源"与"流"，是在传承中华文化、党的宗旨、雷锋精神等，并且不断探索创新、不断充实内涵。为此，在回顾与思考"志愿服务传承与创新"的过程中，可以获得较多的启示。第一，夯实志愿服务基础。任何国家与民族的志愿服务都不是"无源之水""无根之木"，而是浸润在民族文化的土壤中，融合世界各国文化元素，逐渐形成特色亮点。因此，中国志愿服务不是只有单一的基础，更不能简单说成是"舶来品"，而是要在党的为人民服务宗旨引领下，延伸到中华文化、雷锋精神以及邻里互助、友善相处等，彰显志愿服务基础的多样性和丰富性。第二，提升志愿服务价值。在最初的时候，一些志愿者认为志愿服务仅是简单地做好事、帮助人。然而，通过对志愿服务的追根溯源，对志愿服务意义和价值的认真梳理，就会发现"奉献、友爱、互助、进步"的志愿精神具有非常丰富的含义，具有高尚的精神境界。从共产党人

---

① 中国志愿服务联合会. 中国志愿服务发展报告（2017）[M]. 北京：社会科学文献出版社，2017：72.

的初心为民，到雷锋同志的助人为乐，都成为引领和激励志愿者深入群众、服务群众的强大动力。因此，中国志愿服务对于促进伟大复兴、共同富裕和思想道德成长、人格全面发展都有非常重要的价值。第三，拓宽志愿服务领域。中国志愿服务坚持以关爱助人为重点，突出"扶贫、济困、扶老、救孤、恤病、助残、救灾、助医、助学等领域的志愿服务"[①]。与此同时，也要"促进广覆盖、多层次、宽领域开展志愿服务"[②]。所以，要积极鼓励围绕社会大局开展志愿服务，在社会经济发展、社会治理创新、社会民生改善、社会生态环境等各个领域促进志愿服务的项目多样化，发挥更加积极的作用。第四，健全志愿服务体系。党的二十大报告提出"完善志愿服务制度和工作体系"，为统筹发展新时代志愿服务实践做好顶层设计。谭建光教授提出："志愿服务体系的含义，就是在党和国家鼓励和支持下，人们在参与服务社会、帮助他人的行动时所构建的组织、实施、传播、保障等机制的总和，具有科学性、系统性、有效性、活跃性、创新性、成长性等特征。"[③]为此，志愿者和志愿服务组织要在开展服务的过程中，不断探索和实践、不断思考和提升，为健全志愿服务体系作出贡献。

---

① 中共中央宣传部，中央文明办，民政部，等．关于支持和发展志愿服务组织的意见［M］//荣德昱．青春与伙伴同行：我国志愿服务法律法规与政策选编．杭州：浙江工商大学出版社，2017：116.

② 国务院．志愿服务条例［M］//荣德昱．青春与伙伴同行：我国志愿服务法律法规与政策选编．杭州：浙江工商大学出版社，2017：4.

③ 谭建光．中国志愿服务体系建设的区域探索［J］．中国青年社会科学，2021（5）：32.

第二章　中国式现代化与志愿服务引领需求

　　《中共中央关于进一步全面深化改革　推进中国式现代化的决定》(以下简称《决定》) 提出："推动志愿服务体系建设。"党的十九大报告提出："推进诚信建设和志愿服务制度化，强化社会责任意识、规则意识、奉献意识。"党的二十大报告提出："完善志愿服务制度和工作体系。"2024 年 4 月，《中共中央办公厅　国务院办公厅关于健全新时代志愿服务体系的意见》提出："把满足需求与引领需求结合起来，优化服务方式，形成长效机制，实现志愿服务常态化、便利化、精准化。"笔者认为，在志愿服务助推全面深化改革、助力中国式现代化方面，要特别关注和重视"引领需求"。这是志愿服务进一步全面深化改革的关键要素，也是健全志愿服务体系的关键要素。[①]"引领需求"来源于供给侧结构性改革，是在新发展阶段扩大内需、激励需求，促进社会经济的高质量发展。中国式现代化有非常丰富的内容，推动走向共同富裕、创造美好生活是最核心的要素。习近平同志指出："我们不能等实现了现代化再来解决共同富裕问题，而是要始终把满足人民对美好生活的新期待作为发展的出发点和落脚点，在实现现代化过程中不断地、逐步地解决好这个问题。"[②]同样，"正是在全心全意为人民服务宗旨的指导下，志愿服务广泛动员民众，全面传播党的宗旨，有效凝聚人民的力量，让更多的人因此受惠，

---

　　① 2022 年在北京集中讨论修改《关于健全新时代志愿服务体系的意见》的会议上，上海海洋大学的张祖平教授针对原稿仅仅提及"供给侧"，认为未能体现新时代的要求，提出要增加"满足需求与引领需求"，尤其是要重视"引领需求"。该意见获得领导和专家们的认可，在最终印发的《关于健全新时代志愿服务体系的意见》中正式提出"满足需求与引领需求"。为此，作为当时参加讨论修改会议的专家之一，笔者在《关于健全新时代志愿服务体系的意见》印发之后，就一直围绕"引领需求"的重要意义和产生的影响进行思考，也在全国各地的调查中搜集材料，进行验证。

　　② 习近平 . 习近平著作选读：第二卷［M］. 北京：人民出版社，2023：140.

让更多的人为人民幸福、国家富强、社会和谐作出自己的贡献"。① 在志愿服务领域，要发掘和培育人民群众对文明生活、科学生活、品质生活、美好生活的需求，拓宽志愿服务领域、丰富志愿服务内容，从而实现高质量发展。

第一节　中国式现代化推动志愿服务引领需求

按照党的二十届三中全会（以下简称全会）要求，在推进中国式现代化发展背景下，志愿服务供给体系的构建，既要满足需求，也要引领需求。满足需求是针对人民群众基本生活需求、解决困难问题的需求提供关爱和帮助，尤其是做好"一老一小"、残疾人以及其他特殊群体的关爱服务。引领需求是针对中国特色社会主义新时代人民群众对美好生活的向往，激发更多更好的需求；也通过提供志愿服务帮助人民群众满足这些新的愿望、新的需求。在进一步全面深化改革、推进中国式现代化的背景下，志愿服务引领需求的功能，体现出越来越重要的价值，也能够创造出越来越好的效益。

一、党的全面领导推动志愿服务引领需求

中国式现代化要坚持党的全面领导，志愿服务发展也要坚持党的全面领导。一方面是在志愿服务中体现党的全心全意为人民服务的根本宗旨；另一方面是各级党组织为志愿服务发展提供统筹、推动、支持，引领志愿服务发展的正确方向。党的十八大以来，习近平同志代表党中央庄严承诺："人民对美好生活的向往，就是我们的奋斗目标。"② 这也指引着志愿者和志愿组织探索创新、丰富服务，不仅仅满足群众的基本要求和现实需求，而且立足于人民对美好生活的向往，不断增添新的服务内容和服务形式。毛泽东同志在《为人民服务》一文中指出："我们这个队伍完全是为着解放人民的，是彻底地为人民的利益工作的。"③ 人民解放是当时最迫切的渴望和要求，而为人民利益工

---

① 陆士桢. 中国特色志愿服务概论［M］. 北京：新华出版社，2017：221.
② 习近平. 习近平著作选读：第一卷［M］. 北京：人民出版社，2023：60.
③ 毛泽东. 毛泽东选集：第三卷［M］. 北京：人民出版社，1991：1004.

作就意味着不断满足人民的生活发展需要，不断深化和提升为人民利益工作的效果。从满足需求到引领需求，都是遵循党的宗旨理念，为人民群众不断增长、不断变化的需求提供帮助和服务。也就是说，在新时代的发展中和全面现代化建设中，志愿服务要继承为人民服务的良好传统，也要开创为人民美好生活服务的崭新局面，从而发挥更大的作用，作出更大的贡献。

二、坚持人民至上推动志愿服务引领需求

习近平同志指出："我们要坚守人民至上理念，突出现代化方向的人民性。"①为此，志愿服务的发展要时时刻刻把握人民群众的需求变化，时时刻刻关注人民群众的愿望梦想。自改革开放以来，人民群众的生活追求，从摆脱贫困到渴望温饱，从衣食无忧到生活丰裕，从物质追求到精神享受，从居家安全到出行便捷等，不断发生变化、不断增添内容。进入中国特色社会主义新时代，人民群众对物质富裕与精神富裕的追求更加强烈、更加丰富，就需要志愿者和志愿组织在服务过程中激发新需求、激发好需求，与广大人民群众一道创造美好幸福的生活。人民至上的体现，既是一切为了人民的利益，也是时时刻刻发挥人民的首创精神。人民群众不是被动地获得志愿服务、享受志愿服务，而是在共享的过程中参与志愿服务，回馈国家与社会，让自己的生活更加充实、更有价值。

三、实现奋斗目标推动志愿服务引领需求

全面现代化建设、中国式现代化发展、走向共同富裕、创造美好生活、实现中华民族伟大复兴的中国梦，这些都是党领导广大人民群众在新时代的奋斗目标。志愿者和志愿组织要根据这些奋斗目标的要求，策划和实施具有内涵和活力的服务活动和项目。从解决温饱问题到全面小康建设，再到全面现代化建设，志愿者对城乡群众的关爱和帮助，就是从满足最基本的生存生活需求，到满足安全舒适生活需求，再到满足"富口袋"和"富脑袋"共同发展的需求，拥有丰富多样、身心愉悦的美好生活。改革开放以来，经历了"摆脱贫困""实现温饱""走向富裕""追求幸福"等发展阶段，志愿服务不

---

① 习近平. 必须坚持人民至上［EB/OL］.（2024-03-31）［2024-11-04］. http://www.qstheory.cn/dukan/qs/2024-03/31/c_1130100415.htm.

断适应人民群众利益需求的变化，不断调整内容和形式，从改变经济落后到走向社会繁荣，再到为国家富强、人民富裕而奋斗。志愿者在走向现代化强国的进程中作出越来越大的贡献，也创造出越来越多富有价值、富有魅力的现代化新要素。

第二节　志愿服务引领需求的领域与类型

全会提出要推动志愿服务体系建设。因此，要进一步推动志愿服务的全面深化改革，促使志愿服务实现高质量发展。其中一个重要的途径，就是通过引领需求的服务，引导人民群众追求文明生活、科学生活、品质生活、美好生活等。这是中国式现代化发展的需要，也是人民生活不断发展变化的需要。为此，志愿者和志愿组织要探索新的方式方法，创造新的经验做法。

一、志愿服务引领文明生活需求

文明生活是新时代社会发展的需求，也是人民群众生活方式变革的需求。伴随改革开放到深化改革，全面深化改革到进一步全面深化改革，人们的生活也从落后向文明不断发展进步。中国特色社会主义新时代，志愿服务引领人民群众的文明生活，具有越来越丰富的内容。一是文明行为习惯的培养。既要改变一些传统不良习气和愚昧落后的生活习惯，培养适应新时代的文明行为与文明习惯；也要扭转受国外生活方式影响中一些混淆观念、以丑为美的习惯，学会判断和选择真正文明向善的生活方式。二是文明健康生活的习得。随着社会经济发展、生活水平的变化，逐渐产生新的文明健康生活需求。志愿者和志愿组织要及时发现和顺应这些变化，引导群众了解和习得文明健康生活。三是人类文明新形态的创造。中国式现代化的本质要求就包含"创造人类文明新形态"。即文明是多彩的、文明是平等的、文明是包容的。其实，文明生活的含义是非常丰富的，既有中华文明源远流长的传统，从尧舜礼让到儒家仁爱的文明传承；也有西方国家丰富多样的文明组合，从游牧生活到城邦文明的不断充实。为此，新时代人民群众的文明生活发展，既要传承儒释道文化融合的要素，也要借鉴近现代西方文明崛起和变化的要素。我们要"坚持全民行动、干部带头，从家庭做起，从娃娃抓起。深入发掘中华优秀传统文化蕴含的思想观念、人文精神、道德规范，结合时代要求继承创新，让中华民族展现出永久魅力和时代风采"①。这样，通过志愿服务的引领，让人民群众对文明生活理解更加丰富、兴趣更加浓厚、体会更加深刻，在日常的生活中体现文明意识，展现文明风貌和文明素质，为发展新时代的中国文明，充实当代世界文明作出贡献。所以，一方面，志愿服务助推全面深化改革、助力中国式现代化，要引领广大人民群众探寻和实践文明新形态，养成适应时代发展要求的文明健康生活方式。另一方面，中国式现代化进程的志愿服务，也要引领人民群众展现文明新形态的魅力，为世界各国提供交流和互鉴，让新时代的中国文明生活成为引领世界的潮流之一。

二、志愿服务引领科学生活需求

在全会推动进一步全面深化改革的背景下，社会经济的发展，也推动广大人民群众生活的发展和变化。在中国特色社会主义新时代，志愿服务要引领人民群众了解、掌握和享受科学生活。一方面，随着人类对自然和社会的深入了解，不断总结科学生活的新知识、新经验。志愿服务要使科学发展对生活改善的指导作用，通过宣传普及和服务推广的形式，让更多的城乡居民知晓，尤其是运用生动活泼、通俗易懂的方式，让偏远乡村的广大人民群众了解和掌握。另一方面，伴随科学技术的发展，让人民群众享受科学生活带来的更加便捷的条件和更加丰富的方式。如志愿者对"一老一小"、残疾人、特殊困难家庭，就可以通过科技创新、网络发展、信息系统的支持，提供更好的服务。特别是针对老年人的健康需求，普及中医"治未病"的知识，促进老年人健康长寿等。近现代以来，中国人民对科学、科学生活等的认识也在不断进化、提升。在五四运动前后，由于对传统封建社会的愚昧落后极为反感，出现了全面崇尚西方科学的潮流，从亚里士多德以来的科学分析精神，到近代欧美科学革命，再到工业技术发展，西医科学解剖等，都影响了近现代中国人的生活。新中国成立以后，特别是改革开放，进入中国特色社会主义新时代，中国人民对科学的认识不断丰富，不断增加新内涵、新要素。从中华传统的系统科学思维，到中医辨证科学分析，尤其是自中国共产党成立以来，百年历程中形成对国情、民情的科学认识，对独立自主发展科学技术、

---

① 习近平．习近平著作选读：第二卷［M］．北京：人民出版社，2023：35．

发展工业产业等的坚定态度，引导人民群众产生更加科学的生活意识和生活态度。为此，在进一步全面深化改革，助推中国式现代化的新阶段，志愿服务既要将具有中华民族雄厚基础的要素彰显出来，也要吸收西方近现代创新创造的科学生活方式，面向广大群众传播和普及。这样，人民群众既不盲目守旧，也不盲目崇拜西方，而是对东西方科学精华加以了解和吸收，作为丰富生活方式的指导。在此基础上，志愿服务要积极引领人民群众掌握科学知识，提高生活质量，使生活更加科学合理。

三、志愿服务引领品质生活需求

品质生活是新时代人民群众的新需求、新追求。品质概念具有多层次性。一是对食品的特征和质量，呈现不断提高的质量要求。二是科学成果和工业产品的特征，即质量造就品牌，成为社会影响力的关键。三是延伸到人民生活方式和人格特性。品质生活是指有质量、有品位的生活；人格品质是指日趋健康、和谐、完善的个性特征。中国共产党人对品质生活是有向往、有追求的。即使在斗争环境非常艰难的土地革命时期，毛泽东同志在发表的演说——《必须注意经济工作》中提出："我们要使人民经济一天一天发展起来，大大改良群众生活，大大增加我们的财政收入，把革命战争和经济建设的物质基础确切地建立起来。"[1]同时，毛泽东同志还指出当时的经济发展、经济生活是要为革命斗争服务的，不能脱离革命斗争而单纯追求经济发展。由此，志愿者和志愿组织可从中领悟到两点：一是共产党人从根本上是要为人民创造幸福，做好经济工作、增加群众收入、开展文化活动、丰富精神生活，都是创造幸福的要素。二是为人民创造幸福是有阶段性任务的，每个阶段结合形势与要求，有所不同，逐渐转换。革命战争年代面对阶级压迫和残酷剥削，最主要的任务是为人民的翻身解放；中华人民共和国成立后，就一步步为创造幸福生活而奋斗，其间也经历多个阶段的变化。总体来说，中国人民经历了对基本温饱的需求、衣食无忧的需求，在改革开放带来社会经济发展、生活收入增加后，就逐渐转向高质量、有品质的生活追求。志愿服务就要及时发现和引领广大人民群众的品质生活需求，提高物质与精神生活的境界、丰富物质与精神生活的内涵。一方面，志愿服务引导群众"由低到高""由粗

---

① 毛泽东. 毛泽东选集：第一卷［M］. 北京：人民出版社，1991：122.

到精""由量到质"的品质生活发展。另一方面，志愿服务引领人民群众追求
生活的丰富内涵、追求生活的高尚境界，在享受品质生活的同时成为高品质、
高素质的人。人民群众的文明进步、素质提高，不仅仅是接受教育、掌握规
范，更重要的是还要在日常生活中不断吸收和体验、不断践行和传播。志愿
服务引领人民群众的品质生活，就要激励人民群众在生活的体验和感悟中，
不断提升精神境界，充实内心世界。

四、志愿服务引领美好生活需求

习近平同志提出："把人民对美好生活的向往作为我们的奋斗目标，依靠
人民创造历史伟业。"[①]党和国家要为人民群众追求美好生活、实现美好生活创
造条件，也要激发广大人民群众的主动性和积极性，共同创造美好生活。为
此，志愿服务引领美好生活的需求，就成为全面深化改革、推动创新发展的
重要内容。我们首先从"美"和"好"的生活内涵进行思考，分析志愿者和
志愿组织在这些方面作出贡献的途径。"美"的生活就是脱离低级趣味、走向
高雅精致的生活。在贫困落后的时代，"美"的生活对人民群众来说是高不可
攀的奢望，高雅和精致只是阳春白雪、才子佳人的境遇。如今，改革开放带
来社会经济生活的变化，文明发展带来文化习俗的普及，人民群众追求更加
高雅、精致的生活，展现自己的兴趣爱好、个性品位成为现实的可能。"好"
的生活就是摆脱贫困潦倒、缺衣少穿的状况后，人民群众追求更加充裕和舒
适、更加丰富和自由、更加愉悦和幸福的生活。这样，志愿者和志愿组织就
要抓住机遇、因势利导，引领和激励人民群众向着美好生活不断发展和进步。
在中国特色社会主义新时代，人民对美好生活的向往不再是奢望，而是扎扎
实实追求和实现的愿望。从邓小平同志带领全国人民改革开放，经过四十年
的探索努力，我们实现了全面小康。自党的十八大以来，以钉钉子的精神抓
好脱贫攻坚战略的实施，在全世界实现人口最多、范围最大、成效最显著的
摆脱贫困。这是党和国家有条件、有精力，为人民群众对美好生活的向往做
的布局开篇，通过推进一项项富有成效的工作，让人民群众在时代发展中共
享成果、共享幸福；也使人民群众有机会在解决温饱、摆脱贫困的基础上了
解美好生活的内涵，察觉自己的新需求、新渴望，通过共同奋斗去实现目标。

---

① 习近平．习近平著作选读：第二卷［M］．北京：人民出版社，2023：17.

这种环境中，志愿服务的使命不断拓展、不断延伸，从仅仅是扶困助弱到创造美好，开拓一系列的新内容、策划一系列的新项目。今后一段时间，一是志愿要服务倡导美好生活的正确观念、正确方式，引领群众将美好追求与文明和健康等要素相结合。二是志愿服务要为人民群众美好生活策划丰富的项目，在一点一滴的改变中增添美好幸福的要素。三是志愿服务要给群众提供参与创造、参与奉献的机会，让人民群众共同为美好生活作贡献，创造更多成就感和自豪感。幸福美好的生活不是从天上掉下来的，而是要靠艰苦奋斗来创造。笔者认为，在全会精神的引领下，志愿服务在关心帮助人民群众改善生活的同时，也吸引和激励人民群众共同参与奋斗、共创美好生活，为中国式现代化增添活力、增强力量，真正实现共建共治共享。

第三节　志愿服务引领需求的路径方式

贯彻落实全会精神，进一步全面深化改革，体现在志愿服务发展中，就是将"满足需求和引领需求"作为增长点，尤其是将"引领需求"作为新增长点。"满足需求"是家喻户晓的概念，是围绕满足"一老一小"等特殊群体需求、邻里守望等人民群众需求而开展的服务；"引领需求"是新观念、新要求，是围绕人民群众对文明生活、科学生活、品质生活、美好生活等新需求而开展的服务。在志愿者和志愿组织探索引领需求的路径过程中，要注意把握以下4个要点。

一、把握时代要求

从全会审议通过的《决定》中可以看到，中国特色社会主义新时代，以及中国式现代化、全面现代化建设、走向共同富裕、创造美好生活等，是这个时代出现频率最高的词语，也是志愿服务引领需要的核心要素。从中国共产党成立百年的发展历程来看，根据不同时期的社会环境和人民需求，具有不同的目标和任务。从党的一大召开，到经历国民革命时期、土地革命时期、抗日战争时期、解放战争时期，都结合具体需要调整目标任务。最突出的就是从共产主义目标、社会主义目标调整为革命阶段首先要实现新民主主义的目标，走出一条马克思主义中国化，适合中国国情和人民需求的革命道路。

毛泽东同志在《新民主主义论》中指出："中国革命的历史进程，必须分为两步，其第一步是民主主义的革命，其第二步是社会主义的革命，这是性质不同的两个革命过程。而所谓民主主义，现在已不是旧范畴的民主主义，已不是旧民主主义，而是新范畴的民主主义，而是新民主主义。"①到中华人民共和国成立后，解决生产力与生产关系的矛盾问题，通过公有制的建设推动生产力发展，创造人民生活需要的更多财富，是一种新的探索和努力。改革开放新时期，以经济发展为中心，通过农村改革和城市改革，发展经济特区和沿海开发区等，释放生产力，奠定人民生活水平提高的社会经济基础。进入新时代，按照习近平同志的要求，"我国现代化坚持以人民为中心的发展思想，自觉主动解决地区差距、城乡差距、收入分配差距，促进社会公平正义，逐步实现全体人民共同富裕"。②可见，从革命战争年代、新中国建设时期到改革开放新时期、中国特色社会主义新时代，党为人民而奋斗的目标任务不断丰富，人民对生活发展的需求也不断丰富。同样，志愿者和志愿组织为人民群众提供关爱帮助、促进生活改善的服务活动和项目也要不断丰富。进一步全面深化改革阶段，志愿者要不断了解人民群众的生活变化与生活愿望，与时代要求相结合，发掘更多的需求发展趋势，进行引导、予以满足，将人民群众的幸福与祖国的富强融为一体、相得益彰。

二、贴近群众生活

志愿者和志愿组织积极贯彻落实全会精神，主动推进引领需求的服务，不是"从天而降"，也不是"凭空而来"，应该是深入乡村社区的群众生活之中，广泛调查分析，获得人民群众真实的想法，与社会发展趋势相对照，不断发掘新的需求、新的愿望，从而作为志愿服务的"新增长点"。"努力让人民群众的获得感成色更足、幸福感更可持续、安全感更有保障。"③那种在书斋中揣摩群众需求，或是在办公室里提出群众需求的做法，往往不切实际，也很难做好服务。毛泽东同志指出："这种纯主观地'瞎说一顿'，实在是最可恶没有的。他一定要弄坏事情，一定要失掉群众，一定不能解决问题。"④同

---

① 毛泽东．毛泽东选集：第二卷［M］．北京：人民出版社，1991：665.
② 习近平．习近平谈治国理政：第四卷［M］．北京：外文出版社，2022：123.
③ 习近平．习近平关于基层治理论述摘编［M］．北京：中央文献出版社，2023：23.
④ 毛泽东．毛泽东选集：第一卷［M］．北京：人民出版社，1991：110.

样，在中国特色社会主义新时代，习近平同志指出："要克服以主观想象代替群众真实需求的倾向，把握群众所需所急所盼，少搞一些强加于群众的活动，多提供一些对路的服务。"① 为此，脱离群众的"想当然""凭印象"就不能真正了解人民群众生活发展变化的需求，也不能真正做到引领需求和服务需求；只有走进千家万户、走近群众身边，"做亲人""做家人""做好人"，才能赢得广大人民群众的信任，才能听到人民群众真正的心声，才能为引领需求进行科学判断、科学决策。志愿者和志愿组织一定要深入基层、贴近群众，与人民群众促膝谈心、感情交融，才能把握人民群众的现实需求、研判人民群众的潜在需求，真正做好新时代志愿服务的引领需求。

三、提升专业能力

《决定》提出："高质量发展是全面建设社会主义现代化国家的首要任务。"那么，在满足需求和引领需求的不同阶段，高质量志愿服务的发展都需要提升专业能力。志愿服务满足需求阶段的专业能力提升，体现在做得更加精准、更加有效上。志愿服务引领需求阶段的专业能力提升，体现在更加科学的分析、更加丰富的供给、更高水平的服务和更高质量的效果上。志愿服务发挥专业特色，把握群众动态，引领生活需求，需要从 3 个方面探索创新。一是发挥社会工作人才的专业协调、资源配置作用。在党的社会工作发展背景下，要改变过去仅仅将社会工作人员当作"岗位劳务者"的做法，转向推动社会工作人员成为组织协调者、资源链接者。志愿组织充分发挥社会工作人才的专业优势，深入人民群众了解状况、把握需求，并且根据专业判断发掘需求提升的途径，为志愿服务的赋能增效提供支持。二是发挥各行各业人才的积极作用，为志愿服务引领需求提供多样化的帮助。不论是教师志愿者、医师志愿者、律师志愿者、科技志愿者、网络志愿者、心理志愿者等，都能够从专业方面探究群众生活需求的内外因要素，探寻发展变化的轨迹，从而为引领需求、提升服务水平提供科学支持。三是提高广大志愿者的专业素质和专业技能。志愿者要认真细致做好长期的服务，潜心学习实践，运用好自己的专长，成为志愿服务的人才。为此，要充分发挥普通志愿者贴近群众、联系

---

① 习近平. 习近平关于调查研究论述摘编［M］. 北京：中央文献出版社、党建读物出版社，2023：76.

群众的优势，用自己的专业发现群众的潜在需求，寻找志愿服务引领需求的有效路径。全面深化改革的新阶段，不论是发挥社会工作人才对志愿组织的协调推动作用，还是吸纳各领域人才加入志愿组织，都要增强精准有效服务的能力，真正为人民群众服务。

四、激发创新活力

按照全会精神的要求，志愿服务引领需求，就是不停留在满足群众基本的愿望，不停留在解决现存的困难与问题，而是发掘人民群众生活发展的未来期待和渴望，不断增添新的有吸引力的、有影响力的，并且富有成效的服务。邓小平同志说："搞社会主义，一定要使生产力发达，贫穷不是社会主义。我们坚持社会主义，要建设对资本主义具有优越性的社会主义，首先必须摆脱贫穷。"[1] 这是在改革开放初期提出的观点，是非常具有创新思维、创新勇气的观念，是引领中国摆脱落后腐朽思想的束缚，走上为人民创造美好幸福生活的道路。进入新时代，习近平同志说："要在全社会营造尊重劳动、尊重知识、尊重人才、尊重创造的环境，形成崇尚科学的风尚，让更多的青少年心怀科学梦想、树立创新志向。"[2] 志愿者和志愿组织要深入学习和领悟全会精神，培育进一步全面深化改革的勇气，激发进一步创新创造的热情，主动把握人民群众的利益需求变化趋势，提供更加精准、更加有效的服务，为人民群众带来幸福美好的生活。为此，特别要求志愿者和志愿组织有创新精神、有拓展能力。"在党和政府的领导下，构建宽松、自由的环境，吸引社会各界参与社会建设、探索社会创新，构建美丽中国、幸福中国就有希望。"[3] 只有激发志愿者和志愿组织的创新活力，才能让引领服务更受欢迎、更加有效。

志愿服务的进一步全面深化改革，推动志愿服务体系建设，就要从一些关键节点做起，达到"牵一发而动全身"的效果。笔者认为"引领需求"是新时代志愿服务发展的关键环节、关键要素，值得关注和重视。

---

① 邓小平. 邓小平文选：第三卷 [M]. 北京：人民出版社，1993：225.

② 习近平. 习近平谈治国理政：第四卷 [M]. 北京：外文出版社，2022：202.

③ 谭建光. 志愿服务：理念与行动 [M]. 北京：人民出版社，2014：2.

第三章　中国新时代志愿服务的发展趋势

中国特色社会主义进入新时代，志愿服务发展获得新机遇、新动力。尤其是迎来"十四五"规划和"两个大局""双循环"发展之际，将志愿服务纳入国家发展战略，成为越来越重要的元素。《中共中央关于制定国民经济和社会发展第十四个五年规划和二〇三五年远景目标的建议》提出"健全志愿服务体系，广泛开展志愿服务关爱行动"。① 这也是志愿服务在"十四五"规划期间高质量发展的科学指导。针对新时代的志愿服务发展，我们广泛开展调查研究，收集资料数据，分析志愿服务发展的 10 个新趋势。

第一节　新时代志愿服务的发展趋势

中国特色社会主义新时代的背景下，志愿服务呈现 10 个新趋势，其中既有原来发展趋势的延伸拓展，也有新出现的趋势，值得关注。

一、新思想引领志愿服务发展方向

党的十九大以来，最值得关注的就是新思想新理论的作用充分发挥，引领各行各业的发展创新。在志愿服务发展过程中，新思想的引领凸显重要性和积极作用。习近平总书记在给中国志愿服务联合会的贺信中指出，要"推进志愿服务制度化常态化，凝聚广大人民群众共同为实现'两个一百年'奋

---

① 中共中央关于制定国民经济和社会发展第十四个五年规划和二〇三五年远景目标的建议［EB/OL］.（2020-01-03）［2024-11-04］. http://cpc.people.com.cn/n1/2020/1103/c419242-31917562.html.

斗目标、实现中华民族伟大复兴的中国梦贡献力量"①。这样，新时代的志愿者不仅是"献爱心""做好事"，而且要在奉献和服务中体现责任与担当，成为国家和民族发展的促进力量。新时代文明实践试点工作提出以志愿服务为主要活动形式、以志愿者为主体力量，发动和激励乡村社区参与志愿服务，实现"传播新思想、弘扬新风尚、拓展新服务、创造新生活"的目的。从问卷的数据看，志愿者对文明实践志愿服务的新功能有认识和理解，选择"传播新时代新思想"的占70.97%，选择"倡导文明生活习惯"的占60.51%，排列第一、第二位。与此同时，关爱和扶助功能仍然获得体现、受到重视。调查发现，新思想引领志愿服务，就让志愿者"有志向、有勇气、有热情"，提升爱心奉献和真诚服务的价值和意义。不仅关爱和帮助了具体的服务对象，而且为中国新时代发展，中华民族伟大复兴作出贡献，让志愿者特别有自豪感。

二、学雷锋志愿服务成为普遍现象

关于"学雷锋"与"志愿服务"的关系，改革开放以来有不断发展、不断丰富的过程。20世纪90年代，很多人认为"志愿服务的一部分是学雷锋"，就是将志愿服务分割开来，源于中华传统和新中国文化的部分就与学雷锋密切相关。进入21世纪以后，在全国各地重新掀起"学雷锋志愿服务"的热潮，主要有两个发展变化。一个是将中华传统文化、党的宗旨理念、新中国人民群众的创造等元素，融合在"学雷锋志愿服务"之中，让广大干部群众、城乡居民越来越接受、越来越喜欢。另一个是不断丰富"学雷锋志愿服务"的内容，不是停滞不前，而是开拓创新，结合改革开放、新时期涌现的理念和文化，让雷锋精神更有魅力、更有活力。新时代，"党员学雷锋志愿服务主体的多元结构，本质上是党领导下的党员全员性、多领域、广覆盖式参与，是志愿服务组织及其活动主体发展的进一步深化，体现并增强了党员学雷锋志愿服务主体的先进性、示范性与带动性"，也吸引和激励广大群众学雷锋志愿服务的热潮。②这样，"学雷锋志愿服务"成为中国特色的亮丽品牌，受到广大

---

① 习近平致中国志愿服务联合会第二届会员代表大会的贺信［EB/OL］.（2019-07-24）［2024-11-04］. https：//www.xinhuanet.com/politics/2019-07/24/c_1124792815.htm.

② 中国志愿服务联合会. 中国志愿服务发展报告（2017）［M］. 北京：社会科学文献出版社，2017：292.

人民群众的欢迎，也引起世界各国的关注。

三、党员志愿服务发挥示范作用

当代中国志愿服务经历"自发兴起－团青推动－多元发展－党政统筹－社会繁荣"的阶段。最初社会民间探索发展的时候，党组织、党员参与的活跃度不够，引领作用未能充分发挥出来。近年来，习近平总书记多次给志愿者的回信和讲话，激励志愿服务发展壮大、作出贡献；党和政府出台政策措施，给予支持和保障。这样，党员志愿者参与志愿服务的热情日趋高涨，发挥"党员先行、党员示范、党员带动"的积极作用。从问卷的数据看，2020年的防控新冠疫情志愿服务中，认为党员发挥"引领作用""带动作用""示范作用"的分别占 40.76%、30.74%、23.03%。也就是说，党员志愿者通过积极参与防控服务、"下沉服务"，冲锋在前、勇当先锋，激励和带动广大群众参与志愿服务、做好疫情防控。此外，从参与志愿服务的频率看，党员"每月参与 1～2 次"的占 33.29%，群众"每月参与 1～2 次"的占 22.53%，党员比群众高出 10 个百分点。与此同时，党员"从未参与"的占 7.07%，群众"从未参与"的占 24.03%，群众从未参与志愿服务的比例比党员高出 16 个百分点。可见，在党组织的号召和推动下，党员参与志愿服务越来越积极，在志愿服务中发挥着越来越重要的作用，通过关爱和帮助社区、农村群众，体现党的全心全意为人民服务宗旨，践行党的以人民为中心理念，更好地发挥党员先锋模范作用。

四、团员青年成为志愿服务先锋

习近平总书记指出："无论过去、现在还是未来，中国青年始终是实现中华民族伟大复兴的先锋力量！"[①] 在新时代志愿服务的发展中，团员青年也成为发挥重要作用的先锋力量。一方面，共青团组织发起建立各级青年志愿者协会，推动成立各类青年志愿服务组织和团队，积极探索在文明实践、脱贫攻坚、乡村振兴、社区治理、生态环保等领域发挥青年的创新特点，发挥引领作用。从问卷的数据看，志愿者认为共青团组织"管理当地的青年志愿服

---

① 习近平. 在纪念五四运动 100 周年大会上的讲话［EB/OL］.（2019-04-30）［2024-11-04］. https://www.xinhuanet.com/politics/2019-04/30/c_1124440193.htm.

务事务"的占 53.79%，"与当地青年公益社团有密切联系"的占 32.97%。即共青团通过积极联系和管理青年志愿服务组织、青年公益机构，为各地区的社会公益、志愿服务发展提供创新活力、作出突出贡献。另外，志愿者认为青年的创新作用主要体现在"策划新颖活泼的思想传播形式""推广网络信息传播途径""设计时尚有趣的志愿服务项目"的分别占 56.32%、42.32%、41.24%。在乡村社区的志愿服务发展中，虽然年轻人都外出求学和务工，留下来的大多数是老人和妇女，青年在农村志愿服务中不是主力，但是，一方面，外出读大学的青年、外出务工的青年，每年定期或不定期回乡的时候，都会给乡村社区带来志愿服务活动，包括策划文化服务项目、进行网络信息传播、做好乡村墙绘和村庄规划服务等；另一方面，近年来不少青年回乡进入村委会参与管理，开展农副产业的创业发展，他们积极参与乡村社区的志愿服务，提供新思维、新做法，带来活泼的形式、丰富的内容。特别是近年来群团改革，加强基层团组织建设，为乡村社区团支部配备兼职书记，一些大学生志愿者、青年员工志愿者、青年专业志愿者前来乡村社区，担任团干部的同时也成为志愿服务的骨干力量，为农村社区带来志愿服务的生机活力，促进志愿服务的创新发展。

五、文明实践激活农村志愿服务

新时代文明实践中心工作启动以来，全国大多数县区成立"文明实践志愿服务总队"，县委书记、县长等担任总队长，推动乡镇建立文明实践志愿服务分队、村居建立文明实践志愿服务小队，鼓励群众建立各类志愿服务队伍。文明实践志愿服务"深入基层、深入群众，为活跃群众思想、激励群众创新提供新动力"[①]。调查发现，群众在参与文明实践志愿服务的过程中，获得体验和教育，也能够提升素质、提升能力。从调查数据看，大多数志愿者认为文明实践既包含"传播新时代新思想"（占 70.97%），也包含"倡导文明生活习惯"（占 60.51%）；既包括"宣传党的方针政策"（占 44.67%），也包括"建设生态美丽家园"（占 35.80%）和"做好扶贫助困服务"（占 33.66%）。因此，新时代文明实践志愿服务是近年来在乡村社区推广最快、覆盖最广、效果突出、反响强烈的志愿服务类型。同时，广大干部群众希望文明实践志愿服务

---

① 谭建光. 如何做好文明实践志愿服务 [M]. 广州：广东人民出版社，2020：4.

带来"精神面貌变好、邻里关系和睦、村居环境美丽、文化娱乐丰富、经济产业发展、家庭关系改善"等效果，为人民群众创造美好幸福生活。我们研究团队从 2018 年 12 月开始配合中央宣传部、中央文明办推进文明实践志愿服务的专业辅导，先后到 160 多个县市区、400 多个乡村社区进行调查交流，看到志愿服务带给村庄的可喜变化，带给群众的切实改善，越来越感受到志愿服务具有生机活力。

六、基层治理志愿服务日趋重要

志愿服务对社区治理、乡村治理的积极作用逐渐凸显，也受到基层党组织、基层政权组织的重视和支持。从浙江省诸暨市枫桥镇诞生的"枫桥经验"，几十年来经久不衰，特别是进入新时代以来，"红枫义警""老杨工作室"等为志愿者参与治理的经验增添了新活力、发挥了新作用。各地区的政法工作、综合治理、基层治理、网格管理等，也从单纯的"硬性管理"转向"软硬结合"，发挥志愿者和志愿服务组织"柔性管理"的优势，化解社会矛盾、创造社会平安。从问卷的数据看，选择率最高的是"开展讨论会，吸收村民对开展志愿服务等的意见"，占 53.79%，"号召当地社会组织参与志愿服务"，占51.98%。一方面，以志愿服务形式开展的交流讨论，成为乡村社区民主参与、治理创新的途径之一。将群众同心协力商讨和推动志愿服务的做法转为社区事务、村庄事务的讨论交流，培养城乡群众的协商民主意识，有利于共同探寻解决问题、改善环境的对策。另一方面，发现和激励乡村社区的社会组织、群众团体参与志愿服务，并且鼓励民意领袖、团队骨干成为热心志愿者，能够在爱心奉献、助人自助的志愿服务中提高居民群体、村民群体的素质能力，使其逐渐成为村居治理的积极力量。

七、关爱帮困志愿服务深入细化

关爱扶助、帮困助困的志愿服务，长期以来都是志愿者和志愿服务组织工作的重点。一方面，针对老人、残疾人、困难家庭、贫困农民等特殊对象的服务不断细化深化；另一方面，针对社会经济转型、工作生活波动中出现的新困难群体提供温馨温暖、切实有效的关爱服务。从调查数据看，参与"扶贫帮困"服务的占 39.58%，具体有多种类型。一是助老服务，尤其是针对孤寡老人、高龄老人、病困老人的服务。不少地区的志愿者针对高龄并患有疾病的老人组建专门的服务队伍，提供"多对一"的关爱帮扶。高龄患病老人面临许多困难，服务需求多样，既有身体病痛需要减缓，也有生活困难需要帮助，还有心理困惑需要纾解，因此拥有医疗健康知识、营养卫生知识、心理沟通技巧、助老交流技巧的志愿者特别受欢迎。二是助残服务。不仅仅是关心帮助残疾人，而且为他们的创业就业寻找机遇、提供机会，也吸引和激励残疾人受到帮助之后参与志愿服务，在回馈社会和他人的过程中体验自信和自豪。三是助学服务。包括为山区留守儿童提供支教服务，也包括在城市为流动儿童提供素质提升的服务，帮助留守流动儿童获得阳光生活，获得综合发展和全面健康成长。在新时代文明实践试点工作中，有些乡村社区拓展关爱服务内容，提出"四为服务"模式，即"为老、为少、为中、为众"志愿服务。"为老"是关爱帮助老人；"为少"是关爱帮助儿童；"为中"是关爱帮助"上有老、下有小"且工作生活压力大的中年人；"为众"是关爱帮助本地人的同时也关爱帮助外来人员。这些志愿服务的新理念、新做法，对于构建新时代的友爱互助关系具有积极作用。

八、民俗文化志愿服务掀起热潮

改革开放以来，对乡村社区民俗文化价值的认识经历了曲折变化。在初期受到"崇洋媚外""喜新厌旧"的思潮冲击，很多地方的民俗文化受到冷落，甚至被遗弃。进入新时代，伴随中国社会经济的发展，人们发现中国文化习俗，包括乡村社区的文化习俗，具有独特价值和普遍魅力。伴随乡村振兴战略的实施，很多志愿者和志愿服务组织深入农村，开展"乡村规划"志愿服务，发掘农村的传统民俗、生活习俗，融合到时代发展格局之中，既凸显了特色和魅力，也创造了发展的机遇。民俗文化志愿服务逐渐延伸到整理乡村社区的发展历程和传统，记录人们的回忆和叙述，整理文字资料和音像资料，成为传承发展的基础。

九、志愿服务组织专业规范发展

早期志愿服务，曾经出现被群众批评为简单化、浅显化的现象，如停留在"扫大街、看老人、做表演"的"老三样"。但是，进入新时代，志愿者和志愿服务组织增多，不断分化、细化、深化，延伸出各类专业志愿服务组织、专业志愿服务项目，提高了关爱社会人群的精准性和实效性。从问卷的数据看，一方面志愿服务的内容和类型不断增多，另一方面运用专业特长、发挥专业价值的服务越来越多。从专业意愿看，认为"志愿者能在服务中发挥职业特长或专业才能"的占 65.50%，即希望将所学所有的知识技能运用在志愿服务活动之中，有效帮助他人和社会；认为"志愿者能在开展服务前获得知识性、技能性的服务培训"的占 46.48%，即希望参加志愿服务组织、参与志愿服务的时候，获得专业培训和辅导，掌握更多精准服务的知识技能；认为"建成以职业或特长划分的专业志愿队（例如：法律志愿队、医疗志愿队等）"的占 42.88%，即希望推进专业化服务，建设具有特定专长、发挥更好实效的专业志愿服务组织。过去，很多志愿者要求"有机会参加志愿服务就好"，现在志愿者是要求"参加能够发挥特长的志愿服务"。另外，随着信息社会、网络时代的发展，志愿服务专业化与网络传播推广紧密结合，发挥特殊的效果。调查显示，志愿服务组织利用"微信公众号"发布志愿服务信息、进行传播推广的占 80.02%，网络宣传成为绝大多数志愿者和志愿服务组织的常态化渠道，也是专业技术技能应用的新趋势。

十、中国志愿服务国际影响扩大

随着改革开放的深入，志愿服务也呈现不同的状态。改革开放初期，志愿服务的发展较多引进和学习国外经验，以及我国港澳台地区的经验，尤其是东南沿海地区志愿服务较多学习我国香港经验和我国台湾经验。自从北京奥运会志愿服务、上海世博会志愿服务、广州亚运会志愿服务、深圳大运会志愿服务、南京青奥会志愿服务之后，世界关注和重视中国志愿服务的特色和魅力，出现"双向交流"的趋势，即中国志愿者学习外国经验的同时，也传播中国特色志愿服务的理念文化、做法经验。2020 年以来中国新冠疫情防控工作及其志愿服务，在世界各国引起很大的关注和重视，成为传播中国特色志愿服务的一个机遇。从问卷的数据看，国际社会对中国防疫工作印象最深的是"敢于担当责任"，占 47.76%，"防控坚强有力"，占 40.23%。与此同时，志愿者认为中国做到有力防控的主要原因，"党的坚强领导"占 84.86%，"医护人员的专业奉献"占 84.89%。从国内的普遍观念分析，对于疫情防控过程中，党的坚强领导和医护人员奉献精神的印象最深刻、评价最高。从国际的观察和分析看，中国疫情有效防控与欧美疫情肆意蔓延的对比，国际上对中国共产党和中国政府"将人民群众的生命安全与身体健康放在第一位"

的做法有越来越深刻的印象，产生越来越好的评价。目前，中国特色志愿服务既体现在国际赛会的"微笑"服务，也体现在应急时刻的"热心"服务，还体现在日常生活的"贴心"服务和人与人交往的"暖心"服务，引起世界各国的关注和重视。

第二节　志愿服务发展的思考和启示

我们通过分析新时代中国特色志愿服务的十大趋势，获得一些发现和启示。

一、志愿服务助力实现人民对美好生活的需要

习近平总书记在党的十九大报告中指出："中国特色社会主义进入新时代，我国社会主要矛盾已经转化为人民日益增长的美好生活需要和不平衡不充分的发展之间的矛盾。"[①]同样，新时代的志愿服务面临新挑战、适应新需求、拓展新服务、解决新问题。一方面，新思想引领志愿服务，学雷锋志愿服务广泛普及；另一方面，志愿服务越来越融入党建工作、文明实践、脱贫攻坚、乡村振兴、社区治理、生态环保等工作之中并发挥积极作用；再一方面，志愿服务在不断深化关爱扶助的同时，创新方式和内容，延伸出多样化、灵活性的服务项目，为助力人民的美好生活作出贡献。这些发展和变化，成为"十四五"规划期间志愿服务的特色亮点，让中国志愿服务在国际世界产生更大吸引力和影响力。

二、志愿服务融入国际国内"两个大局"的发展

"十四五"期间，志愿服务发展面临国际国内新形势。习近平同志指出："领导干部要胸怀两个大局，一个是中华民族伟大复兴的战略全局，一个是世界百年未有之大变局，这是我们谋划工作的基本出发点。"[②]这也是志愿者和志

①　习近平. 习近平谈治国理政：第三卷［M］. 北京：外文出版社，2020：9.

②　习近平总书记江西考察并主持召开座谈会微镜头［EB/OL］.（2019-05-23）［2024-11-04］. http://cpc.people.com.cn/big5/n1/2019/0523/c64094-31098724.html.

愿服务组织要把握的格局，也是志愿服务发展要适应的局势。党和政府越来越重视和推动志愿服务，包括党和国家领导人多次给志愿者回信和讲话，也包括国家和地方志愿服务的政策逐渐健全，还包括志愿服务组织和团队的蓬勃发展等。"十三五"期间，第一次将志愿者人数占人口比例13%的要求写进"十三五"规划，引起各级党政部门的重视。"十四五"期间，提出更高的数量要求和质量要求。现在，很多地区的志愿者人数占人口比例达到15%、17%等，更多转向重视志愿者服务素质提升，以及志愿服务组织发展能力提升。在"两个大局"背景下，中国志愿服务积极适应、不断创新，激发生机活力、主动作出贡献。

三、志愿服务有效促进社会发展与治理创新

谭建光教授说："中国志愿服务事业，从纯粹民间行为，到部门推动项目，进而发展成为国家战略的组成部分，将越来越引起关注和重视。"[①]从近年来的情况看，志愿服务在国家重大战略、重点工作中都发挥积极的作用。《中共中央关于制定国民经济和社会发展第十四个五年规划和二○三五年远景目标的建议》提出："畅通和规范市场主体、新社会阶层、社会工作者和志愿者等参与社会治理的途径。"[②]志愿服务成为基层党建、社区治理、乡村建设行动的有效途径，党员志愿服务示范带动作用凸显，夯实党组织的广泛群众基础。文明实践志愿服务蓬勃发展，成为"传播新思想、弘扬新风尚"的有效途径，提高广大群众的思想道德素质。乡村振兴志愿服务方兴未艾，为广大农民创造发展致富的多样化机遇。社区治理志愿服务逐渐活跃，成为公众参与公共事务的重要载体。生态环保志愿服务日趋重要，引导广大群众保护自己生活与发展的家园。人类命运共同体志愿服务体现价值，激励中国志愿者为国际和平与发展作出贡献。这样，新时代的志愿服务在社会经济和治理创新等方面都发挥积极作用，赢得社会各界的好评。

①　谭建光.中国志愿服务发展的十大趋势［J］.青年探索，2016（2）：30.
②　中共中央关于制定国民经济和社会发展第十四个五年规划和二○三五年远景目标的建议［EB/OL］.（2020-01-03）［2024-11-04］. http://cpc.people.com.cn/n1/2020/1103/c419242-31917562.html.

四、志愿服务"助人"与"育人"双功能日趋凸显

回顾中华人民共和国成立以来的志愿服务发展历程，"发现'助人'与'育人'是并行发展的'双主线'"。[①] 在中国特色社会主义新时代，引导和激励志愿者在服务过程中获得自我体验、自我教育、自我成长是非常重要的功能。伴随中国全面建成小康社会，加快建设社会主义现代化强国，需要国民素质的提升，包括思想道德素质提升、创新发展能力提升、友善互助能力提升、国际合作素质提升等。在国家加强核心价值观培养、加强公民道德教育的同时，通过志愿服务让干部群众、城乡居民在服务实践中提升思想境界、提高素质能力，就是非常重要的途径和做法。

---

① 谭建光. 中国青年志愿服务的发展方向：新中国70年青年志愿服务的回顾与展望［J］. 中国青年社会科学，2019（2）：107.

第四章 中国社会治理与志愿服务

志愿服务发展和社会治理创新，是新时代中国特色社会主义发展的重要组成部分，并且发挥着越来越重要的作用。中国共产党对志愿服务与社会治理的领导作用，经历长期的实践和讨论，从分歧争议到形成共识。习近平总书记《在庆祝中国共产党成立 100 周年大会上的讲话》指出："中国共产党领导是中国特色社会主义最本质的特征，是中国特色社会主义制度的最大优势，是党和国家的根本所在、命脉所在，是全国各族人民的利益所系、命运所系。"①如今的关键是大方向和基本原则明确以后，针对广大群众爱心奉献的志愿服务，以及公众自主参与的社会治理，如何实现党的有效领导，如何在党的领导下发挥巨大能量，促进社会和谐与文明进步。与此同时，国家《中长期青年发展规划（2016—2025 年）》提出："青年社会参与的渠道和方式进一步丰富和畅通，实现积极有序、理性合法参与。"②为此，我们不仅要突出坚持党的领导的必要性和重要性，更要明确基层乡村社区中党对志愿服务与社会治理有效领导的方法途径。

第一节 社会治理与志愿服务的研究

伴随改革开放的不断推进，诞生了当代中国志愿服务和社会治理的新方式。

---

① 习近平. 在庆祝中国共产党成立 100 周年大会上的讲话［N］. 人民日报，2021–07–02（2）.
② 本书编写组. 中长期青年发展规划（2016—2025 年）［M］. 北京：人民出版社，2017：22.

从发展的历程看，志愿服务主要有"南腔北调"两种模式。①一种是以北京为代表的北方模式，主要是在"学雷锋、做好事"的基础上，借鉴和吸收外国现代志愿服务的经验，不断丰富和发展。另一种是以广东为代表的南方模式，主要是引进和吸收外国及我国港澳地区的现代志愿服务经验，同时继承"学雷锋、做好事"的传统，不断创新发展。如果仅仅从表象上看，志愿服务源于公众的自发组织和自主服务，但是深入分析就可以发现党和政府的支持推动作用。也就是说，存在"两条线"的发展交织：一条线是青年志愿者、居民志愿者的自发组织、自主服务；另一条线是党委政府以及群团组织的领导支持、倡导推动。因此，改革开放以来，中国北方和南方的志愿服务发展，并不存在完全纯粹的"民间志愿""民间热潮"，而是在"领导、支持、推动、普及"的背景下形成志愿者的参与热潮，形成志愿服务组织的发展热潮。

从社会治理创新的探索过程看，志愿服务也是不断纠正模糊认识、不断凸显核心力量的作用，逐渐构建公众参与社会治理的有效机制。2010年以来，从各级党政部门的文件，以及专家学者的论述中，都将"社会管理"概念转换为"社会治理"概念，但是关于两个概念的区别，以及新概念的科学含义，在相当一段时间存在争议。经过一段时间的探索实践，"一核多元、多元共治"的理念既强调党对社会治理创新的领导和推动，也鼓励广大人民群众发挥创造性推进社会治理。习近平同志指出："现在，我们党有必要对坚持和完善中国特色社会主义制度、推进国家治理体系和治理能力现代化进行系统总结，提出与时俱进完善和发展的前进方向和工作要求。"②在实践过程中，努力实现党的坚强领导与公众自主参与的有机结合，探索中国特色的社会治理路径。

在中国共产党的领导下，志愿服务与社会治理的发展，都要特别关注青年的力量。新时代的青年，一方面在志愿服务中奉献爱心、助人为乐，同时增长见识、锻炼能力、提升境界，通过服务实践丰富内心世界；另一方面在社会治理中面对现实，拓宽视野、锻炼胆识、锤炼意志，在参与治理创新的时候培养自身能力素质。这样，志愿服务与社会治理成为青年一代实践成长、锻炼成才的有效途径。

---

① 谭建光．中国特色的志愿服务理论体系分析［J］．青年探索，2015（1）：30-31.
② 习近平．习近平谈治国理政：第三卷［M］．北京：外文出版社，2020：111.

在此背景下，我们重点探讨 3 个主要问题：一是党领导的志愿服务与社会治理的机制构建，如何保证正确发展方向和保持治理创新活力；二是党领导的志愿服务与社会治理的主体发展，在探索和实践的过程中形成什么样的主体力量和主体素质；三是党领导下的志愿服务与社会治理，提供青年实践锻炼、服务成长的哪些机遇和途径，促使青年成长为什么样的人才。

第二节　社会治理与志愿服务发展机制

中国共产党领导的志愿服务与社会治理，在不断发展的过程中，逐渐探索和建立科学有效的制度和机制，即"坚强领导"与"生机活力"相结合的发展机制。这就涉及领导与支持、动员与自主、规范与创新、增能与减负、奉献与回馈、发展与共享等多方面的要素。特别是要避免陷入"一抓就死、一放就乱"的消极循环，探索领导统筹下促进志愿服务与社会治理的生机活力。尤其是青少年作为新时代社会主义事业的接班人、生力军、先锋力量，如何发挥主动性和创造性，为志愿服务发展、社会治理创新作出贡献，成为关注和研究的重点。

一、领导与支持

近年来，强调全面加强党的领导，包括对志愿服务与社会治理的领导之后，也出现了一些片面的理解和观点。一种观点认为只要有党的领导，就能自然而然解决所有问题，不需要社会的志愿服务力量和社会治理力量。另一种观点认为，党的领导是直接推进志愿服务和社会治理，不需要社会组织、志愿服务组织的协同参与。习近平同志指出："全面加强党的领导同坚持以人民为中心是高度统一的。"①也就是说，全面加强党的领导是一种根本保证，是一种核心力量，同时要围绕以人民为中心的理念，广泛吸引和支持人民群众参与新时代的各项事业。这样，党和人民同心协力，政府和社会同心协力，共青团和青年同心协力，才能够充分发挥志愿服务与社会治理的有效作用，解决社会问题、促进社会进步。从广东省社工与志愿者合作促进会的网络问

---

① 习近平．习近平谈治国理政：第三卷［M］．北京：外文出版社，2020：90.

卷调查数据看，全国各地的青少年在参与志愿服务的动机中，帮助有需要的人（76.1%）、为社会和国家作贡献（47.65%）和锻炼自己的能力（42.50%）、实现个人价值（38.66%）的选择比例最高。也就是说，青年响应党的号召，为国家社会作贡献，与追求自身在志愿服务中的价值体现和能力提升，都是非常朴素的愿望和动机。

二、动员与自主

中国共产党在100多年的斗争和发展中，形成许多行之有效的工作机制、工作方法。其中，发动群众、团结群众、凝聚群众、引导群众成为最广泛的方式方法。在新时代的志愿服务和社会治理中，各级党组织的发动和动员具有非常重要的作用；同时，广大群众尤其是青少年的自发参与、自主服务也成为鲜明特色。这样，"广泛动员、自主参与"就是新时代志愿服务与社会治理发展的有效途径。从广东省社工与志愿者合作促进会网络问卷调查的青年数据看，组织发动和自主参与都占有较大的选择比例。如通过单位/学校发布的志愿服务信息动员报名的占70.17%；同时，搜寻志愿服务组织/官方的网站、公众号等平台发布信息自主报名的占63.05%。此外，通过社区宣传动员报名的占33.81%；而通过亲朋好友推荐报名的也有17.51%。由此可见，中国青年参与志愿服务以及参与社会治理，"动员"与"自主"是并行的两条线，而且交互影响、互相促进。在新时代乡村社区发展中，党组织的领导和动员能力至关重要，强有力的党组织才能有效发动群众和组织群众。同时，青年参与创新服务方式、增强吸引力也非常重要，不断推出群众乐意接受、喜欢参与的服务项目、治理行动，就能够凝聚广大群众的力量，建设和谐美好的家园。

三、规范与创新

党的十八大以来，大力推进志愿服务的制度化建设，也大力推进社会治理的规范有序发展。陆士桢教授认为："中国特色志愿服务制度建设，是落实党的执政理念的重要举措，也是中国特色志愿服务建设的关键和迫切需要，党对志愿服务制度建设的领导是构建完整科学的志愿服务制度体系的决定性因素。"[①] 应该说，改革开放以来，志愿服务的发展有许多来自社会、来自民间的探索经验，具有灵活特色，具有较强活力，但是相对于国家治理体系建设和志愿服务机制建设，就需要在党的领导下，不断规范和提升。从广东省社工与志愿者合作促进会网络问卷调查的数据看，不仅城市社区志愿服务注重专业发展和制度建设；农村志愿服务也开始呈现专业化趋势，不断推进制度建设。在过去的志愿服务发展中，存在"想到什么就做什么""有爱心就多做一点"的现象；同样社会治理也存在"头痛医头，脚痛医脚"的状况。如今，逐渐发现社会发展是一个系统工程，需要思考和设计、需要制度和规范。按照党和国家的要求，推进国家治理体系建设和基础治理能力提升，推进志愿服务体系建设和制度完善，同时激发广大公众参与治理、创新治理的活力，吸引志愿者为社区发展、乡村发展奉献爱心、提供帮助，就能够营造既规范发展又充满生机的乡村社区。

四、增能与减负

中国共产党领导的志愿服务与社会治理，一方面要为志愿者和志愿服务组织"增能"，为社区、农村机构及其城乡居民"增能"，提高广大干部群众的服务能力和治理能力；另一方面要为志愿者和志愿服务组织、乡村社区干部群众"减负"，即减少各种形式化、作秀式的"指令"和"任务"。从志愿服务发展进程看，最初的青年志愿者、居民志愿者、农民志愿者等都具有爱心、乐意奉献，但是在逐渐深化志愿服务的时候才发现需要各种专业能力、需要协调各种境况；特别是参与社会治理的志愿者，面对矛盾纠纷、冲突事件的时候，还需要多方面的社会协商、社会调解知识能力。为此，要通过一系列培训辅导，提高志愿者的服务能力，提高群众参与治理的能力。实现基层治理的"增能"和"减负"，就需要真正探索"一核多元、多元共治"的新格局，在党组织的领导下，通过志愿者和志愿服务组织的示范引导，通过青年志愿者的创新引领，促进广大群众参与治理、共同治理。调查发现，地方党政部门要充分发掘志愿者和志愿服务组织的活跃力量，特别是发掘青年志愿者的力量，帮助他们在社会生活的方方面面参与服务、发挥作用，就有利于在提高志愿者能力的同时，提升社会治理的水平，营造和

---

① 陆士桢. 中国特色志愿服务概论［M］. 北京：新华出版社，2017：348–349.

谐发展的社会环境。

五、奉献与回馈

在党的引领下，广大志愿者发扬"奉献、友爱、互助、进步"的志愿精神，在社会关爱和社会治理等领域，积极参与服务，发挥积极作用。但是，与此同时，不同类型的志愿者也具有各不相同的需求，从物质回馈需求到精神激励需求，从交往尊重需求到发展进步需求，都值得关注和重视。为此，中央精神文明建设指导委员会印发的《关于推进志愿服务制度化的意见》中专门提出"健全志愿服务激励机制"，包括"建立志愿服务回馈制度，志愿者利用参加志愿服务的工时，换取一定的社区服务，同时在就学、就业、就医等方面享受优惠或优待"[①]。青少年处于成长的年龄，在参与志愿服务与社会治理过程中，更加需要回馈激励，从学分激励、荣誉激励到机会激励、发展激励等，都具有非常明显的支持作用。从青少年对回馈激励的需求看，获得能力提升的相关培训（75.65%）、获得荣誉（37.0%）等精神性、发展性的要求占第一、第二位；获得补贴（29.69%）、获得物质奖励（27.15%）等物质性、生活性的要求占第三、第四位。可见，党团组织引导青少年参与志愿服务与社会治理的时候，要关注和重视回馈激励的需求，但是并非都集中在物质需求，而是多样化、丰富性的需求，尤其是精神充实、社会尊重等需求更为突出。在中国特色社会主义新时代，党和国家倡导的志愿者激励，从政策制度的要求，到各地机构的推进，再到志愿服务组织、志愿者的多样化与灵活性探索，对青少年参与志愿服务具有吸引和激励作用，形成丰富多样、互相促进的经验，值得重视和研究。

六、发展与共享

中国特色社会主义新时代就是要创造人民的美好生活，要实现中华民族的伟大复兴。党领导的志愿服务与社会治理就是这一伟大事业的组成部分，在志愿服务中促进人民生活质量的改善与提高，在社会治理中创造人民生活的安全舒适环境。谭建光教授认为："在党和政府的领导下，创造宽松、自由

---

① 荣德昱. 青春与伙伴同行：我国志愿服务法律法规与政策选编［M］. 杭州：浙江工商大学出版社，2017：100.

的环境，吸引社会各界参与社会建设、探索社会创新，构建美丽中国、幸福中国就有希望。"①所以，不断壮大志愿服务事业，不断推进社会治理创新，就是让更多群众参与发展、共享发展。我们在调查中发现，新时代党领导的志愿服务，要促进社会发展，促进治理创新，更要创造人民群众共建共享美好生活的机会。

第三节　社会治理与志愿服务发展特征

中国特色社会主义新时代，党领导的志愿服务与社会治理，既传承中华民族的优秀文化习俗，也借鉴外国现代治理与服务的经验，更重要的是发扬党在革命战争年代、新中国建设时期、改革开放时期积累的宝贵经验。同时，根据新时代的社会发展和社会需要，不断调整改进、不断融合创新，形成鲜明的特色，也成为吸引青年参与、激励青年成长的重要元素。

一、遵循宗旨

在志愿服务与社会治理的发展中，经常会遇到"口径不同""指令不同"的问题。一是在不同时期提出的要求和指导有所变化；二是不同的地区党组织提出的要求和指导有所区别。这时候，坚持党对志愿服务和社会治理的正确领导，最重要的是"遵循宗旨"。在志愿服务与社会治理发展中，最重要的是抓住两头，即"弘扬党的宗旨"和"促进民生改善"。从志愿者爱心奉献友善助人，到公众参与治理创造安全和谐环境，一方面是弘扬党的宗旨，体现党的关爱，密切党群关系，凝聚引导群众；另一方面是满足群众生活需求，解决切实利益困难，为人民创造美好生活。在党的宗旨引导下，开展党建引领志愿服务、文明实践志愿服务、乡村振兴志愿服务、社区治理志愿服务、文化复兴志愿服务、生态环保志愿服务、应急救援志愿服务等，最终为人民群众的安全和幸福提供支持保障。广州市启智志愿服务总队、广州市天河区启智社会工作服务中心，就是在党的宗旨引领下发展壮大的志愿服务组织。其负责人李森，当初从技校毕业进入电信公司当

---

①　谭建光．志愿服务：理念与行动［M］．北京：人民出版社，2014：2．

员工的时候，了解到启智志愿服务总队的信息，就报名加入，逐渐成为骨干、成为负责人。一方面，李森积极靠拢党组织，从普通青年到共青团员，经过努力加入党组织并且成为乐于奉献的"优秀共产党员"。另一方面，李森积极发展启智志愿者，队伍从100多人增长到11万多人，会聚大量志愿者配合党和政府的工作，为文明创建、关爱助困、社区治理、生态环保等作出贡献。在过去，李森以优秀志愿者的身份，当选中共广东省委第十二届委员会委员、共青团第十七届中央委员会常委，成为党团组织和广大群众构建"桥梁"的重要人物。与此同时，建立"李森党代表工作室"，面向十多万志愿者传播党的宗旨理念，面向乡村社区群众传递党的关爱帮助。这样，在启智志愿者热心帮助群众、促进生活改善的地方，群众都说"志愿者好，共产党好，社会主义好"！调查发现，许多地区大力发展志愿服务，特别是激励青年志愿者开展关爱互助服务之后，城乡群众生活获得改善、困难获得解决的同时，就增强对党团组织的认同感和归属感，有利于密切党群关系、干群关系。

二、顺应民意

新时代党领导的志愿服务与社会治理，要面向群众的需求，倾听群众的呼声，关注群众的感受，增强群众的获得感。党组织任何时候都不能远离群众、脱离群众。同样，推进志愿服务与社会治理的时候，也不能违背广大人民群众的意愿。广大志愿者，尤其是青年志愿者在深入群众、接触群众、关心群众的时候，就要做到"知民情、顺民意"。一是要切实了解乡村社区群众的生活状况，切身感受群众的衣食住行、喜怒哀乐，从而掌握群众特别是青少年最主要、最迫切的利益需求。二是要认真梳理群众利益需求的多样化、多变化，把握关键需求、把握核心要素，通过志愿服务帮助群众解决困难、改善生活，通过治理创新为群众特别是青少年创造安全、和谐的生活环境。三是要积极引导民情民意的发展，在帮助群众生活改善的同时传播新思想、弘扬新风尚，提高乡村社区群众的思想道德素质，提高团员青年的创新积极性，不断培养新时代的文明市民、文明村民。调查发现，党团组织推进志愿服务和社会治理，也要遵循"从群众中来、到群众中去"的科学规律，全面掌握民情民意，逐渐细致整理分析，力求满足人民群众最根本、最重要的利益需求，赢得广大群众的拥戴和支持，特别是赢得思想活跃、创新性强的青少年的踊跃支持，就有利于促进社会的文明进步。

三、激励青年

新时代党领导的志愿服务与社会治理，要调动广大青年的积极性，发挥广大青年的创造性，不断探索新方式和新路径。习近平总书记在纪念五四运动100周年大会上指出："青年是整个社会力量中最积极、最有生气的力量，国家的希望在青年，民族的未来在青年。"[①] 因此，推动全民志愿、全民治理的过程中，充分发挥青少年的创新思维、创造热情具有非常重要的作用。尤其是在新时代文明实践中，"倡导全民志愿、全域志愿，人人做志愿者，处处做志愿者，鼓励本地群众自发建立多样化、针对性强的志愿服务队伍，就近就便参与文明实践志愿服务，实现群众自我服务、自我提高"。[②] 重视引导青少年参与新时代文明实践、参与志愿服务活动，为关爱助人、社区治理作出贡献的同时，也有利于青少年自身的思想道德成长、个性素质发展。广东省丰顺县汤坑镇第一小学积极引导学生参与文明实践志愿服务。一方面，鼓励师生课余时间在乡村社区发掘乡土民情、民俗文化的元素，编写《茶乡文化》《客家村落》《潮客民俗》等乡土教材；另一方面，鼓励师生发掘和整理红色文化资源，融入学校教育过程，也作为文明宣传的素材。小学生在老师的带领下，根据1929年朱德同志带领红军部队经过这里时留下新茶种子，给农民种植和改善生活的故事，编写了《红军茶》的乡土教材，也成为新时代文明实践宣讲的脚本。此外，汤坑一小的学生课余到"坚真纪念馆"当小小讲解员，讲述共产党早期的优秀女领导人李坚真的革命经历，激励广大干部群众拼搏奋斗；周末到公园广场当小小宣讲员，用儿歌和童谣等方式传播新思想、弘扬新风尚。调查发现，青少年在参与志愿服务与社会治理的时候，既能帮助他人、影响社会，同时也获得自我教育、自我成长的机会，有利于成长为新时代社会主义事业的接班人。

---

① 习近平．习近平谈治国理政：第三卷［M］．北京：外文出版社，2020：333.
② 中央文明办一局．建设新时代文明实践中心指导手册［M］．北京：学习出版社，2020：108.

四、创新发展

中国共产党领导的志愿服务与社会治理，进入新时代的发展就要与时俱进、不断创新。既要继承和发扬党的优良传统，也要吸收和借鉴世界各国经验。联合国志愿人员组织发布的《2011年世界志愿服务状况报告》提出："志愿服务精神所蕴含的团结、互惠、互信、归属感、自我提升等理念，都是提升生活质量的重要因素。"[①]尤其是中国新时代志愿服务与社会治理的探索，要积极提供国际交流、提供各国分享的经验，提供各国青少年共享的经验，为构建"人类命运共同体"、践行"一带一路"倡议等作出贡献。目前，在中国出现越来越多具有创新活力，面向国际国内不断拓展领域、不断深化内容的社会组织和志愿服团队，包括青年志愿服务团队。这样，逐渐形成有中国特色的志愿服务经验、社会治理经验，成为世界各国共享的宝贵资源。

经过实践和探索，遵循宗旨、顺应民意、激励青年、创新发展等成为志愿服务与社会治理的鲜明特征，具有生机活力和社会实效，成为中国特色社会主义新时代的重要元素，值得重视和研究。

本章讨论中国共产党领导的志愿服务与社会治理，并且以新时代青年的参与和贡献作为研究案例，探讨必要性与可行性。实践表明，坚持党的正确领导，是推进志愿服务与社会治理发展的重要保障，也是促使青年在参与服务、参与治理中发挥作用、成长成才的重要保障。然而，各级党组织以及各类志愿服务组织、社会治理机构，不能仅仅停留在"会议传达""上传下达"；而是要积极主动、创新思维，真正将党的领导贯穿于志愿服务与社会治理的全过程，真正体现把握政治方向和提供有力支持的价值。为此，需要注意3个关键因素：一是要善于把握主流趋势。党领导的志愿服务与社会治理，最核心的是"弘扬党的宗旨＋促进民生改善"。一方面，在统筹和支持志愿服务组织、治理机构的发展壮大，支持开展各种服务与活动的时候，都要弘扬党的宗旨与理念，都要体现党的关爱与帮助。另一方面，不论是党建引领社区治理还是文明实践志愿服务，不论是群团改革还是青年志愿者爱心奉献，在

---

① 金安平. 国际志愿服务重要文献选辑［M］. 张俊虎，刘皓，译. 北京：中国文联出版社，2018：24.

强调党的统筹领导，宣讲宣传新时代新思想的时候，也要与改善民生、扶贫助困、安全维稳、生态保护等相结合，让人民群众在享受美好生活的过程中感受党的正确领导及其意义。二是要善于揭示存在的问题。在促进志愿服务与社会治理的创新中，强调党的正确领导，并非忽视问题或者回避问题。中国共产党在百年发展历程中，经历各种曲折与艰难，也遇到过问题与错误，但是党的伟大之处恰恰在于能够自我发现问题、纠正错误、不断改革、坚毅前行。同样，党对志愿服务与社会治理的领导方式方法，也是在实践中不断调整、不断完善的。共青团带领青少年参与社会治理的方式方法也在不断调整进步。党组织通过反复领会中央和省市的文件，率先构建"领导与支持"的新体系，积极引导社会组织响应党的号召，把握正确发展方向，提高组织建设与社会服务能力，真正在乡村社区的建设和治理中发挥积极作用。因此，我们要有"问题导向"，善于发现存在的问题，探寻解决途径；但是不能有"问题心态"，凡事只看到问题、放大问题，"被问题牵着鼻子走"，陷入无所作为的状态。不论是志愿者骨干，还是社会治理骨干，不论是共青团员积极分子，还是青年志愿者，都要善于"解剖问题、抓住焦点、逐个突破、创造机遇"，开创志愿服务与社会治理的新格局。三是要善于在发展中解决问题。我们在调查中发现，不论是经济发展，还是社会治理，不论是社会工作，还是志愿服务，都存在"发展前面临的问题""发展中遇到的问题""发展后带来的问题"三类状况。"发展前面临的问题"就是因为贫穷、落后、停滞、封闭等，造成群众的生活水平低，志愿服务缺乏资源，社会治理缺乏机制等，困难重重。"发展中遇到的问题"是因为激发乡村社区群众对更好生活的追求，但是发展过程仍然存在资源有限、能力不足的情况，就产生了许多制约性的问题。"发展后带来的问题"恰恰是因为经济发展、社会改善，生活条件好了，群众的利益需求更多，愿望追求更高，就带来新的难以解决的问题。作为党员干部、共青团员、志愿者骨干、社会治理骨干，不能被这些不同阶段的问题压倒，而是要善于在不断促进发展的同时，不断探寻解决问题的新方式、新路径。北京市海淀区、广东省博罗县、浙江省诸暨市、贵州省龙里县等推进志愿服务和社会治理的时候，就是每一个阶段都针对新需求、新问题，既调整和创新党政工作的领导方式，也调整志愿服务组织的服务方式，逐渐解决问题、促进改善，营造和谐发展的社会环境。新时代是充满发展机遇的时代，也是面临矛盾风险的时代。党领导的志愿服务与社会治理，就是要敢于把握机遇，敢于正视问题，在探索中发展前进，在探索中作出贡献。青年是志愿服务与社会治理的活跃力量，要发挥主动性和创造性，在新时代作出更大贡献，获得成长成才的机会。

第五章　中国的共同富裕与志愿服务

中国共产党成立以来，带领全国人民浴血奋战、艰苦奋斗，从推翻三座大山、建立中华人民共和国到推进改革开放、走向社会主义新时代，不断探索进步、不断创造奇迹。如今在实现全面小康之际，提出共同富裕的奋斗目标，寄托了千百年来中国人民的愿景，融汇了百年以来千千万万共产党人的追求。中国特色志愿服务是伴随共产党成立而逐渐兴起的崇高事业，是改革开放以来发展壮大的社会事业，在党领导的共同富裕进程中将发挥非常重要的作用。青年是志愿服务发展中的先锋力量，也为开展共同富裕志愿服务而探索创新、奉献有为。习近平同志指出："我们说的共同富裕是全体人民共同富裕，是人民群众物质生活和精神生活都富裕，不是少数人的富裕，也不是整齐划一的平均主义。"[1] 这就明确了社会主义共同富裕不同于其他制度下的富裕道路，明确了以人民福祉为最终目的的富裕特色。世界上没有哪一个政党能够像中国共产党这样理直气壮、旗帜鲜明地将"全体人民的共同富裕"作为党的奋斗目标、纳入党的发展战略、融入党的创新路径。因此，广大志愿者尤其是青年志愿者，要在党的坚强领导下，积极投身人民共同富裕的伟大进程，奉献爱心、作出贡献。陆士桢教授指出："志愿服务在增强人民幸福感上具有不可替代的特殊功能，因为对大多数社会成员而言，志愿服务行为带来的是物质满足之上的更高层次的幸福感。"[2] 这体现出志愿服务在共同富裕进程中的"双重作用"。一方面是志愿者关爱和帮助城乡群众，解决生活与发展困难，实现共同富裕；另一方面是吸引和激励广大群众参与志愿服务，在奉献爱心、充实自我的过程中实现精神生活的提升，丰富共同富裕的

---

[1]　习近平. 扎实推动共同富裕 [J]. 求是，2021（20）：4.
[2]　陆士桢. 中国特色志愿服务概论 [M]. 北京：新华出版社，2017：178.

内涵。在这一过程中，以团员青年为主体的青年志愿者是先锋力量、创新力量、活跃力量，为实现共同富裕而不断贡献青年的智慧和创意、不断贡献青年的爱心和热情；同时激励青年在志愿服务中不断成长。在中国特色社会主义新时代，团员青年参与志愿服务、推进共同富裕，就是共青团工作发展新的切入点，就是共青团围绕大局、服务群众新的主战场。本章探讨共产党领导的志愿服务与共同富裕，也探讨共青团带领青年志愿者在其中发挥的积极作用。

第一节 党引领志愿者为实现共同富裕作贡献

建党百年之际，中国志愿服务联合会在其主办的《中国志愿》杂志 2021年第 3 期刊登"本刊编辑部"撰写的文章《永远高扬为人民服务的旗帜——中国共产党人百年"志愿服务"启示录》，提出："中国共产党人的'志愿服务'精神不是凭空产生的，也不是一蹴而就、朝夕形成的。它是在党的远大理想引领下，在党的崇高宗旨激励下，经过几代共产党人坚持不懈实践和传承，逐步形成的伟大精神。"① 这就对志愿者尤其是青年志愿者具有启迪价值，也激励其在促进共同富裕的道路上积极奉献和作为。

一、党的宗旨引领志愿者促进共同富裕

中国共产党成立以来，确立了全心全意为人民服务的宗旨，并且伴随时代的发展，进一步提出以人民为中心、为人民对美好生活的向往而奋斗等。这些宗旨、理念、目标激励共产党员时时刻刻为人民作奉献、为人民而努力。同样，这些宗旨、理念、目标也引领志愿者为人民群众作奉献、为共同富裕而努力。广大党员、干部、志愿者在本职工作中勤勉努力，促进民生改善和共同富裕；也在日常生活中志愿奉献，帮助群众解决困难、改善生活。志愿者将党的宗旨和志愿精神相结合，在服务人民利益、促进共同富裕的进程中作出贡献。一是为人民服务引领共同富裕，激励志愿者不断探索。党在不同

---

① 《中国志愿》编辑部. 永远高扬为人民服务的旗帜：中国共产党人百年"志愿服务"启示录[J]. 中国志愿，2021（3）：4.

历史阶段，都反复强调为人民服务的宗旨，强调一切为了人民、一切依靠人民。毛泽东同志在《为人民服务》中指出："我们的共产党和共产党所领导的八路军、新四军，是革命的队伍。我们这个队伍完全是为着解放人民的，是彻底地为人民的利益工作的。"[①] 因此，千百年来中国人追求共同富裕的梦想，也是党的奋斗愿景，也是党引领下志愿者爱心服务的目的。只是在不同的阶段，追求共同富裕的起点有区别、有差异。革命战争年代追求共同富裕的起点是翻身解放，新中国建设初期追求共同富裕的起点是摆脱积弱积贫，到了改革开放时期，中国特色社会主义新思想才进入追求共同富裕的更高形态。志愿服务的内容和形式也伴随不同时期群众的需求变化而变化。从战争时期的为人民群众而奋勇献身，帮助人民群众摆脱剥削压迫等；到中华人民共和国成立后、改革开放后帮助人民群众改变贫困生活、走向小康和富裕。这样，志愿者围绕共同富裕的服务也是不断丰富、不断充实的。二是以人民为中心引领共同富裕，激励志愿者勇于创新。共产党既要代表人民群众的利益，还要突出人民群众的主体地位。邓小平同志在《坚持四项基本原则》中指出："社会主义现代化建设是我们当前最大的政治，因为它代表着人民的最大的利益、最根本的利益。"[②] 从"文化大革命"结束，进入改革开放时期，广大人民群众追求的就是摆脱贫困、改善生活。激发群众的积极性和创造性，探索生活发展和共同富裕的道路，就是共产党人面对的新使命、新责任。张来明、李建伟分析："中国共产党始终坚持以人民为中心，从未停止过对共同富裕问题的思考和探索。"[③] 并且，自改革开放以来越来越清晰，在中国特色社会主义新时代越来越明确。党领导下的志愿服务排除各种干扰，集中精力关心和帮助人民群众解决困难、发展生活。近年来，尤其是志愿者配合党和政府落实方针政策，为乡村社区的群众提供宣传政策制度、推广惠民措施、实现生活发展的多样化服务。三是美好生活向往引领共同富裕，激励志愿者追逐梦想。党在新时代把人民群众对美好生活的向往作为奋斗目标，志愿者积极配合开展关爱和服务，尤其是解决"不平衡"与"不充分"的矛盾，为提高人民群众的生活品质，满足人民群众的多样化需求作出贡献。党的十九大提出，这

---

① 毛泽东. 毛泽东选集：第三卷［M］. 北京：人民出版社，1991：1004.

② 邓小平. 邓小平文选：第二卷［M］. 北京：人民出版社，1984：163.

③ 张来明，李建伟. 促进共同富裕的内涵、战略目标与政策措施［J］. 改革，2021（9）：19.

个新时代是"不断创造美好生活、逐步实现全体人民共同富裕的时代"①。志愿者也将"美好生活"与"共同富裕"作为探索和创新服务的重点。一方面，志愿者不断了解和掌握群众利益需求的变化，努力提供具有针对性和实效性的服务；另一方面，志愿者根据时代变化创新服务内容和形式，为群众提供更多的品质生活、雅致生活，逐渐丰富共同富裕的要素。中国特色社会主义新时代，志愿者跟党走，响应党的号召，为实现共同富裕献计献策、出心出力，为人民群众创造幸福安康。

二、青年志愿者为共同富裕作出贡献

青年是中国革命和建设的先锋力量，也是新时代中华民族伟大复兴的先锋力量。青年志愿者在实现共同富裕的道路上，不断率先探索、不断创新尝试。改革开放以来，在不同的发展阶段，青年志愿者响应党的号召，从帮助山区群众脱贫到促进社区群众发展，从农民和农民工子女助学服务到助老助残助困服务，从满足群众的生活温饱到促进群众的生活丰富，都作出了积极的探索和贡献。一是"一部分人先富起来"与青年志愿者促进公平。改革开放初期，我国的社会经济发展水平较低，大多数人处于比较穷困的状态。为此，党的十一届三中全会提出"以经济建设为中心"的重点转移，努力改善国家经济状况和提高人民经济收入。据谭建光教授等对深圳市志愿服务的调查，"早期的志愿者深入工业区，搜集调查外资企业员工权益受到侵害的情况，以调查报告形式递交给深圳市委、市政府，以热点文章形式发表在报纸杂志，引起社会的高度重视。一些志愿者接到外资企业员工的投诉后，帮助寻找政府部门、司法部门共同去企业协商解决。这些努力受到广大员工的欢迎"②。这些青年志愿者的服务，一方面促进社会关注和重视非公企业员工权益，保障社会的公平；另一方面促进社会政策改变，从单纯经济发展延伸到推动社会建设，为实现共同富裕创造条件。经过40多年的发展，我国社会公平状况有了很大的改变，但是仍然存在收入差距。根据陈宗胜介绍，"研究发现，我国低收入阶层大致占人口总数47%，中等收入阶层占到36%到40%，高收入

---

① 习近平. 习近平谈治国理政：第三卷［M］. 北京：外文出版社，2020：9.
② 谭建光，凌冲. 中国深圳义务工作发展报告［M］. 广州：广东人民出版社，2005：10.

阶层占 15% 左右，这就是目前我国居民的分配格局现状"。① 这样，当一部分人先富起来的时候，就需要通过"第三次分配"以及公益慈善、志愿服务的发展，在法规和政策促进公平发展的同时，也利用道德的力量推动社会均衡发展，加快实现共同富裕。为此，青年志愿者开展的"西部计划"青年志愿者支教服务、"关爱行动"青年志愿者牵手内蒙古子女服务、"阳光行动"助残志愿服务等，就是在社会上一部分人"先富起来""生活改善"的同时，及时关注、关心、帮助、支持面临困难、遇到问题的社会群体，为他们奉献爱心、为他们创造温暖，在一点一滴为社会困难群体提供生活保障、发展机遇的同时，促进社会的公平公正，为走向共同富裕奠定良好基础。二是"先富带后富"与青年志愿者友爱奉献。按照党的方针和政策要求，不是停留在"先富起来"的阶段，而是要促进"先富带后富"。然而，这并非自然而然的演变过程，需要社会政策、公益慈善、志愿服务的不断推动和改善。虽然"脱贫攻坚"消灭了绝对贫困，但是低收入群体和相对困难群体仍然存在。为此，改革开放以来，志愿者和志愿服务组织就积极探索，开展扶持和帮助，探索促进共同富裕、消除社会贫困的路径。1997 年 9 月，共青团中央、中国青年志愿者协会共同组织实施"中国青年志愿者扶贫接力计划"，公开招募青年志愿者到贫困地区提供教育、科技、医疗志愿服务，时间 1～2 年；同时，也可以采取组织招募的方式，定向招募具有中、高级职称的专家志愿者前往贫困地区分批进行短期的师资培训、项目引进、技术支持、经济咨询、文化传播等志愿服务。② 随后，针对两大群体推进志愿服务项目。一是吸引青年企业家、青年经营者、青年管理人员、青年科技人员等做志愿者，激励他们参与支持和辅导下岗工人创业就业、农村青年创业就业、残疾人就业发展的志愿服务，贡献智慧、技术、经验、资源，帮助低收入群体提高能力、获得发展。二是针对城市困难家庭、农民工及其子女、农村群众提供关爱帮助，解决生活困难，开拓发展路径。这样，志愿服务组织充分发挥"先富起来"群体的爱心和热情，帮助和促进广大群众共同富裕；也重点关心帮助低收入群体等，解决困难与问题，促进生活改善和共同富裕。三是"共同富裕"与青年志愿

---

① 陈宗胜. 从物质到精神、从城市到农村，全面促进共同富裕［J］. 中国经济评论，2021（9）：46.

② 卢雍政. 中国青年志愿者扶贫接力计划［M］. 广州：广东经济出版社，1999：40+50.

者创造美好生活。中国特色社会主义新时代，追求美好生活成为全国人民的共同向往。青年志愿者积极响应党的号召，围绕人民群众的新需求、新愿望，提供关爱和服务。改革开放以来，我国经济发展迅速，人民生活水平不断提高，但是仍然存在人均产值不够大、人均收入不够高、区域发展不平衡、贫富差距较明显等问题。陈宗胜分析，我国人均 GDP 刚刚达到 1 万美元，"现在世界上的一般发达经济体及新兴工业国，人均 GDP 都在 2 万美元以上，而最发达国家人均 GDP 达到 7 万~8 万美元的水平。按此水平，显然我国还有很大的差距"。[①] 为此，我国推动共同富裕需要政府、市场、社会三方面的努力。从政府的层面看，蔡昉分析："如果不能在宏观层面对劳动者和家庭进行保障，就总是有借口在微观层面保岗位、保产能、保企业、保产业，最后的结果就是低效率的企业不能退出，降低整体生产率。"[②] 故必须调整政策导向，将完善社会保障机制，尤其是建立健全社会安全网作为奠定共同富裕基础的重要工作。通过社会保障和公共服务的逐渐健全，让企业和个体都没有后顾之忧，全力以赴创业就业、创造财富。从市场的层面看，鼓励企业经营、市场竞争的同时，建立规范秩序、法治环境，让人们在公平公正的社会中竞争发展和创造财富。从社会的层面看，公益慈善、志愿服务就是以道德的力量调节社会财富、促进共同富裕的一种途径。尤其是志愿服务的发展，让改革开放的获益者在参与志愿服务的过程中实现助人效益，也获得内心的充实与升华；让社会变迁中受到冲击、遇到困难的人群获得社会的关爱和帮助，不仅解决困难与问题，实现生活改善，而且可以参加力所能及的志愿服务，在助人自助中获得自信和尊严。青年志愿者作为探索者和创新者，积极探寻爱心助人、共同发展的路径，通过助学、助老、助残、助困等项目的实施，为城乡群众提供改变生活现状、获得发展致富的机会，逐渐实现全社会的共同富裕。为此，青年志愿者围绕人民群众追求美好生活的方方面面需求，不断探索和创新服务，通过发挥智慧、技术、技能、经验等，让新时代的人们生活不断改善、不断充盈，真正走向共同富裕的美好生活。

---

① 陈宗胜. 从物质到精神、从城市到农村，全面促进共同富裕［J］. 中国经济评论，2021（9）：45.

② 蔡昉. 共同富裕三途［J］. 中国经济评论，2021（9）：16.

第二节　新时代志愿服务促进共同富裕的路径

中国特色社会主义新时代，确立为美好生活而奋斗、推进实现共同富裕的目标之后，最重要的就是实施的路径。我们发现，志愿服务涉及社会生活的方方面面，深入城乡发展的各个领域，对不同路径促进共同富裕，都有积极的作用。

一、文明实践志愿服务促进共同富裕有愿景

新时代文明实践中心建设，是以习近平同志为核心的党中央为加强基层思想政治工作、夯实党的执政基础而作出的重大部署，以"传播新思想、引领新风尚"为主线，带动社会文明进步和社会全面发展，对于促进共同富裕、创造美好生活具有积极作用。其中，提出"新时代文明实践主体力量是志愿者、主要活动方式是志愿服务"[①]。也就是说，广大志愿者通过参与文明实践，在新思想的引领下关爱和帮助城乡群众，在改善群众生活、解决群众困难的同时，传递党的声音，打通党组织联系和服务群众的"最后一公里"。全国试点县区，贵州省龙里县通过"山歌伴飞、萤火虫、大比武"的方式推进文明实践志愿服务。"山歌伴飞"就是志愿者运用山区农村群众喜爱的"唱山歌"等方式，将新思想、新政策、新措施传播到村村寨寨，让村民口口相传、家喻户晓。"萤火虫"就是党团员志愿者深入边远山区为群众送关爱、送温暖，从而密切党和群众的血肉联系，赢得群众对党组织的信任和支持。"大比武"就是激发农村群众改变环境、发展创新的热情，用"人比人、户比户、村比村"的方式，投入乡村治理、乡村振兴，创造村民发展生产和改善生活的机会。通过文明实践志愿服务的宣传和开展，引导城乡群众振奋精神、干事创业，不断推进共同富裕，不断创造幸福生活。

二、乡村振兴志愿服务促进共同富裕有力量

我国在实现脱贫攻坚目标的基础上，大力推进乡村振兴，为农村发展和

---

① 中央文明办一局.建设新时代文明实践中心指导手册［M］.北京：学习出版社，2020：101.

农民幸福创造新机遇、新条件。志愿者和志愿服务组织积极投身乡村振兴战略的实施，拓展助农项目、惠农项目、兴农项目，从多个方面提供服务、作出奉献。

从广东省社工与志愿者合作促进会全国网络志愿服务调查的数据（表5-1）看，志愿服务组织在乡村振兴中开展服务最多的涉及"组织外出创业者在本地结对扶贫、助困、助学等"（占28.38%）和"解决农产品滞销等问题"（占21.97%）等。我们发现，志愿者不仅是帮助山区农村克服困难、解决问题，更重要的是激发农民群众的积极性和主动性，探索发展生产、改善生活、共同富裕的有效途径。习近平同志指出，"幸福生活都是奋斗出来的，共同富裕要靠勤劳智慧来创造"[1]。这就指引广大人民群众，特别是农村群众振奋精神、鼓足干劲，努力创造共同富裕与幸福生活。调查发现，乡村振兴志愿服务成为农村发展的新热点，也成为促进农村群众共同富裕的有效途径和有效方式。

表 5-1 你主要参加或组织过以下哪些乡村振兴类助农志愿服务［多选题］

选项	小计	比例
A.组织本地大学生在当地开展学生校外免费辅导	6777	19.61%
B.组织外出创业者在本地结对扶贫、助困、助学等	9810	28.38%
C.解决农产品滞销等问题	7594	21.97%
D.组织策划农村产业发展	4474	12.94%
E.开展本地特色开发、文化故事传播等	6889	19.93%
F.扶助本地人发展特色产业	4668	13.51%
G.如有开展您认为属于"乡村振兴"类的其他服务请注明	469	1.36%
H.以上均无	11681	33.80%
本题有效填写人次	34564	

资料来源：广东省社工与志愿者合作促进会2020年《全国农村志愿服务发展网络问卷调查》数据。

---

[1] 习近平. 扎实推动共同富裕［J］. 求是，2021（20）：5.

三、社区治理志愿服务促进共同富裕有参与

新时代特别重视推进国家治理体系建设、推进基层社会治理创新，也成为保障实现共同富裕、保障实现美好生活的重要工作。社会治理及社区治理、乡村治理的关键就是构建"一核多元、多元共治"的治理体系，即在党组织领导下构建多方协同、公众参与的治理格局。其中，志愿者和志愿服务组织的参与尤为重要。一方面，在党和政府推进治理体系构建的过程中，广大志愿者的参与，有利于延伸到社区、农村的每一个角落，深入了解和掌握群众的信息和需求，深入了解和掌握群众生活面临的各种矛盾和困难，有利于及时解决问题、及时化解纠纷，促进有效治理。另一方面，城乡广大群众参加志愿服务组织，作为志愿者参与社会治理，每一个人在协助党和政府做好治理工作、保障生产生活的时候，思想认识获得提高，行为规范不断调整，自身就成为基层治理的践行者。调查发现，在社会治理中，"柔性治理"的发展非常重要，即制定和颁布各项治理制度措施的时候，特别需要志愿者走进群众、贴近群众，在关心帮助群众的同时解释治理制度的功能，引导群众认识社会治理对于保障生活发展、促进共同富裕的重要作用，逐渐理解和遵守、拥戴和支持。

四、扶困助弱志愿服务促进共同富裕有温暖

志愿服务的重点内容是扶困助弱，即帮助有困难、有需求的人群。中共中央宣传部等八部委印发的《关于支持和发展志愿服务组织的意见》指出："积极支持志愿服务组织承接扶贫、济困、扶老、救孤、恤病、助残、救灾、助医、助学等领域的志愿服务。"[①]《关于支持和发展志愿服务组织的意见》提出的 9 个重点服务内容，包含了城乡群众尤其是特殊困难群众方方面面的需求，吸引志愿者和志愿服务组织探索开展多样化、有实效的服务项目。

从广东省社工与志愿者合作促进会全国网络问卷调查的数据（表 5–2）看，41.45% 的志愿者参加过关爱扶助的服务，占比接近一半。不论是大中城市还是山区农村，不论是沿海地区还是偏远地区，总是存在一部分受到挫折、遇

---

① 荣德昱. 青春与伙伴同行：我国志愿服务法规与政策选编［M］. 杭州：浙江工商大学出版社，2017：116.

到困难、陷入困境、生活艰辛的人，需要获得社会的关爱和志愿者的帮助。我们发现，志愿者的关爱扶助服务有利于推进共同富裕。一是由于志愿者关爱和帮助困难群体，能够减轻社会其他人群的负担，让更多的人能够轻装上阵、创业创新，努力实现共同富裕。二是志愿者对特殊困难群体的关爱和帮助，能够不断改善特殊人群的生活状况，让他们也享受共同富裕的成果。三是志愿者为特殊困难群体提供关爱和帮助，在社会营造友善互助、公平发展的氛围，让社会不同群体相互支持，一起推进共同富裕。

表 5-2　你最常参与的志愿服务内容是_____［多选题］

选项	小计	比例
A. 社会公益（赛会等社会大型活动、社会应急救灾、文明创建、为社会机构提供服务帮助、政策法规宣传与普及等）	13229	62.52%
B. 社区发展（社区义诊、义修，社区文化服务、社区绿化与设施完善服务等）	6579	31.09%
C. 关爱扶助（孤寡人员、病残人员、失业下岗人员及城乡困难家庭、农村留守儿童、外来流动人员等）	8770	41.45%
D. 成长辅导（青少年或其他人群的学习成长与素质提升、边缘群体的帮扶教育改造等）	3017	14.26%
E. 环境保护（环保宣传、城市美化、资源循环利用等）	6898	32.60%
F. 乡村振兴（贫困地区文化支援、科技指导或医疗卫生扶持等）	3288	15.54%
G. 志愿服务建设（志愿者培育、志愿者组织建设、志愿服务研究等）	5265	24.88%
H. 其他	326	1.54%
本题有效填写人次	21160	

资料来源：广东省社工与志愿者合作促进会 2021 年《全国志愿服务专业发展网络问卷调查》数据。

五、应急救援志愿服务促进共同富裕有保障

当今时代快速发展的同时，也进入风险频发的时期。我国推进全社会共同富裕时，也要构建社会安全、防范风险的机制。其中，应急救援志愿服务在社会安全网中发挥积极的作用。一是不论从国际经验，还是国内实践看，

应急救援志愿服务都是国家政府救援的有效补充。发生自然灾害、重大险情包括疫情冲击的时候，解放军、公安干警、政府工作人员、社区与农村管理者都及时反应，构建应急机制之时，志愿者和志愿服务组织都迅速响应，成为"最快速、最积极、最主动、最有效"的应急救援力量之一。二是应急救援志愿者在日常生活中随时待命、解决问题。面对社区燃气管道泄漏引发的风险，或者乡村水源污染引发的风险，或者节假日人流聚集引发的风险，应急救援志愿者都迅速赶到，抢救人员、维持现场、消除灾害的影响等。三是应急救援志愿者深入社区和乡村，开展自救、互救的知识技能传播，帮助群众掌握防灾知识，减少风险的发生，减少生命和财产的损失。走向共同富裕的道路不是一帆风顺的，不论是自然灾害还是人为灾难，都存在于社会生活之中。一方面要通过应急救援志愿者的知识传播，增强防范能力，减少灾害的发生；另一方面要通过应急救援志愿服务组织的发展，及时应对灾难，保障群众安全，降低灾害影响。在 2020 年初，武汉市受到突如其来的新冠疫情侵袭，人们陷入担忧和顾虑情绪之中。这时候，一些团员青年站出来做"逆行者""摆渡者""穿梭者"等类型的志愿者，运送医护人员、医疗物资，协助社区防控、生活保障等。当记者连线这些青年志愿者，询问他们为什么不怕风险，出来参与服务的时候，有些志愿者回答："我的动机很简单，就是为我身边的人好起来，为我的城市好起来，为我们的国家好起来。"有些志愿者回答："我的城市生病了，我不能抛弃它，总要做点什么。"这些危急关头站出来做应急志愿者的年轻人，没有"喊口号""表决心"，而是用最朴实、最真切的语言表达志愿心声，更加让人感动、引人深思。我们认为，全社会推进共同富裕的时候，不能盲目乐观、不能麻痹大意，而是要通过大力发展应急救援志愿服务，构建共同富裕进程中的社会安全网，应对社会风险、做好风险防范。

六、生态环保志愿服务促进共同富裕可持续

中国特色社会主义新时代，推进共同富裕、建设美好生活的过程中要特别关注生态环保，也要特别注重发展生态环保志愿服务。习近平同志指出："要坚持绿水青山就是金山银山的理念，坚持生态优先、绿色发展。"[①] 过去一

---

① 习近平 . 习近平谈治国理政：第三卷［M］. 北京：外文出版社，2020：377.

段时间，人们对共同富裕有着片面的理解，以为发展经济、增加收入就是全部追求、全部目标，导致有些地方单纯追求经济指标、单纯追求收入增加，出现破坏生态、污染环境的状况，也损害了群众的安全和健康。为此，新时代特别强调生态环保，也大力支持发展环保志愿服务组织。首先是青年志愿服务组织响应党和政府的号召，组建生态环保服务队伍，拓展生态环保服务项目。从20世纪90年代后期开始，中国青年志愿者协会就在做好助学、助困服务的同时，关注和探索环保领域的服务。尤其是沿海地区的广东、浙江等地，以及西北地区的青海、宁夏等地，就出现专门开展环境保护、生态建设的青年志愿队伍。进入21世纪，一方面在环保部门的支持下诞生了许多环保志愿服务组织，配合政府开展环保宣传普及、生态知识传播的服务；另一方面民间环保组织兴起和活跃，运用社会的力量监督地方和企业，督促消除污染、改善环境。进入新时代很多城乡群众都认识到环境保护、生态建设对健康和安全、发展和持续都具有重要作用，也是实现共同富裕不可或缺的内容。因此，来自基层的社区、乡村群众加入环保志愿服务组织、参加环保志愿服务，就具有更加积极的影响力。浙江省湖州市安吉县黄社村"一片叶子"志愿服务队就是其中的典型。他们牢记习近平总书记的嘱托，逐渐减少和停止原来带有污染性质的小作坊、小工厂，通过种植优质白茶走上共同富裕的道路，真正实现"绿水青山就是金山银山"。并且，勤劳致富的村民在党员的带动下，成立"一片叶子"志愿服务队，为贵州、四川、重庆等贫困地区的农民免费提供技术指导，还义务前往偏远山区传授白茶种植技术、帮助培育管理，带动西部地区的群众共同富裕。如今，志愿者带动乡村社区的群众更加深刻地认识和理解生态环保，将环保责任与环保发展相结合，促使新的生态产业、绿色产业获得生机。这样，我国逐渐走上生态环保、绿色发展的共同富裕之路。

第三节　青年志愿者在实现共同富裕进程中的责任担当

中国特色社会主义新时代，实现中华民族伟大复兴、实现中国梦、实现共同富裕等，都是全国人民的愿望和追求，也是党带领人民群众奋斗的目标。青年志愿者作为先锋力量、创新力量、活跃力量，也必然肩负新时代的责任担当，在实现共同富裕中发挥重要作用。习近平同志给"本禹志愿服务队"的回信中勉励青年志愿者，"希望你们弘扬奉献、友爱、互助、进步的志愿精神，坚持与祖国同行、为人民奉献，以青春梦想、用实际行动为实现中国梦作出新的更大贡献"。① 为此，青年志愿者要更加深刻领会责任和担当的价值，更加积极主动探索新服务、创造新服务，为全社会的共同富裕作出贡献。

一、在共同富裕进程中传承理想信念

青年一代尤其是青年志愿者要在新时代传承理想信念，传播和践行新思想，在参与志愿服务中推动社会进步、促进社会文明。在革命战争年代，青年的理想信念就是劳动人民的翻身解放。当今时代，青年志愿者的理想信念就是适应人民群众对美好生活的需求，助力实现党的第二个百年奋斗目标、实现中华民族伟大复兴、实现中国梦、实现共同富裕等。共产党人要为共产主义而奋斗，落实到每一个不同的时代，就具有时代的追求和目标。与此同时，青年还要通过志愿服务的途径和方式，将弘扬理想信念落到实处，落实在关爱和帮助社会群体，落实在关心和促进社会文明，落实在关注和推动社会公平等。这样，青年志愿者就更好地承担新时代的社会责任，体现出新生代的担当精神。

二、在共同富裕进程中争当志愿先锋

志愿服务是社会文明的重要标志，也是促进实现共同富裕的有效途径。为此，团员青年在参与志愿服务的时候，不仅要有爱心热情，而且要发挥创新活跃的特点，争当志愿先锋、不断探索进步。习近平总书记在纪念五四运动100周年大会上的讲话指出："无论过去、现在还是未来，中国青年始终是实现中华民族伟大复兴的先锋力量！"② 回顾百年历程，不论是青年团员跟随共产党的先驱兴办"工人夜校""农民夜校"，探索革命时期的志愿服务，为劳苦大众热诚服务；还是新中国成立后，青年跟随党的步伐，以"青年突击

---

① 习近平给华中农业大学"本禹志愿服务队"回信［N］．人民日报，2013–12–06.
② 习近平．在纪念五四运动100周年大会上的讲话［EB/OL］．（2019–04–30）［2024–11–04］．https://www.xinhuanet.com/politics/2019–04/30/c_1124440193.htm.

队""青年义务垦荒队"等方式开展志愿服务，促进国家建设；或者是改革开放以来，青年在党的领导和支持下，打出"青年志愿者行动"的旗帜，倡导"奉献、友爱、互助、进步"的志愿精神，都是引领社会风气、推动文明进步。在全社会实现共同富裕的进程中，青年志愿者要率先探索、勇于创新、争当先锋，创造更多更好关爱和服务人民群众的方式方法，为满足群众利益需求、加快实现共同富裕作出贡献。

三、在共同富裕进程中敢于攻坚克难

中国特色社会主义新时代，创造人民美好生活、促进全社会共同富裕的进程并非一帆风顺，也会面临各种困难和问题，也会出现各种风险和危机。青年志愿者要敢于直面共同富裕过程中的困难和问题，积极探索解决的路径和方式。一方面是青年以志愿服务的方式为城乡群众提供智慧和技术，帮助解决生产发展、生活改善的难题。因为，许多生活在城市老旧社区和山区偏僻村庄的群众，原有的素质和经验无法适应变迁的时代，就会遇到许多特殊的难题。青年志愿者了解情况、剖析问题、发掘优势、创造机遇，就能帮助这些群众走出困境，走上共同富裕之路。例如，越来越多的青年志愿者帮助老年居民、老年村民将记忆中的民俗资源转化为新兴文化产品、新潮生活点缀，获得社会与市场的回报。另一方面是青年志愿者发挥敏锐性与活跃性，预测风险和危机，及时帮助城乡群众防范和规避。这样，青年志愿者主动思考、积极应对，就有利于在实现全社会共同富裕的进程中化解风险、解决问题。

四、在共同富裕进程中创造美好生活

中国特色社会主义新时代，美好生活与共同富裕两个概念，在群众的心目中就是同一个目标、同一个追求。青年志愿者要牢记这些目标，作为开展志愿服务、促进社会进步的动力。其实，自改革开放以来，共产党就一直在思考、一直在探索。邓小平同志指出："社会主义的本质，是解放生产力，发展生产力，消灭剥削，消除两极分化，最终达到共同富裕。"[①]共同富裕不是轻易就能实现的，更不是一天两天就可以实现的，而是不断努力奋斗、不断创

---

① 邓小平．邓小平文选：第三卷［M］．北京：人民出版社，1993：373．

造财富，从而逐步实现的。习近平同志指出："我们的目标很宏伟，但也很朴素，归根结底就是让全体中国人都过上更好的日子。"① 这也告诫青年志愿者要特别注重"全体中国人都过上更好的日子"是需要长期努力的目标，是伟大而平凡的行动。青年志愿者既要"志存高远"，更要"脚踏实地"，通过一点一滴的爱心奉献，帮助人民群众改善生活状况；通过一点一滴的真诚热情，帮助城乡群众获得发展机会。这样，青年志愿者就在不断奉献、不断服务的过程中，为实现共同富裕、创造美好生活作出了贡献。

青年志愿者在实现共同富裕进程中的责任担当，不是空洞的口号，也不是简单的表态，而是时刻牢记城乡群众的利益需求，认真判断社会发展变化的机遇，开展多样化、灵活性的志愿服务，帮助人民群众实现获得感与幸福感，从而促进全社会的共同富裕。

---

① 习近平. 习近平谈治国理政：第三卷［M］. 北京：外文出版社，2020：134.

第二篇

志愿服务体系

第六章 中国特色的志愿服务体系

改革开放以来，中国志愿服务事业不断发展壮大，在经济社会建设和社会治理创新中发挥越来越重要的作用。从 1983 年北京大栅栏"综合包户"志愿服务项目、1987 年广州"手拉手"志愿者服务热线……我国的志愿服务经历了"从青年到全民""从社区到社会""从城市到农村"的发展历程。① 大众参与的志愿服务事业日益繁荣，获得党和政府的重视和支持，国家制定《志愿服务条例》及一系列法规政策，提供支持和促进措施，积极探索和建立志愿服务体系。2006 年，《中共中央关于构建社会主义和谐社会若干重大问题的决定》提出："建立与政府服务、市场服务相衔接的社会志愿服务体系。"② 随后不断调整思路、丰富内容。2020 年，《中共中央关于制定国民经济和社会发展第十四个五年规划和二〇三五年远景目标的建议》提出："健全志愿服务体系，广泛开展志愿服务关爱行动。"③ 2022 年，党的二十大报告提出"完善志愿服务制度和工作体系"④。2023 年，中共中央、国务院印发《党和国家机构改革方案》，新组建的中央社会工作部负责全国志愿服务工作的统筹规划、协调指导、督促检查等。2024 年，中共中央办公厅、国务院办公厅印发《关于健全新时代志愿服务体系的意见》。这为推动中国志愿服务工作制度和工作体系进一步落地夯实了组织基础。与此同时，近年来关于志愿服务

---

① 谭建光. 中国志愿服务：从青年到社会：改革开放 40 年青年志愿服务的价值分析 [J]. 中国青年研究，2018（4）：28-33.

② 中共中央关于构建社会主义和谐社会若干重大问题的决定 [M]//本书编写组. 构建社会主义和谐社会学习问答. 北京：学习出版社，2006：188.

③ 中共中央关于制定国民经济和社会发展第十四个五年规划和二〇三五年远景目标的建议 [EB/OL].（2020-01-03）[2024-11-04]. http://cpc.people.com.cn/n1/2020/1103/c419242-31917562.html.

④ 习近平. 习近平著作选读：第一卷 [M]. 人民出版社，2023：37.

体系的理论研究成果逐渐增多。张晓红等提出："社会志愿服务体系指的是
为满足人民群众日益多样化的物质生活需要，社会各界群众自发组织起来，
以自愿、无偿、公益的志愿服务为核心，在政府和市场的支持下，合理配置
人力、物力、财力等资源，按照一定的要求和规律所开展的一系列行为的
总和。"① 陆士桢教授提出："建构中国特色社会主义大格局中独具中国特色的
志愿服务体系，不仅是中国现代化发展的迫切需要，也是世界范围内百年未
遇大变局的发展形势下，作为人类共同精神财富的志愿服务思想及体系建设
的必然要求。"② 谭建光等提出："中国的国情特色和现实条件决定社会志愿服
务体系建设过程中要学习和借鉴外国的经验，但不能全盘移植，而必须根据
'需要性''可行性'进行设计。"③ "中国特色的志愿服务理论体系的源泉非常
广泛，其中最重要的是'中华美德、雷锋精神、外国公益、改革创新'等四
大源泉，同时，还在社会建设与社会治理的背景下融合与创造了一定的新特
色与要素。"④ "新时代的志愿者不仅是'献爱心''做好事'，而且要在奉献和
服务中体现责任和担当，成为国家和民族发展的促进力量。"⑤ 在前期研究成
果的基础上，现在进一步分析中国新时代志愿服务体系的构建及其要素，以
供学术界分享交流。

第一节　中国志愿服务体系的构建

不同国家、不同时期的志愿服务体系构建，都具有特定的"时代烙印"。
中国新时代志愿服务体系的构建，是在党的十八大、十九大、二十大精神指
引下不断发展完善的。为此，构建志愿服务体系就要适合中国国情、中国特
色，包括坚持党的领导、加强中央社会工作部的统筹、完善民政部门的行政
管理、促进共青团协助组织、激励各部门协同发展、吸引全社会广泛参与等，
从而建立健全富有生机活力的体系。

① 张晓红，郭新保，李娜，等．志愿服务体系研究［M］．北京：北京出版社，2011：1．
② 陆士桢．建构具有中国特色的志愿服务体系［J］．杭州师范大学学报，2020（4）：84．
③ 谭建光，朱莉玲．中国社会志愿服务体系分析［J］．中国青年政治学院学报，2008（3）：22．
④ 谭建光．中国特色的志愿服务理论体系分析［J］．青年探索，2015（1）：29．
⑤ 谭建光．"十四五"时期中国志愿服务发展的十大趋势［J］．青年探索，2021（1）：29．

一、坚持党的领导

新时代要坚持党对一切工作的领导，也包括党对志愿服务工作的领导。习近平总书记提出："各级党委和政府要为志愿服务搭建更多平台，给予更多支持，推进志愿服务制度化常态化，凝聚广大人民群众共同为实现'两个一百年'奋斗目标、实现中华民族伟大复兴的中国梦贡献力量。"[①]要准确理解和贯彻"领导"与"支持"的含义，在社会活跃和公众参与的志愿服务领域，党的领导不是包办代替，不是干预限制，而是把握正确的发展方向，提供有力的支持。党的领导有多种多样的体制机制和方式方法。如率先在深圳市开展的"志愿者之城"建设，由市委主要领导牵头成立"志愿者之城"建设领导小组，建立政策制度，制定发展指标，推动市、区、街、社区联动发展，让志愿服务在全社会蔚然成风，在社会发展和民生改善等领域发挥重要作用。新时代文明实践中心试点县区，成立由党政主要领导担任总队长的文明实践志愿服务总队，推进县区、镇街、社区农村的志愿服务发展，为乡村振兴和乡村治理、关爱扶助和邻里守望作出极大的贡献。调查发现，党的全心全意为人民服务宗旨，引领奉献、友爱、互助、进步的志愿精神，成为中国社会文明进步的标志。党领导的志愿服务事业，成为建设人民美好生活的重要载体。

二、加强中央社会工作部统筹协调

中国志愿服务发展的早期，存在多头管理、力量分散的状况。2008 年印发《中央精神文明建设指导委员会关于深入开展志愿服务活动的意见》之后，明确文明委统筹、文明办牵头的管理机制，2023 年这部分职责划分到新成立的中央社会工作部，成为中国特色志愿服务体系的一个突出内容。中央社会工作部对进一步完善志愿服务工作体系具有重要意义：一是统筹协调，中央社会工作部负责统筹协调全国志愿服务发展，能够有效整合各部门、各地区、各领域的资源，形成合力，推动志愿服务事业的全面发展。二是健全体系，中央社会工作部的成立有助于健全志愿服务发展体系，完善志愿服务工作的

---

① 习近平致中国志愿服务联合会第二届会员代表大会的贺信［EB/OL］.（2019-07-24）［2024-11-04］. https://www.xinhuanet.com/politics/2019-07-24/c_1124792815.htm.

管理体制和运行机制，提高志愿服务工作的规范化、专业化水平。三是汇聚资源，中央社会工作部能够进一步汇聚各方资源，引导社会力量广泛参与志愿服务，不断发展壮大志愿服务队伍，提高志愿服务的社会影响力。四是协调指导，中央社会工作部可以建立志愿服务工作协调机制，加强对志愿服务工作的统筹规划、协调指导、督促检查和经验推广，确保志愿服务工作的顺利开展。志愿服务体系建设、志愿服务事业发展需要"拧成一股绳""劲往一处使"，中央社会工作部的统筹协调作用能够确保各方力量朝着共同的目标努力，推动志愿服务事业的持续发展。

三、完善民政部门的行政管理

中国志愿服务事业需要依法发展，就要做好民政部门的行政管理。民政部门在推动和促进志愿服务发展方面，发挥着非常重要和积极的作用。一是依法发展和管理志愿服务组织。作为社会组织登记管理的机关，对于具有特殊公益慈善、社会服务功能的志愿服务组织，要制定规范性与支持性并重的登记管理制度，区别于一般的社会组织，尤其是区别于行业协会等组织。二是做好志愿服务组织的培育工作。从政府对社会组织培育的资金资源中，安排一定资金用于志愿服务组织的专门培育，壮大具有奉献、友爱、互助、进步精神的志愿服务组织，成为支持和配合贯彻党的宗旨理念、服务广大基层群众的积极社会力量。三是做好志愿服务组织的依法监督管理。对在志愿服务发展过程中，有"浑水摸鱼""图谋不轨"的组织以"志愿服务"的名义进行牟利活动、宗教活动、非法活动的，必须严格查处、及时取缔。依法依规查处和制止损害志愿服务声誉，损害志愿服务事业的行为。因此，民政部门也是志愿服务体系中非常重要的环节。

四、促进共青团协助组织

共青团组织作为党的助手和后备军，也是最早配合党和政府探索推进志愿服务的。进入中国特色社会主义新时代，共青团要主动积极配合党和政府做好组织工作，主动积极配合社会工作部做好协调发展工作。一是通过具体组织开展中国志愿服务交流会暨青年志愿服务项目大赛，发掘和扶持一大批服务社会、帮助群众的优秀项目。二是推进青年志愿者社区服务，为社区治理和民生改善作出贡献。三是做好大学生志愿者"西部计划"服务、研究者支教团服务等，为乡村振兴作出贡献。四是推进国际赛会、大型赛会志愿服务。五是持续做好青年志愿者援外服务等。共青团组织在志愿服务体系建设中发挥积极的探索功能和创新功能。

五、激励各部门协同发展

新时代的志愿服务体系建设涉及各部门、各行业，需要协同推进、共同发展。首先是党委各部门的协同发展志愿服务。如今，组织部门推动的党员志愿者发挥示范带动作用，统战部推动的新阶层志愿者影响逐渐扩大，政法委推动的治安志愿者在社区治理、乡村治理方面发挥非常重要的作用。社会工作部要进一步统筹协调本级各部门之间的协同配合，使志愿服务的作用最大化。一方面主动为党委办、纪委办、组织部、统战部、政法委的志愿者提供枢纽支持、专业支持和资源支持，促使这些部门的志愿者力量让社会广泛理解、广泛认同。另一方面吸引这些部门的志愿者加入统筹协调的范围，共同做好社会需要、群众需求的志愿服务。其次是政府各部门的志愿者力量，包括发展改革委、教育、卫生、文化与旅游、人社、环保、农业等，这些行业主管部门的志愿者具有专业优势，在志愿服务体系中具有特殊的支持和参与作用。吸引他们加入统筹协调范围，一方面帮助扩大各部门志愿服务的社会影响力，另一方面发挥各部门专业志愿者的优势促进社会服务水平提升。最后是要充分发挥群团组织、社会组织的价值，构建延伸到社会各个领域的志愿服务体系，调动各方力量参与服务、帮助群众。中国的社会建设、社会治理、公益慈善、志愿服务发展中，各部门、各机构的协同机制非常重要，也是志愿服务体系建设的重点环节。

六、吸引全社会广泛参与

中国进入 21 世纪之际，出现了志愿服务多元化发展趋势，即在青年志愿者蓬勃发展之外，各行业志愿者、社会民间志愿者也陆续涌现。谭建光认为："伴随解放思想、观念更新，人们更多看到志愿者也是平凡人、普通人，在服务社会人群的同时，也满足自己精神充实、快乐体验、扩大交往、锻炼才能的需求，也满足自己展示个性、显示才华的需求。"[①] 为此，中国志愿服务体系

① 谭建光. 志愿服务：理念与行动［M］. 北京：人民出版社，2014：4.

的建设要不断扩大范围、创新机制，涵盖社会方方面面的力量。一是涵盖各类正式登记注册的志愿服务组织。志愿服务体系建设中要广泛吸纳这些社会化的组织，充分发挥他们的号召力和影响力。二是涵盖各类挂靠或备案的志愿服务团队。志愿服务体系建设，要将这些零散的、分布广泛的志愿服务团体涵盖进来，凝聚全社会爱心奉献的力量。三是涵盖其他社会组织的志愿服务。目前，不论是行业协会、商会，还是文艺协会、基金会等，都越来越关注志愿服务，乐于参与和支持。所以，志愿服务体系要建立开放而不是封闭的机制，将各种类型的社会组织涵盖进来，壮大关爱互助的社会力量。这样，通过党政支持的志愿服务组织、群团联系的志愿服务组织、社会自发的志愿队伍等构建覆盖全社会、吸引全民参与的志愿服务体系，就具有旺盛的生机活力。

第二节 中国志愿服务体系的要素

中国特色志愿服务体系，在构建科学、灵活、有效机制的同时，也建设核心要素、促进高质量发展。陆士桢提出，中国特色志愿服务体系中的模式建构"具有三个要素：一是伦理价值，即指导思想；二是运行要素，即主体、结构内容、运行流程；三是保障机制，包括政策法规、队伍组织、资源资金等"。[①] 谭建光等提出："志愿精神、志愿人员、志愿行为、志愿团队、志愿资源等是中国社会志愿体系建设的要素。"[②] 在分析和研究前人的成果，获得启示的基础上，我们进一步围绕志愿者的社会动员体系、志愿服务的制度规范体系、志愿服务的组织运作体系、志愿服务的项目实施体系、志愿服务的文化传播体系、志愿服务的资源保障体系等方面进行探讨分析。

一、志愿者的社会动员体系

中国志愿者的社会动员体系，是具有国情特色，具有制胜"法宝"特点的要素。毛泽东同志在《论持久战》中指出："这个政治上动员军民的问题，

---

① 陆士桢. 建构具有中国特色的志愿服务体系［J］. 杭州师范大学学报，2020（4）：85.
② 谭建光，朱莉玲. 中国社会志愿服务体系分析［J］. 中国青年政治学院学报，2008（3）：22.

实在太重要了。我们之所以不惜反反复复地说到这一点，实在是没有这一点就没有胜利。"① 新时代志愿服务体系的建设，同样要非常重视和完善志愿者的动员机制。一是全面提高人民群众对志愿服务的认识，特别是将弘扬党全心全意为人民服务宗旨，与倡导全社会奉献、友爱、互助、进步的志愿精神相结合，吸引更多的干部群众、党员团员、城乡居民广泛了解志愿服务、积极参与志愿服务。二是重视人民群众参与志愿服务时的利益需求。认真贯彻党的以人民为中心理念，尊重志愿者在服务过程中的精神充实需求、社会认可需求、发展支持需求等，让志愿者在关爱助人的过程中获得自己的快乐与成长。三是建立面向城乡地区、社区农村广泛的宣传动员体系。尤其是结合新时代文明实践中心建设，以及文明实践志愿服务的发展，按照"主体力量是志愿者，主要活动方式是志愿服务"的要求，面向城乡群众广泛宣传发动，激励社区、农村的群众参与志愿服务，参与友善互助，共建共享和谐家园、共建共享美好生活。

二、志愿服务的制度规范体系

志愿服务体系建设的重要内容是制度规范，包括法律法规、政策措施等。中国志愿服务发展过程中，对制度规范的认识逐步提高。伴随志愿服务不断发展，参与志愿团队的人越来越多，就发现"无规矩不成方圆"，需要制度规范发挥积极作用。一方面是有利于志愿者和志愿服务组织依法依规服务，切实有效帮助社会人群；另一方面是通过健全制度规范保障志愿者和志愿服务组织的合法权益。张晓红、郝琦伟提出："志愿服务全过程中每一个环节的制度保障都关乎志愿者和服务接受方的各项权益，进一步明确法治思维，不断完善立项、认证、指导、评审、监督、支持、反馈、激励等环节的制度保障机制，才能实现各级各类志愿服务组织团体的有效治理。"② 中国新时代志愿服务制度规范体系建设，要从 3 个方面加强和完善。一是制定更高层次、统筹全社会的法律法规。目前国务院的《志愿服务条例》是行政条例，主要规范政府部门的行为，扩大规范社会各利益主体的行为时，或者法律监督力度不

---

① 毛泽东．毛泽东选集：第二卷［M］．北京：人民出版社，1991：513.
② 张晓红，郝琦伟．健全志愿服务体系 发展志愿服务事业［J］．杭州师范大学学报，2020（4）：88.

足，或者行政管理色彩较浓，有所制约。需要尽快启动和推进全国人大《中华人民共和国志愿服务法》的制定与实施，促进全社会各利益主体在志愿服务活动中的行为规范。二是制定更高层次、更有力度的志愿服务政策。以往关于志愿服务的专门政策，由中央文明委制定，或者中央宣传部牵头制定，还有民政部、共青团中央的一系列政策制度，具有积极的作用；但是统筹协同力度仍然不够大，对全社会各部门、各群体的影响力仍然有限。随着中央社会工作部的成立，相关制度文件得到及时修改完善，新时代志愿服务体系也会不断健全，平台建设更加突出。三是推动各地区、各部门、各组织细化政策制度，制定细则要求和实施指引。这样，志愿者和志愿服务组织对法规、政策的理解更加具体、更加明晰，有利于规范服务和发展。同时也有利于让城乡广大群众更多了解志愿服务的规范要求，受到吸引和激励，召唤更多社会人群参与志愿服务。

三、志愿服务的组织运作体系

中国志愿服务发展在初期较多的是实施型志愿服务组织，即主要是开展服务活动的社团与团体。然而，伴随全社会志愿服务的发展繁荣，就需要培育多类型的志愿服务组织，并且形成组织体系。一是志愿服务统筹型组织，主要是志愿服务联合会、志愿者联合会等。这是国家和地区配合党和政府，推动全社会志愿服务发展的组织。二是行业志愿服务协会，包括中国青年志愿者协会、中华志愿者协会、中国文艺志愿者协会、中国助残志愿者协会以及省市级的志愿服务行业协会。这些组织的职能是凝聚和协同本行业、本领域的志愿者和志愿服务组织，为特定类型的群众提供关爱帮助，也积极参与全社会的文明服务、关爱服务等。三是实施型志愿服务组织，主要是具体开展专门志愿服务的组织。包括助老志愿服务、助残志愿服务、关爱留守流动儿童志愿服务、环保生态志愿服务等组织与团体。四是传播型志愿服务组织，主要是通过媒体、网络宣传推广志愿服务，创新志愿服务理念和文化的社团或团体。这是近年来陆续出现、增长较快的组织类型，帮助统筹型、行业型、实施型志愿服务组织将服务项目、服务成效面向全社会进行宣传，获得国内外关注，产生良好的社会反响。五是支持型志愿服务组织，包括两大类：一大类是资源支持型志愿服务组织，如基金会等，承担资金筹集、资源筹集的职能，为志愿服务项目实施、活动开展提供坚实的保障；另一大类是专业支持型志愿服务组织，包括理论研究、培训教育、心理辅导、社工协调等方面的支持，帮助实施型志愿服务组织提升能力、提高效能。

四、志愿服务的项目实施体系

中国志愿服务的发展，经历了从临时活动向持续项目延伸的过程，并且逐渐形成丰富多样的志愿服务项目库。进入 21 世纪以来，伴随志愿服务面向全社会的发展，就借鉴国内外的经验推广志愿服务项目策划和实施。共青团中央、中国青年志愿者协会实施的大学生西部计划志愿服务、青年志愿者援外服务等，就成为持续实施项目的探索者，为社会提供成功的经验。2008 年北京奥运会志愿服务，不仅仅要求做好赛会服务，还与联合国志愿人员组织合作开展"北京奥运会志愿服务文化遗产转化"项目，推动赛会志愿服务经验以项目的方式转化为社区、农村志愿服务发展的资源。广州亚运会启动"亚运会志愿服务成果转化"项目，促进赛会志愿服务在社区、农村的推广和落地，并且探索创新了"志愿服务交流会暨项目大赛"的方式。深圳大运会志愿服务期间启动"志愿者之城"整体建设项目，将赛会志愿服务的资源转化为持续在区、街道和社区培育发展、发挥作用的系列项目。如今，志愿服务的"项目""项目化""项目运作""项目实施"等成为广泛流传的词语，志愿者和志愿服务组织对项目设计和推广具有越来越强的需求，就催生了"青年志愿服务项目大赛""新时代文明实践志愿服务项目竞赛""乡村振兴志愿服务项目评比""社区治理志愿服务项目展示"等活动，通过发掘项目、培育项目，构建长期实施、逐步推广的体系，让志愿服务更加深入城乡群众的生活、发挥积极有效的功能。

五、志愿服务的文化传播体系

志愿服务的文化传播体系，对于讲好志愿服务的"中国故事"、传递志愿服务的"中国声音"、塑造志愿服务的"中国形象"具有非常重要的作用。在志愿服务发展的初期，人们较多看到现代志愿服务来源于欧美国家的经验，忽略了"学雷锋、做好事"社会风尚和"邻里互助"文化传统的影响。伴随着中国志愿服务的发展和壮大，逐渐消除这种片面的认识，看到党的全心全意为人民服务宗旨、中华民族友善互助传统、外国现代博爱助人时尚，都是志愿服务的源泉。陆士桢指出："中国特色志愿服务是中华民族传统文化价值

'守望相助'的有效延续与积极继承，这种和谐进步的精神和价值追求，不仅是人们参与志愿服务的基础与价值支撑，也是志愿服务行为的直接社会成果，在维护情感相融、社会和谐方面具有特别的功能。"[1]在此基础上构建的志愿服务文化传播体系，就具有丰富性和充实性。改革开放以来，在社会主义市场经济发展的过程中，也特别注重物质文明和精神文明建设，弘扬党的全心全意为人民服务宗旨，传播新时期的雷锋精神，推动学雷锋志愿服务成为中国特色和中国亮点。与此同时，大力发掘中华传统文化的公益慈善、邻里互助元素，作为新时期志愿服务发展的营养，逐渐探索具有中国特色、富有生机活力的志愿服务文化。同时，也大胆吸收和借鉴欧美国家、亚太地区以及世界各国的志愿服务发展经验，促进中国志愿服务创新发展。这些文化传承与文化融合，构成中国志愿服务文化传播体系的要素，成为通过传统媒体、自媒体、新媒体、网络，面向全世界传播推广的丰富内容。

六、志愿服务的资源保障体系

志愿服务是人们无偿为社会进步和他人幸福提供的支持与帮助。但是，志愿者和志愿服务组织的发展以及服务活动的开展是需要成本的，也需要社会提供资金资源的支持。包括志愿服务组织建设、志愿者培训辅导、志愿服务活动成本、志愿者保险保障等。为此，中国志愿服务发展进程逐渐建立资源保障体系。目前，构建志愿服务资源保障体系主要包括：一是通过法规政策明确财政经费对志愿服务发展的支持。包括财政提供"西部计划"志愿服务、社区治理志愿服务的专项资金；财政为志愿者和志愿服务组织发展提供"种子资金"；等等。二是建立志愿服务基金会或专项基金。包括中国志愿服务发展基金会以及各省市的志愿服务基金会，以及近年探索的新时代文明实践基金会等。采取政府政策、企业资助、社会捐助等渠道筹集资金，为志愿服务组织发展和志愿项目实施提供扶持。三是各类爱心企业与机构提供定向物资支持。包括提供志愿服务组织开展服务、社区和农村服务对象所需要的物资，尤其是对应急救援志愿服务组织的设备捐助等。调查发现，过去各地区对志愿服务资源保障体系的建设不够重视，认为爱心奉献就是要"出钱出力"，不需要社会保障。现在越来越多的部门和机构看到对志愿服务组织发

---

[1]　陆士桢. 中国特色志愿服务概论［M］. 北京：新华出版社，2017：258.

展和志愿项目的支持保障，有利于构建长期服务社会进步和人民幸福的机制，解决群众面临的困难与问题，发挥非常积极的作用。因此，各地区都在探索建立不同形式的志愿服务资源保障体系。

第三节　中国志愿服务体系的发展

改革开放以来，中国特色志愿服务体系建设适应社会发展变化，适应群众生活需求变化，不断调整和完善，并且经历了从建立到健全的过程。回顾和分析体系建设历程，具有以下几点思考。

一、体系建设的"双循环"特征

中国志愿服务的体系建设不是"单线推进"而是"双线推进"并且形成"双循环"的特征。谭建光分析，一个是"体系－组织－项目"的循环，即按照政策制度要求建立自上而下的体系，推动组织发展，创新服务项目，从而繁荣志愿服务。另一个是"项目－组织－体系"的循环，以广州志愿服务交流会暨项目大赛为代表，即激励策划和创新志愿服务项目，在实施中锻炼和培育志愿组织，逐渐构建志愿服务体系。[①]从传统"宏大叙事"的习惯出发，有不少地方的做法是先印发文件，要求推广和发展志愿服务，从而招募志愿者和建立志愿服务组织，再鼓励志愿服务项目的策划和实施。这条"自上而下"的推进路径，在政策制度的支持下，逐渐诞生了有特色、有实效的志愿服务项目，逐渐让志愿服务在社区农村扎下根来。同时，在东南沿海地区，受到改革开放的冲击，志愿服务体系建设鼓励社会化、灵活化服务项目的涌现，在扶持和发展项目的过程中，不断壮大志愿服务组织，从而逐渐完善政策制度，构建志愿服务体系。这种"自下而上"的体系建设，较早体现了生机活力，同时逐渐强化体制机制的支持作用。

---

① 王义明，谭建光. 中国青年公益创业与志愿服务研究［M］. 北京：人民出版社，2015：151.

二、体系从"建立"到"健全"

中国志愿服务体系的建设具有一个认识不断加深、不断提升的过程。最初受两个观念制约：一是认为人们自发奉献爱心热情的志愿服务，应该更加自主自由，不应该有体系机制等制约；二是认为志愿服务就是纯粹社会化、民间性的事物，不应该涉及政治导向。但是，伴随全社会志愿服务的发展繁荣，一方面认识到志愿者要彰显"理想信念、爱心善意、责任担当"[①]，要为国家富强、人民幸福作贡献；另一方面发现党和政府的政策制度支持，对志愿服务的创新发展具有积极促进作用。这样，志愿服务体系建设被提上重要议程，引起社会各界的关注，逐渐推进和完善。并且，志愿服务体系的建立初期，较多关注和重视政策扶持、规范制度、激励措施等；逐渐走向"健全"的新阶段，就越来越重视依法治理、专业服务、资源保障等，构建适应中国特色社会主义新时代发展需要的体系。

三、体系的规范与创新相结合

志愿服务体系的建设，面临如何规范有序，同时保持创新活力的问题。一方面"无规矩不成方圆"，推广建立制度规范，促进有序发展，让志愿者和志愿服务组织的服务更加适应社会人群需求，更加有效有益。另一方面"激发创新活力"，在体系建设的同时增加激励性制度措施，吸引更多的志愿者和志愿服务组织大胆探索、勇于创新，创造具有生机活力的志愿服务。在体系建设的初期，往往将规范与创新理解为两个不同的方面，甚至是相互矛盾的方面。然而，伴随新时代志愿服务的探索实践，就发现"规范促进有序创新、创新推进规范发展"是相互补充、相互支持的。国家和地方制定一系列法治保障、规范发展的制度措施的同时，也出台支持和激励志愿服务组织发展创新、支持和激励志愿服务项目灵活创新的政策制度。中国特色志愿服务体系建设是规范与创新相结合的，有利于志愿服务事业的发展壮大。

---

① 习近平致中国志愿服务联合会第二届会员代表大会的贺信［EB/OL］.（2019-07-24）［2024-11-04］. https://www.xinhuanet.com//politics/2019-07-24/c_1124792815.htm.

四、加强对志愿服务体系的研究

中国特色社会主义新时代，要重视和加强志愿服务体系的理论研究。陆士桢指出："在志愿服务体系建设中，围绕功能实现、领导体系和基本运行模式等问题，需要认真总结各地的经验，探索其规律性。"①理论是实践创新的指导、实践是理论创新的源泉，二者互为补充、互相促进。从现实情况看，中国的志愿服务发展较快，志愿者和志愿队伍增加较多，中国志愿服务网2024年10月上旬公布的数据显示，全国实名志愿者总数2.37亿人、志愿队伍总数135万个。但是，理论研究滞后，对志愿服务的理念创新、组织发展、项目实施以及体系机制建设缺乏科学深入的研究，提供的有效指导观点较少。为此，新时代要建立更多的志愿服务研究机构，培养更多的志愿服务研究人才，为构建中国特色志愿服务理论体系奠定基础，有效指导志愿服务事业的发展壮大。目前，国家和地方越来越重视志愿服务体系的研究。一是国家层面的举措。依托中国社会科学院建立"中国志愿服务研究中心"，创办《中国志愿服务研究》刊物；并且依托中国志愿服务联合会联系专家学者、依托中国青年志愿者协会理论研究委员会联系专家学者，开展志愿服务体系建设、新时代文明实践志愿服务、青年志愿服务创新发展、社会治理志愿服务、乡村振兴志愿服务、生态文明志愿服务等专题研究。二是各省市成立"北京志愿服务发展研究会"、"广东省社工与志愿者合作促进会"以及"文明实践志愿服务研究中心""乡村振兴志愿服务研究中心"等社团、机构，会聚热心志愿服务研究的专家学者、专业人士，开展一系列课题研究。这样，一方面丰富志愿服务体系的理论成果，另一方面为志愿服务组织的实践创新提供科学指导，有利于新时代志愿服务的发展繁荣。

---

① 陆士桢. 建构具有中国特色的志愿服务体系［J］. 杭州师范大学学报，2020（4）：86.

第七章　中国志愿服务体系的区域探索

中国志愿服务在社会经济发展、社会治理创新进程中发挥着越来越大的作用。习近平致中国志愿服务联合会第二届会员代表大会的贺信指出："各级党委和政府要为志愿服务搭建更多平台，给予更多支持，推进志愿服务制度化常态化，凝聚广大人民群众共同为实现'两个一百年'奋斗目标、实现中华民族伟大复兴的中国梦贡献力量。"[1]随着志愿服务在经济社会发展和社会治理创新中发挥越来越大的作用，推进志愿服务体系建设、促进志愿服务持续发展就成为重要的任务。共青团中央1996年印发《关于加强青年志愿者规范管理的暂行规定》，2013年印发《中国注册志愿者管理办法》《中国青年志愿者行动发展规划（2014—2018）》等，陆续建立青年志愿服务的体系，也为全社会的志愿服务体系提供参考。2019年，习近平总书记在纪念五四运动100周年大会上的讲话中指出："无论过去、现在还是未来，中国青年始终是实现中华民族伟大复兴的先锋力量！"[2]新时代的志愿服务体系建设进程中，青年志愿者同样要发挥先锋作用，作出积极贡献。为此，本章立足两个研究视角：一是以改革开放进程为背景，探讨志愿服务体系建设的区域经验，主要选择北京、上海、广东、浙江、四川、辽宁等省市作为研究对象；二是以青年志愿者行动为案例，探讨青年在参与志愿服务体系建设中提供的经验、作出的贡献。

---

[1]　习近平致中国志愿服务联合会第二届会员代表大会的贺信［EB/OL］.（2019-07-24）［2024-11-04］. https://www.xinhuanet.com//politics/2019-07/24/c_1124792815.htm.

[2]　习近平. 在纪念五四运动100周年大会上的讲话［EB/OL］.（2019-04-30）［2024-11-04］. https://www.xinhuanet.com/politics/2019-04/30/c_1124440193.htm.

第一节　志愿服务体系的区域基础

中国改革具有"地区先行先试"的成功经验。志愿服务的发展是在北京大栅栏"综合包户"志愿服务项目、广州"手拉手"志愿者服务热线、天津朝阳里社区志愿服务组织、深圳依法注册义工联等探索试验的基础上，共青团中央总结各地经验并大胆创新推广。在1993年实施"中国青年志愿者行动"，1994年成立"中国青年志愿者协会"，拉开全国青年志愿服务发展的序幕。我们回顾先行地区志愿服务的经验，可以发现各地社会基础发挥的影响和作用是非常大的，值得重视。

一、思想观念基础

志愿服务发展较快的区域，在思想观念上具有不同的基础与特点，也就促成了各有特色的志愿服务形态。但是，其中一个共同的做法，就是保持思想观念的活跃与变革。改革开放之初，邓小平同志提出："解放思想，开动脑筋，实事求是，团结一致向前看。"[①]这种解放思想不仅适用于经济领域，也影响到社会文化、社会服务领域。调查发现，北京、天津的志愿服务较多是在改革开放新形势下继承和创新学雷锋活动，不断增添新元素、新内涵中催生的。广州、深圳等地则是通过对外开放，发现外国及我国港澳地区的义务工作、志愿服务具有借鉴价值，并且与传承学雷锋活动相结合，就率先诞生依法注册志愿者社团等。鞍山、抚顺等作为雷锋精神滋润深厚的地区，主动结合改革开放的时代背景，将助人为乐精神发扬光大，也体现新的特色。在这里，思想观念发展的最大作用，就是改变"一成不变"的旧思维，适应体制改革、社会开放之后的环境，让"学雷锋活动"具有新的特色，让"志愿服务"形式符合国情特色。这种双向的发展和创新，恰恰是解放思想、实事求是的积极成果。一是在党的十一届三中全会精神的鼓舞下，干部群众特别是青年一代敢于打破思想束缚、冲出思想牢笼，大胆将我国学雷锋活动与引进的志愿服务经验相结合。二是在解放思想、实事求是的指导下，团员青年改

---

① 邓小平. 邓小平文选：第二卷［M］. 北京：人民出版社，1994：159.

变"大一统"的思维，敢于适应本地特色率先探索，创造了志愿服务的"北京经验""上海经验""广州经验""深圳经验""成都经验""抚顺经验"等，为各地提供参考借鉴。进入中国特色社会主义新时代，解放思想、实事求是仍然是各区域、各群体探索志愿服务体系建设的指导和激励，不断创造新的机制和要素。

二、经济形态基础

不同区域的经济发展和经济形态对中国志愿服务体系发展进程也具有非常重要的影响。一方面，从改革开放以来的情况看，经济发展较快的地方志愿服务创新发展和体系建设走在前列，提供了较多的经验参考。如北京和上海成为特大城市志愿服务发展的先行者，广东和浙江成为省级志愿服务率先发展和创造经验的地区。但是，当全社会弘扬志愿服务文化、掀起志愿服务热潮之后，就不一定完全受到经济发展状况的制约。一些经济发展较慢的地区，如贵州省、青海省的志愿服务发展较快，建设了具有特色的体系。另一方面，调查发现，不同区域的经济形态对志愿服务体系建设也有较大的影响。例如，北京的国有企业、国有经济形态较为突出，因此，在志愿服务发展中也特别重视体制机制建设，使之规范有序地发展。广东的外资企业发展较快，志愿服务组织发展就吸收了较多的机制创新元素。浙江的民营企业发展较快，志愿服务体系建设中就注重吸收本地资源和本地文化。尤其是作为中国南方志愿服务发展的代表，广东省受到经济特区创办和建设的影响是非常明显的。谭建光指出："广东省是中国改革开放的试验区，20世纪80年代创办的四个经济特区，有三个在广东（深圳、珠海、汕头）。所以，'对内改革、对外开放'的政策让广东省在中国第一次转型（党和国家工作的重点转移到社会主义现代化建设上来，'以经济建设为中心'）过程中成为最大的贡献者和受益者。"[1]然而，最早的经济特区，由于对外资企业规范管理欠缺，劳动者权益保障欠缺，社会友善互助的机制欠缺，"特区高效率、高竞争的生活所带来的压力及新旧观念、新旧体制碰撞所带来的冲击，令许多人难以适应。而与经济发展相配套的社会工作、社会服务严重滞后，暂时还没有为这部分

---

[1]　谭建光. 中国广东志愿服务发展报告［M］. 广州：广东人民出版社，2005：7.

人准备'缓冲地带'，于是一系列问题日渐显露。"[①] 正是由于新经济形态带来的社会问题与社会需求，所以第一批志愿者涌现出来，建立志愿者服务热线、成立志愿社团（义工联），开展针对外来务工青年的关爱和帮助活动，催生了新形态的志愿服务。后来，全国各地区都陆续出现国有经济、集体经济、股份经济、外资经济、私营经济等多种形态。一方面，经济形态多样化可以为志愿服务体系的多样化提供参考借鉴。另一方面，青年志愿者作为先锋力量，大胆借鉴经济形态多样化、企业形态多样化的方式，推动志愿服务探索不同的路径、不同的模式，形成了"北京模式""广东模式""浙江模式""辽宁模式"，各有差异、各具特色。

三、生活发展基础

在当代中国志愿服务发展的初期，有些研究成果仅仅将它作为精神体现、文明成果。这是只看到志愿服务形态的一个方面，与此同时它还是一种生活方式、生活形态。尤其是在上海、广东、浙江等经济较发达、生活变化快的地区，率先提出"志愿服务是一种生活时尚""志愿服务是一种生活方式"的观念，顺应了人民群众对志愿服务的新理解、新需求。张翼等分析："中国人的消费方式已从模仿型波浪式阶段向个性化多样化阶段转变。在这个转变过程中，伴随人民美好生活需求的提升，其对志愿服务质量与志愿服务的专业化要求也提高了。"[②] 从生活发展基础的影响看，对志愿服务具有两方面的具体影响。一方面是伴随生活收入增加、生活水平提升，城乡群众对志愿服务的需求发生极大变化。如深圳市在几十年来，志愿服务从主要满足外来务工青年的权益保护需求、解决生活困难问题等，转向社区治理服务、人才融入服务、社会公平服务等新领域。浙江省近年来的青年志愿服务项目大赛中，将"数字赋能服务"与"共同富裕服务"作为新领域等。另一方面是伴随生活发展，城乡群众在解决基本温饱问题之后就产生友善互助、乐于助人的愿望，参与志愿服务的积极性不断增强。如果说20世纪八九十年代需要通过青年志愿者的率先服务，影响和带动城乡群众参与志愿服务；那么，新时代的社区、

---

① 中国青少年研究中心．深圳共青团工作社会化发展之路［M］．北京：中国青年出版社，1997：46-47.

② 张翼，陆士祯，赵定东，等．中国志愿服务发展笔谈［J］．中国志愿服务研究，2020（1）：6.

农村都涌现大量居民、村民热情参与志愿服务，所面临的问题转变为需要提供有特色、有新意、有实效的服务项目。如今，不论是北京、上海等特大城市，还是广东、浙江等沿海地区，不论是河南、河北等内陆省份，还是四川、甘肃等西部省份，伴随生活状况的改善，群众对志愿服务的需求和愿望不断增长，呈现值得关注的"双增长"趋势。

四、文化习俗基础

志愿服务的诞生和发展，要适应国家和民族的文化习俗，也要适应不同区域的文化习俗。调查发现，各地区的文化习俗，对志愿服务发展中的路径选择、特色形成都有较大的影响。费孝通先生提出："在一个熟悉的社会中，我们会得到从心所欲而不逾规矩的自由。这和法律所保障的自由不同。规矩不是法律，规矩是'习'出来的礼俗。从俗即是从心。"[①] 这是分析中国与外国不同的习俗影响力，对于研究区域志愿服务也有指导价值。北京市志愿服务在发展中融合慈善传统，激发市民义举，倡导公益文化，逐渐成为代表中国特色、具有国际影响的志愿服务模式。广东尤其是珠江三角洲属于市民文化比较发达、民间力量比较活跃的地区。谭建光等分析："正因为广东省志愿服务的产生初期，动力就来自民间，所以在后来党和政府进行倡导、推动的时候，各种社会力量就积极合作，形成了良好的关系。"[②] 此外，上海的近现代公益传统在改革开放之后重新发挥影响力，成为促进志愿服务发展的积极因素，也为志愿服务的专业化提供支持。四川作为西南地区历史文化发展的重镇，民间慈善成为成都市以及其他市县维持社会生活的重要元素，与"西部计划"志愿服务相结合、与"汶川特大地震"灾后志愿服务相结合，就成为社会自主活跃的志愿服务模式的重要组成部分。调查发现，各个地区文化习俗的差异，一方面会影响当代志愿服务发展的进程，如既有慈善传统又有创新意识的北京志愿服务发展较快，市民文化活跃并率先对外开放的广东志愿服务发展较早，相比之下，浙江、四川、辽宁的发展慢一些；另一方面会影响各地区志愿服务体系的特色，如北京志愿服务体系的宏观性与全面性，广东志愿服

---

① 费孝通. 乡土中国 [M]. 北京：人民出版社，2008：7.

② 谭建光，周宏峰. 社会志愿服务体系：中国志愿服务的"广东经验" [M]. 北京：中国社会出版社，2008：10.

务的灵活性与创新性，四川志愿服务体系的自主性与生命力等。所以，开展志愿服务体系研究的时候，要特别重视国家与地区文化习俗的潜在影响。

第二节　志愿服务体系的区域特色

中国志愿服务发展经历了从自发探索到组织推动，再到统筹协调与体系建设等阶段。自从 2006 年党中央提出建立"社会志愿服务体系"以来，在国家的重视和推动下，很多地区积极探索、创新经验；专家学者也跟踪研究，总结分析、提炼观点。谭建光等在 2008 年提出北京的行政推广特色、上海的文明影响特色、广东的社会合作特色、浙江的人性培育特色、辽宁的优势转化特色等。[①] 张晓红等在 2011 年提出北京是政府主导、社团推动的志愿服务体系；天津是城乡联动的社区志愿服务体系；杭州是政府支持培育的志愿服务体系；广东是广泛合作的志愿服务体系；上海是文明互动的志愿服务体系；济南是以举办大型赛事为契机加速志愿服务体系建设；四川是内外互动的志愿服务体系；香港是紧密关注社会需求的义工。[②] 经过 10 多年的探索实践，进入"健全志愿服务体系"的新阶段，我们对全国各省市的做法和特色进行比较和整理，挑选出北京、上海、广东、浙江、四川、辽宁 6 个代表性省市的经验进行分析。

一、北京：顶层设计的志愿服务体系

北京作为中华人民共和国的首都，作为社会建设和社会治理的"首善之区"，对各项工作的要求都特别高，推进的力度也特别大。发展志愿服务的时期，也是将基层单位服务热情与社区群众生活需求相对接的时期，1983 年创立了"综合包户"志愿服务形式。这项活动是迄今为止文献记载最早开展的重要志愿服务活动。一方面发起人来自基层，包括青年志愿者、社区机构、辖区单位；另一方面党政部门重视，从团中央第一书记、民政部副部长到北

---

① 谭建光，朱莉玲. 中国社会志愿服务体系分析［J］. 中国青年政治学院学报，2008（3）：22–24.

② 张晓红，郭新保，李娜，等. 志愿服务体系研究［M］. 北京：北京出版社，2011：64–133.

京市委领导，都参加了活动仪式。这就表明北京市志愿服务体系的特色从一开始就是顶层设计与基层探索相结合的，具有很强的生命力。具体特色体现在：一是坚持党的领导和支持。北京作为首都，志愿者和志愿服务组织积极主动接受党的领导，包括遵循党中央的要求，按照市委的部署，将志愿服务纳入党政工作的视野。张晓红等提出，北京是"政府主导、社团推动的志愿服务体系"。①即党委政府非常重视对志愿服务的领导和支持，如北京市志愿服务联合会由市委常委担任会长，宣传部、政法委、团委等部门作为副会长单位，在各省市的志愿者社团中都是格局高、影响力大的。北京市的志愿服务体系，从市到区、镇街、社区农村，以及各机关单位，都体现了党组织引领推动，青年率先行动，干部群众广泛参与的特征。二是突出枢纽型组织建设。北京市在总结奥运会志愿服务经验的基础上，最早于2009年提出"枢纽型"组织建设的思路，并且以志愿服务联合会作为枢纽型组织，为各类志愿服务组织与团体提供指导和帮助，为各部门、各机构的志愿服务提供指导和帮助。三是建立健全法规政策。北京市最早由团市委配合市委、市政府，围绕青年参与社区志愿服务，在民生改善和治理创新中发挥作用，出台一系列政策措施。2003年开始围绕筹备和举办北京奥运会，制定一系列"国际接轨、中国特色、北京风格、青年活力"的政策制度。陆士桢等提出："北京志愿服务事业的发展已从推广普及、强调参与的初级阶段转向注重质量、提升内涵的发展阶段。"②北京市尊重专家的意见，制定《北京市志愿服务促进条例》，强调"增强公民的志愿服务意识，规范志愿服务活动，保障志愿者的合法权益，促进志愿服务事业发展"。③近年来，在市委、市政府领导下，由文明委统筹、文明办牵头，联合团市委、民政局等制定新的政策法规、制度措施，构成较为完善的制度体系。四是发挥青年先锋力量。北京市青年志愿者一直是志愿服务中的先锋力量、活跃力量。一方面是来自各大高校的青年志愿者，为国际赛会服务、城市文明服务作出积极贡献；另一方面是大量青年员工、新兴职业青年参与志愿服务，发挥专业和技能特长，为社区居民、农村群众提供关爱和帮助，为建设和谐家园、创造美好生活作出贡献。五是推

---

① 张晓红，郭新保，李娜，等．志愿服务体系研究［M］．北京：北京出版社，2011：64.

② 陆士桢，张晓红，郭新保．北京志愿服务模式研究［M］．北京：北京出版社，2009：4.

③ 荣德昱．青春与伙伴同行：我国志愿服务法律法规与政策选编［M］．杭州：浙江工商大学出版社，2017：164.

进国际合作发展。北京市较早开展志愿服务的国际交流合作，逐渐探索可供借鉴的合作经验。1980 年联合国开发计划署设立北京办事处，联合国志愿人员组织就在北京建立项目处，随后与北京团市委、北京志愿者协会等合作开展"2008 年北京奥运会促进中国志愿服务发展"国际项目，既提高奥运会志愿服务的专业水平，也面向全国各地传播志愿服务理念与知识。近年来，北京市通过每年举办国际赛会，选派志愿者参与国际交流，邀请国际专家学者来北京举办志愿服务论坛等，加大国际合作力度，丰富志愿服务文化。因此，北京市志愿服务体系建设具有"高起点、高要求、高水平"的特点。

二、上海：专业促进的志愿服务体系

上海的志愿服务体系建设，具有良好的社会基础。改革开放以后，上海市利用高等院校多、科研机构多的特点，引入专家学者、专业人士的资源，与社会组织合作和社区机构合作，探索志愿服务的专业化、精准化、高效化发展路径。一是注重统筹协调机制。上海市是最早由文明委统筹、文明办协调志愿服务事业发展的地区，为全国积累了经验。早在 20 世纪 80 年代，上海就率先重新倡导"学雷锋、做好事"；并且在 90 年代提出"学雷锋、树新风"，探索学雷锋志愿服务的经验，逐渐形成文明委、宣传部统筹志愿服务，团市委推进青年志愿服务创新发展的格局。因此，上海市通过这种格局很快动员全社会的力量参与志愿服务，形成浓厚的志愿服务氛围。二是科学设计规范制度。上海市在鼓励和支持高等院校、科研机构积极参与志愿服务发展的同时，发挥专业人士的特长，为志愿者和志愿服务组织设计科学规范的制度措施，既有利于精准服务群众需求，也有利于保障志愿者权益。特别是在浦东新区发展时，积极探索"社会组织 + 社会工作 + 志愿服务 + 公众参与"的发展路径。"浦东模式"成为全国各地区发展社会组织、发展志愿服务学习参考的榜样。三是专业志愿服务组织发展。上海市发挥优势，建立多种类型的志愿服务专业促进组织。最早通过上海社会科学院社会发展研究院、复旦大学、华东师范大学等建立社会工作与志愿服务的研究机构、督导机构，直接深入社区辅导志愿服务专业水平的提升。后来，还鼓励成立"恩派""绿映""社邻家"等专业支持性组织，为志愿服务提供智力支持。目前，上海市的专业支持型社会组织数量多、水平高，还为全国其他地区提供专业支持。四是构建社区志愿体系。上海作为国际大都市率先探索社区志愿服务，充分发挥对民生改善、邻里守望、治理创新的积极作用。徐中振分析："上海的社区志愿服务活动不仅承担着政府行政组织难以有效提供、市场营利组织不愿提供的许多服务功能，以社会成员自助和互助的方式解决日常生活中多样化、个体化、情感化的各类特殊困难和问题，而且在充分组织和利用社会资源、发展社区各类公共事务和公益事业方面逐渐萌发并形成一种社会参与的基本方式和结构性因素。"[①]在社区机构和志愿服务组织主动探索、深化服务的基础上，上海市委、市政府在 2016 年将建设"100 个社区志愿服务中心"纳入"十大民生实事"，为志愿者和志愿服务组织在社区开展服务活动提供健全的阵地网络。同时，上海提出，"志愿服务的精细化转向，将进一步提升上海志愿服务的内涵与质量，并从整体上推动志愿服务的模式转型"。[②]上海市以专业发展为特色建设志愿服务体系，提高志愿服务的水平与实效。

三、广东：融合创新的志愿服务体系

广东省是改革开放前沿，最早创办经济特区、创办外资企业、发展市场经济、开展市场竞争；同时，也最早诞生志愿服务，引领新的社会风尚。一是借鉴中外成功经验。广东省作为中国的"南大门""南风窗"，改革开放初期成为华侨和我国港澳同胞回乡探亲的主要地区，珠江三角洲地区很多人就是从归国华侨、我国港澳同胞口中听到"义工""志工"等词语，了解到外国及我国港澳地区志愿服务的状况。如广州市在率先对外开放、中外交流的环境中，出现青少年特别是中小学生的思想困惑、心理困惑，甚至出现极端倾向。这时候，一批热心人士希望开通热线服务帮助青少年，恰巧从华侨、我国港澳同胞处了解到志愿服务经验，就确定开通"手拉手"志愿者服务热线。另外，在我国一些港澳同胞的影响下，佛山市禅城区、南海区的一批热心人士组建"佛山义工团"，开展志愿服务。深圳特区的热心人士借鉴广州、佛山的经验，并且主动到香港与义工社团交流沟通，依法注册了内地第一个志愿者社团——"深圳义工联"。一直以来，广东省志愿者和志愿服务团队与外国及我国港澳的交流合作非常频繁，"请进来、走出去"的合作服务较多，逐渐

---

① 徐中振. 上海社区发展报告（1996—2000）[M]. 上海：上海大学出版社，2000：361.

② 上海市精神文明建设委员会办公室. 上海志愿服务发展报告（2018）[M]. 北京：社会科学文献出版社，2018：71.

形成中外交融的志愿服务体系特色。二是发挥社团探索创新作用。广东省尤其是珠江三角洲地区志愿服务发展的鲜明特色，就是社团多、团队多。谭建光分析："党政兴办的志愿社团、民间成立的志愿社团、境外机构进入的志愿队伍、公民自发的志愿群体，相互合作、共同服务，为广东省的繁荣富强和群众的幸福生活提供帮助，产生良好的效果。"①从广东省志愿服务组织的情况看，截至 2024 年 10 月上旬，"广东志愿者网"的 i 志愿系统公布的数据显示，全省志愿服务组织有 10767 个、志愿服务团体有 141660 个。这些团体自主探索发展、自主服务社群、自主传播文化，构成广东省丰富多样、新颖活泼的志愿服务格局。三是鼓励多元探索比较。广东省志愿服务发展中最值得关注的一个特色就是"志愿者"与"义工"的并存。其实，二者的英文来源都是一个词 volunteer，但是在华语区域有不同的说法，我国香港翻译为"义工"，新加坡翻译为"志工"，我国台湾又叫"志工、义工"。引进中国内地以后，在广东省的不同市县，就采用不同的称谓。广州市及大多数地区，与全国一样称谓是"志愿者"；深圳市以及部分地区称谓是"义工"。这种鼓励多元探索，允许不同称谓的文化氛围，有利于志愿者和志愿服务团队在不同的选择和比较中，更多体验志愿服务的特色魅力。同时，不论是"志愿者"还是"义工"的组织发展与体系特色，都为全国各地提供参考借鉴。四是积聚人民群众力量。广东省作为改革开放前沿地区，各项工作的"先行先试"都是为全国做探索。志愿服务发展的过程，也是积极探索吸引和激励广大人民群众参与、壮大志愿服务力量的有效方式。广东省率先提出"我志愿、我快乐""志愿服务是一种时尚生活""让志愿服务成为生活方式"等，改变了原来认为志愿服务"高大上""神圣不接地气"的观念，推进志愿服务的生活化与常态化，让城乡群众习惯"点滴志愿""随手志愿""时时志愿"。广东省依托中外融合的资源，发展富有特色、富有活力的志愿服务体系。

四、浙江：根植本土的志愿服务体系

浙江省志愿服务发展快，志愿服务体系化程度高，志愿文化深入城市和农村，营造了浓厚的志愿服务社会氛围。一是依托深厚文化发展繁荣。浙江省志愿服务在发展中，既吸收中华文化传统优势，也吸收外国现代发展经验。

---

① 谭建光 . 志愿服务：理念与行动［M］. 北京：人民出版社，2014：10–11.

浙江省提出："孕育浙江特色的志愿服务文化……在文化制度建设中应注重志愿理念的重塑，形成全社会的志愿文化自觉，形成共享共治的氛围；同时加强志愿成果转化，在总结浙江经验和模式、研究志愿服务理论的基础上，引导志愿服务实践，提升志愿服务的影响力。"[①]浙江省将志愿服务的深厚文化、本地特色与创新元素相结合，让志愿者和志愿服务组织充分发展，创造出富有特色魅力的志愿服务内容和形式。二是多样经济形态支持服务。浙江省也是经济非常发达，尤其是民营经济基础雄厚的省份。民营企业承担社会责任、参与慈善公益、回报家乡父老的热情，也成为支持志愿服务发展、推动志愿服务深入的动力。一方面是很多企业建立志愿服务队伍，发挥专业优势和资源优势，创新志愿服务项目；另一方面是企业资助社区、农村、学校的志愿服务组织发展，鼓励开展适应社会文明需要和城乡群众需求的服务。三是打造志愿服务精品项目。浙江省在志愿服务项目发展中独辟蹊径、创新方式。既有新时代文明实践志愿服务项目大赛，也有青年志愿服务项目大赛，还有如阿里巴巴等企业支持的慈善公益大赛，其中也包含对志愿服务项目的支持。这样，根植本土的志愿服务项目蓬勃发展，具有旺盛的生命力。四是建设志愿服务规模组织。浙江省在打造规模化、集团化企业群的同时，也在打造规模化、集团化的志愿队伍群。目前，以杭州、宁波等城市为代表，通过"公羊会""红领之家"等发展壮大，推动志愿服务组织呈现规模化、精品化的趋势。现在，其他市县如温州市、湖州市等也发展出富有特色和影响力的志愿服务组织。调查发现，浙江省以"志愿文化"与"江南文化"的融合为基础，吸收国内外志愿服务经验，构建根植本土的志愿服务体系。

五、四川：民间活跃的志愿服务体系

四川省志愿服务体系的建设既有历史文化的传统，更是充分利用当代发展的机遇和资源。一个条件是大学生志愿者"西部计划"的促进作用。进入21世纪以来，共青团中央、教育部、财政部等启动"西部计划"志愿服务，最初的重点落地省份就是四川省，并且不断总结经验，提供给全国参考。另一个条件是"汶川特大地震"灾后志愿服务的活跃，为四川省留下众多志愿

---

① 浙江省团校课题组. 浙江省志愿服务制度化建设的演进与发展趋势研究［J］. 青少年研究与实践，2019（1）：84.

队伍和志愿项目的资源。张胜康分析："'5·12'抗震救灾过程显露了公民社会中公民的良性互动和友好合作关系，预示了中国社会未来发展的新方向。在大灾大难面前，中国人的自我救助、自我管理能力迅速成长，参加社会公共事务的意识空前强化。"[①]在这种基础上，四川省充分发挥民间力量活跃的特点，推动志愿服务发展繁荣。一是汇聚各方力量资源。"汶川特大地震"灾后志愿服务，吸引国内外许多地区的志愿队伍前往参与。这些国内外的志愿队伍在参与四川各市县的灾后救援、安置志愿服务后，有些留下一段时间持续服务，有些培育四川本地的志愿队伍发展，有些与四川志愿队伍建立长期的网络联系。共青团四川省委、四川省青年志愿者协会汇聚和运用这些国内外志愿队伍的资源，通过开展论坛交流、培训讲座、专业辅导等方式，不断提高本地志愿队伍的能力。二是激发城乡群众参与热情。四川省不仅仅做好成都、绵阳等城市社区的志愿服务，而且充分利用"西部计划"青年志愿服务的资源和影响，积极发展农村志愿服务。"西部计划"志愿者在服务山区农村，帮助山区留守儿童的同时，也传播志愿精神和志愿文化，带动当地干部群众参与志愿服务，形成乡村互助的社会氛围。三是推出特色志愿服务品牌。四川省志愿服务将本地特色与国内趋势、国际影响相结合，创造了很多富有全国影响力的志愿服务品牌。从历届中国志愿服务交流会暨项目大赛的获奖项目看，四川省拥有较多金银奖项目。此外，成都市作为社会组织发展快、社会服务项目多的城市，培育出许多具有中外融合特色的服务项目，让社区农村的志愿者广泛参与。四是注重社会文化习俗影响。四川省提出创造志愿服务的"西部特色"，也提出凸显"川味"志愿服务，最主要的就是特别认真的服务、特别热情的服务、特别有韧性的服务、特别有影响的服务，融入了四川人的个性特点，具有鲜明特色。在中西部地区，四川省的志愿服务发展快，较早探索和建设志愿服务体系。

六、辽宁：精神传承的志愿服务体系

辽宁省作为东北地区的重要省份，志愿服务也独具特色、富有活力。一是发挥宝贵的精神财富作用。辽宁省既有"雷锋精神"，也有"郭明义精神"。

---

① 张胜康. 关于志愿者行动的价值探讨：以"5.12"汶川大地震志愿者行动为例［J］. 广东社会科学，2010（3）：154.

尤其是鞍山市以这两种相互传承的精神为资源，开展"志愿者之城"的体系建设。李坚等分析："党的十八大以来，辽宁省鞍山市充分发挥'一座钢城，两代雷锋（雷锋、郭明义）'的丰厚资源和传统优势，广泛宣传和普及'奉献、友爱、互助、进步'的志愿精神和'行善立德'的志愿服务理念，不断推进志愿服务工作制度化、规范化建设，激发全社会参与志愿服务的热情。"[①]同时，抚顺市作为"雷锋纪念馆"所在地，不断总结"雷锋精神"的新元素、新特点，面向全国交流推广。因此，辽宁省获得"雷锋精神""郭明义精神"的滋养，形成富有生命力的志愿文化。二是注重典型人物的示范带动。辽宁省在雷锋、郭明义等事迹的带动下，广大干部群众对"学雷锋、做好事"、对志愿服务都有天然的亲和力，乐意互相帮助、乐意关爱互助。俗话说"东北人都是活雷锋"就是这种社会现象的体现。三是构建社区农村互助的网络。针对东北地区包括辽宁省农村地域广阔的特点，近年来注重推动城乡志愿服务的联动，推动城市志愿队伍深入农村服务并扶持农村志愿队伍的发展。因此，志愿服务体系建设的重点，就逐渐包括农村志愿服务的力量培育和网络建设。四是推动社会文明的发展进步。辽宁作为中国的老工业区，在改革开放中遇到社会转型的困难，需要进一步解放思想、实事求是，创造经济社会发展和社会治理创新的机遇。因此，在志愿服务的发展中应突出社会文明传播、思想观念更新，培养广大干部群众适应新时代、领会新思想，成为共建共治共享的积极力量。在东北地区尤其是辽宁的转型发展中，志愿服务体系的建设与创新，就成为助力社会发展、创造社会机遇的新源泉。

第三节　中国志愿服务体系的区域探索

中国不同区域的志愿服务体系建设，各有特色、特点各异，但是在探索过程中也有共同的元素，也有许多可以相互借鉴的经验。

---

① 中国志愿服务联合会. 中国志愿服务发展报告（2017）[M]. 北京: 社会科学文献出版社，2017: 288–289.

一、构建"中国特色"体系

如果说改革开放初期，中国志愿服务发展较多吸收和参考了外国及我国港澳地区的经验，那么，经过 40 多年的探索实践后发现，党的宗旨、雷锋精神、中华传统、外国经验等都是促进我国志愿服务发展的要素。在传承、借鉴与融合的基础上，需要创造志愿服务的"中国特色"。陆士桢提出："中国特色的志愿服务基本形成了从上到下、有组织有领导、全面性制度化的发展格局。"[①] 在中国特色社会主义新时代，志愿服务不断发展和丰富，构建富有生机活力的体系，成为社会发展进步的重要组成部分。在实践探索的基础上，经过长期的研究分析，我们提出中国特色志愿服务体系的含义，就是在党和国家鼓励和支持下，人们在参与服务社会、帮助他人的行动时所构建的组织、实施、传播、保障等机制的总和，具有科学性、系统性、有效性、活跃性、创新性、成长性等特征。要引起特别关注的是，科学性、系统性、有效性是志愿服务体系共有的特征；活跃性、创新性、成长性则是青年参与构建志愿服务体系所带来的新特征。[②] 这种体系既有组织动员的作用，也有自主参与的活力，为中国志愿服务的发展繁荣提供了良好基础。

二、彰显"一核多元"优势

虽然志愿服务诞生初期有社会自发、民间活跃的基础，但是很快获得党和政府的重视与支持，并且逐渐获得党组织的坚强领导。北京大栅栏"综合包户"志愿服务获得共青团中央、民政部、北京市委的重视与支持，深圳市"义工联"在发展初期获得市委、市政府的重视和支持。尤其是 2006 年以来党中央的重要会议、重要决议都提到志愿服务，提出指导要求。进入新时代，党对志愿服务的领导和支持作用更加凸显。在志愿服务领域，既包括各级党组织为志愿服务发展把握正确方向，为志愿服务组织和志愿项目的发展提供有力支持；也包括在各类志愿服务组织中建立党组织，发挥核心领导作用，发挥党员志愿者的示范带动作用，让志愿服务在经济社会建设和社会治理创

---

① 陆士桢. 中国特色志愿服务概论［M］. 北京：新华出版社，2017：18.

② 广东省团校志愿服务研究中心课题组. 中国青年志愿服务体系的构建及其价值［J］. 广东青年研究，2021（3）：122.

新中更有作为。

三、发挥"青年先锋"作用

青年志愿者始终是志愿服务事业发展、志愿服务体系建设中的"先锋力量""活跃力量"。虽然与 20 世纪 90 年代青年志愿者行动"一枝独秀"的环境不同，现在是全社会志愿服务发展、全民参与志愿服务，团员青年成为其中一支力量。与此同时，党的领导下，中央社会工作部统筹协调志愿服务体系建设，青年志愿服务体系成为其中的重要组成部分。青年天然具有敢想敢干、爱思考、爱创新等特点，必然在志愿服务发展中率先探索、率先实践，不断积累创新的经验，为志愿服务体系建设提供参考借鉴。

四、促进"区域创新"发展

中国特色志愿服务的发展，不是"千篇一律"，也不是"一成不变"，而是伴随时代变化不断发展创新，吸收各地创新经验不断充实丰富。因此，在中国特色社会主义新时代，仍然要鼓励各部门、各机构、各组织积极探索志愿服务的特色。尤其是鼓励北京、上海、广东、浙江、四川、辽宁等地区更加勇于探索、大胆创新，为创造中国特色志愿服务提供新参考、新借鉴。

在中国志愿服务体系从"建立"到"健全"的发展过程中，既要做好国家层面的政策制度制定，也要充分发挥各地区的探索创新作用，这样才能汇聚成富有内涵、充满活力的体系要素。

第八章　中国"志愿者之城"的建设机制

当代中国志愿服务，成为社会经济生活不可或缺的组成部分，在社会发展和治理创新进程中发挥了积极的作用。近年来，习近平总书记充分肯定"志愿服务凝聚人心、增强群众主人翁精神的重要意义"。^①[①] 为此"志愿者之城"建设蓬勃兴起，引起广大群众的关注，发挥了积极的社会功能。广东省社工与志愿者合作促进会通过调查整理，分析志愿服务模范城的制度、组织、项目、实施等，探讨科学的建设路径。

第一节　"志愿者之城"建设的社会价值

"志愿者之城"的雏形，最初源于 2008 年前后北京奥运会、上海世博会、广州亚运会期间先后提出的"志愿北京""志愿上海""志愿广州"等概念。早期理念是将城市文明、城市生活与志愿服务相结合，不断提升现代城市的品质。在 2011 年深圳市举办世界大运会之后，正式提出"志愿者之城"建设并做出系统的制度设计、组织设计，产生示范作用，带动各地的"志愿之城""志愿者之城"等建设热潮。在此基础上，2015 年中国志愿服务联合会确定的首批"志愿服务模范城"试点（后更名为"志愿之城"）包括深圳市、广州市、厦门市、鞍山市、吉林市、嘉兴市、泰安市和贵阳市 8 个城市。这些分布于沿海地区、中部地区、西部地区和东部地区的试点城市，体现了志愿者的建设热情，凸显了本地区的建设特色，为全国提供了具有参考价值的建

---

① 党和国家领导人参加首都义务植物活动［EB/OL］.（2015–04–04）［2024–11–04］. https://www.gov.cn/xinwen/2015–04/04/content_2842853.htm.

设经验。笔者发现，志愿服务模范城的建设对中国社会建设、治理创新和民生改善具有重要的意义。

一、体现党的宗旨——为人民服务

志愿服务模范城建设将党的为人民服务宗旨与社会化志愿服务理念有机结合，通过党团员志愿者示范带动、老中青志愿者积极参与，构建邻里守望、友善互助的社会关系。"各级组织部门积极制定政策措施，激励党员参与志愿服务，发挥表率作用。……因此，党团员志愿服务成为学雷锋活动常态化、志愿服务制度化的重要组成部分，发挥着越来越突出的作用。"[①] 在"志愿者之城"建设期间，截至 2023 年 12 月，深圳的志愿者从最初的 19 人，发展到如今的 381 万人，超过常住人口的 20%。从市委书记、市长到离退休党员都进入社区参与扶贫助困的服务，前往火车站、地铁站、机场、医院、交通路口、市政广场等开展公共志愿服务。这样，在党团员志愿者的影响下，"来了就是深圳人，来了就做志愿者"成为城市的时尚生活方式。2013 年以来，鞍山市先后创建郭明义党员急救先锋队、郭明义党员志愿服务团队，打造群众欢迎的志愿服务品牌，为广大群众解决就业、就学、就医以及企业遗留问题等。吉林市党员回到居住区注册为志愿者，并且每年服务不低于 50 小时。华北、华东、东北、西北、西南等地区的党团员志愿者根据社区、农村的群众需求，开展切合实际、富有实效的服务活动，通过"结对服务""挂点服务""定点服务""预约服务"等形式，为城乡群众构建安全、和谐的生活，树立了党组织的新形象、新威望。

二、推进政府转型——公共服务

志愿服务模范城建设将政府职能转移和公共服务发展相结合，促进服务型政府的实现。传统政府仅仅承担城市管理职能，现代政府则更多关注和重视公共服务的发展，创造群众和睦舒适的生活条件。"关注人民群众生活品质的提高，不仅要看经济社会发展的客观阶段，也要关注他们本人对其生活品质的主观评价，要关注个体和不同群体的主观感受。"[②]在中国创新社会治理的

---

① 谭建光. 党团员志愿服务实用技巧［M］. 广州：广东人民出版社，2015：2.
② 丁元竹，江汛清，谭建光. 中国志愿服务研究［M］. 北京：北京大学出版社，2007：10.

背景下，政府改变"包揽一切""包办一切"的模式，转化为与社会组织、公益机构合作，共同延伸公共服务、繁荣社会服务。广州在党和政府支持下，志愿驿站常态化开放，提供便民利民服务；"志愿在康园"服务站为残疾人提供支持和帮助；社区志愿者开展日常化服务，为居民生活排忧解难。这样，政府通过社会工作机构、志愿服务组织的参与，将面向全社会、惠及全民的公共服务不断丰富、不断完善，赢得广大群众的认可。《鞍山市志愿服务条例》中，为了提升社会各界参与志愿服务的积极性，促进志愿服务事业健康发展，提出了一系列鼓励措施：国家机关、社会团体、企业事业单位、大专院校和其他组织在招录公务员、招聘员工、招生时，鼓励其在同等条件下优先录用、聘用、录取有良好表现的志愿者；鼓励在校学生参加相应的志愿服务活动，将其纳入社会实践或者综合实践活动，并建立相关的评价激励机制；对表现突出的志愿服务组织、志愿者及对志愿服务事业作出突出贡献的组织和个人，应当给予表彰和奖励；建立志愿服务时间储蓄和回馈制度，志愿者需要帮助时，可按本人志愿服务累计时间换取适当时间的回馈服务；各级人民政府在购买社会组织服务时，同等条件下，应当优先安排具有资质的志愿服务组织承担相关项目。各地开展志愿服务模范城建设时，越来越多将政府公共服务资源与公众参与服务有机结合，促进公共服务均等化，营造和谐幸福的社会氛围。

三、激发城市活力——治理创新

志愿服务模范城建设为社会治理创新作出探索，提供多样化的公众参与途径和方式。过去的"政治运动""群众运动"，公众是在党和政府的发动和推动下参与政治生活。志愿服务行动，则是广大公众自发自愿、自主自觉参与到社会服务之中，并且通过服务的贡献，为社会治理探索新路，也提高公民素质。广州"在通过培训考核之后，志愿者可获得由政府人事部认可、市人力资源和社会保障局与团市委联合颁布的志愿者能力证书。……据有关政策申请积分入户时，可以取得志愿服务的相应积分等"[1]。广州市很早就将志愿者培训纳入技能素质证书范围，将志愿服务能力作为现代公民生活与发展的基本能力之一，作为培养社会治理活跃力量、培养现代公民领袖技能的途径。

---

[1] 广州规定志愿服务可获入户积分 [N].羊城晚报，2012-03-04（5）.

这样，广大群众在自发自主的志愿服务过程中，不断提升组织能力、实施能力、协调能力、发展能力，逐渐成为社会治理创新的优秀人才。

四、构建社区体系——邻里互助

志愿服务模范城建设夯实社区与农村的邻里守望、友善互助基础。通过市、区、街道、社区四级制度设计，将志愿服务延伸到基层，延伸到群众的身边，切实帮助有需要的人群。"中国志愿服务联合会调研组发现，武汉市百步亭社区大力推进邻里守望志愿服务，创造了'管得宽、搞得活、帮得多、做得好'特色做法，赢得群众发自内心的'共产党好、百步亭好、志愿者好'心声。"① 在传统社区发生变化，现代社区"陌生人"的冷漠和隔阂导致种种新问题、新矛盾的时候，志愿服务拉近人与人的关系，建立人与人的信任，营造友爱的社会氛围。调查发现，志愿服务模范城的建设将社区居民、农村村民的友爱之情、友善之心激发出来，运用到日常生活之中，架设和构建邻里之间相互理解的桥梁、相互关心的纽带，使之在困难的时候相互照顾，在欢喜的时候大家分享，促进社区、农村的团结凝聚与和睦发展。

第二节 顶层设计：志愿服务政策制度

中国的经济改革与社会治理进入新阶段，不仅要"摸着石头过河"，还要有更多的科学设计和理性行动。"志愿者之城"的建设也特别需要科学有效的顶层设计。

一、党政统筹支持的制度

各级党委政府的高度重视，制定系统完善的政策制度，有利于志愿服务事业的持续有效发展。2011 年 12 月 4 日，深圳市发布建设"志愿者之城"的决定并征求意见；截至 2023 年 12 月，深圳注册志愿者数为 381 万人，志愿服务事业发展达到国际城市的先进水平，"志愿者之城"初步建成。深圳

---

① 中国志愿服务联合会调研组 . 百步亭社区邻里守望志愿服务调研［J］. 中国志愿，2015（12）：34.

也成为全国第一个系统提出建设"志愿者之城"的城市。该决定从社会参与、组织建设、机制保障、志愿精神等方面，勾勒了"志愿者之城"的建设蓝图，提出"志愿者之城"所提的志愿服务，包括但不限于注册义工提供的义工服务，还将延伸到任何组织、任何市民，有组织的或自发性的，志愿从事的公益类、慈善类活动。随后，广东省广州市、佛山市、东莞市、惠州市等都以市委、市政府名义颁发建设"志愿者之城""志愿之城"的政策制度，并提出"三年行动计划"或"五年发展规划"。2021年，深圳市提出"志愿者之城"4.0版，深圳志愿服务将深入贯彻深圳"十四五"规划建议中关于打造"关爱之城""志愿者之城"升级版的部署要求，让深圳对青年志愿者更友好，让青年志愿者在深圳更有为。2024年4月12日中共中央办公厅、国务院办公厅印发《关于健全新时代志愿服务体系的意见》，全国各地党委政府积极响应意见要求，全面推进志愿服务，逐渐形成建设志愿城市的热潮。

二、部门机构联动的制度

志愿服务模范城建设牵引各部门、各机构改变"各自为政""画地为牢"的状况，越来越多实现部门机构联动、共同服务社会民生的效果。从广东省的实践来看，推进志愿服务"三进六服务"（参见表8-1）就吸引了多个部门的力量参与，取得较好的成效。

表8-1　志愿服务"三进六服务"主要内容 [①]

志愿服务内容	进社区	进学校	进企业
城市文明建设服务	倡导文明生活	培养文明行为	共建文明环境
便民利民生活服务	居民生活互助	传授友爱观念	员工生活服务
困难群体帮扶服务	帮助孤老寡残	关爱贫困学生	帮助困难员工
外来人口融合服务	生活文化融合	外来人口子女服务	工作生活改善
青少年成长服务	帮助流动少儿	引导后进学生	化解员工矛盾
环保低碳生活服务	环保生活方式	环保知识传播	环保行为培养

---

① 广东省社工与志愿者合作促进会. 广东志愿服务的实践与创新［M］. 广州：广东人民出版社，2015：2.

各省市也在党委社会工作部的统筹下，协调多部门机构的力量，构建志愿服务网络。福建省厦门市依托行业示范窗口建立志愿服务岗，促进志愿服务人人可为、时时可为、处处可为。浙江省嘉兴市以"党员志愿服务"为纽带，集聚各部门机构的资源，覆盖社区与农村的广泛领域。山东省新泰市以"菜单式""点菜式"志愿服务为核心，撬动党政部门资源投向群众服务各个领域，为志愿者的爱心奉献、助人自助提供支持。这样，逐渐解决了多年来党政部门资源分散使用、重复浪费的问题，借助志愿服务平台集聚资源改善民生、造福社会。

三、社会工作者与志愿者的合作制度

志愿服务模范城建设，要重视社会工作者和志愿者两支力量。社会工作者是专业化、职业化的社会服务力量；志愿者是普遍性、无偿性、业余性的社会服务力量。通过社会工作者专业协调、志愿者服务推广，构建覆盖城乡、惠及群众的社会服务网络，具有极其重要的价值。"从国内各省市的情况看，促进社工与志愿者合作，既有党和政府的政策推动，也有基层实际的服务选择，逐渐建立了双方相互支持、合力服务、造福社会的格局。"[1]广东省率先成立全国第一个社会工作者与志愿者合作社团——广东省社工与志愿者合作促进会，通过社志督导、社志论坛、社志沙龙、社志行动、社志网络等品牌建设，为志愿服务模范城建设提供专业支持。随后，北京市成立北京社会工作与志愿服务促进会，浙江省成立浙江省社会工作与志愿服务协会，其他城市也相继成立"社会工作与志愿服务中心"。各示范城市、典型地区党政部门出台"社工＋志愿者"联动工作文件，鼓励专业社会工作者为志愿组织提供培训、策划、督导、评估等支持；鼓励志愿者为社工机构提供拓展服务、创新项目、帮助群众、传播推广等支持。这样，各城市、各地区的志愿服务发展获得专业资源，越来越规范、越来越顺利，逐渐覆盖城乡群众生活发展的各个领域。

四、社会资源投入的保障制度

志愿服务模范城建设需要资金、资源、信息、平台等多样化的保障和支持。各模范城建设也提出专项资金、专门机构等保障条件。广东省惠州市博

---

① 谭建光．志愿服务：理念与行动［M］．北京：人民出版社，2014：174．

罗县 2018 年成为全国第一批 50 个新时代文明实践中心建设试点县区之一；2019 年继续进入第二批 500 个试点县区之一；并且在 2020 年脱颖而出，成为中央宣传部挑选的 10 个"先行试验区（县）"之一。早在 2017 年，博罗县委宣传部、文明办联合民政局、团县委等设立公益志愿服务项目"创投资金"，以财政的"种子资金"作为基本的支持，带动社会资源注入公益志愿服务领域，扶持社会文明、关爱互助等项目的发展。2019 年依托县慈善总会成立"博罗县新时代文明实践基金"，以专项基金的方式重点倾斜资助文明实践志愿服务的各类项目。2020 年 7 月正式注册成立"博罗县新时代文明实践基金会"，其业务范围包括"文明实践志愿服务创新项目补助（含公益创投项目），开展志愿服务积分兑换等激励回馈制度，针对志愿者、志愿服务组织的培训"等，获得县财政注入资金、教育基金转换、爱心企业捐资等 3500 万元。从国内外的经验看，志愿服务发展的资金资源投入通常是维持"四六"的模式。即政府投入 40%～60% 的资金资源，带动社会各界投入相应的资金资源，支持志愿服务项目实施，惠及城乡各类群众。我国很多城市原来没有将志愿服务经费纳入财政预算，现在逐渐纳入预算，逐年增长，推动志愿组织更好地开发和实施有利于人民群众满足利益需求的服务项目。调查发现，志愿服务模范城建设首先要做好党委政府的"顶层设计"及从政策制度提供支持保障，才能推动志愿组织发展壮大，促使更多服务项目惠及人民群众。

第三节　中观构建：志愿组织发展创新

"志愿者之城"建设，在党委政府领导和政策制度保障的前提下，最关键的是志愿服务组织的发展与壮大。从国际经验看，欧美国家等现代志愿服务的发展，就是大量社会组织积极推动和促成的，逐渐成为全民崇尚的生活习惯。当代中国志愿服务的发展，也经历了 2001 年"国际志愿者年"活动吸引社会公益组织的参与，2008 年北京奥运会志愿服务、汶川特大地震灾后志愿服务等激发社会组织参与热情，从而逐渐形成全社会志愿服务的热潮。调查发现，志愿服务模范城的社会组织活跃，成为创新发展的主要力量。

一、联合管理型志愿服务组织

原来我国的社团组织登记制度规定，每一个地区只能有一家同类组织。这样，极易造成垄断性、单一化，扼杀社会组织的活力。近年来，国家及地方鼓励四类社会组织发展，特别是支持公益组织发展，允许同一地区成立多家同类组织。这样，志愿服务领域就涌现出大量的社会组织，有专门注册志愿服务组织的，也有注册公益机构并开展志愿服务的。这时候城市就需要管理型的统筹组织提供协调和支持。广东省志愿者联合会、厦门市志愿者联合会、吉林市志愿者联合会等都将吸引、凝聚、服务、促进各类志愿组织的发展壮大作为职责。这些管理型志愿服务组织发挥了积极的作用。在各地区志愿服务联合会成立的基础上，2014 年成立全国性的中国志愿服务联合会，面向各类国家级志愿组织、各地区志愿组织提供支持，通过推动邻里守望、行善立德志愿服务，推进党员志愿服务、专业志愿服务，促进志愿服务的调查研究和理论创新等，产生了极为重要的影响。目前，各地区、各城市志愿者联合会在中国志愿服务联合会的支持和帮助下，逐渐健全机制、发挥作用，在本地区的积极作用越来越明显。

二、行业推动型志愿服务组织

志愿服务模范城诞生了许多行业性志愿服务组织，如社区志愿服务类组织、青年志愿服务类组织、专业志愿服务类组织、老年志愿服务类组织、环保志愿服务类组织、应急志愿服务类组织、助残志愿服务类组织、助学志愿服务类组织等。因此，迫切需要行业化的支持和推动。中华志愿者协会、中国青年志愿者协会、中国文艺志愿者协会、中国助残志愿者协会等全国性的行业志愿服务组织，带动各地区特别是模范城的组织发展。"20 多年来，在党中央、国务院的亲切关怀下，各级团组织围绕党政大局、顺应时代发展、尊重青年意愿，推进了青年志愿者行动蓬勃前进。"[①]目前，志愿服务模范城的青年志愿者组织网络最为齐全，从市、区青年志愿者协会到镇街、社区农村青年志愿者团队逐渐延伸。这些组织成为团结凝聚青年志愿者的力量，成为社

---

① 共青团中央青年志愿者工作部. 社会主义核心价值观与青年志愿者行动［M］. 北京：人民出版社，2015：2.

区农村服务的生力军，发挥着重要的作用。

三、专门实施型志愿服务组织

伴随社会经济发展和生活水平提高，人民群众对志愿服务的需求日趋多样化，促进多种类型专门实施型志愿服务组织的诞生和发展。有些热心助残、助学、助困的志愿者，注册成立"爱心团""励志社""同心总队"等，将服务项目做得越来越专业，越来越有实效。同时，这些类型多样的志愿组织，开发出丰富多彩、富有实效的志愿服务项目，针对城乡群众的不同需求提供帮助，产生了越来越明显的效果。广州市2011年启动的"志愿服务交流会暨项目大赛"，从市级晋升为省级，进一步晋升为国家级，大赛发展至今第七届，参赛类别有乡村振兴、为老服务、关爱少年儿童、阳光助残、环境保护、文明实践、卫生健康、应急救援、社区治理与邻里守望、节水护水、文化传播与旅游服务、法律服务与禁毒教育和其他领域13类，遍及民生方方面面，发挥着积极的作用。

四、支持保障型志愿服务组织

目前，全国绝大多数社会组织对志愿服务的理念缺乏更深入的了解，对志愿服务项目缺乏策划设计能力，对志愿服务活动缺乏管理提升素质，这就迫切需要产生提供智力资源、文化资源、资金资源、场所资源的支持型组织，作为志愿服务发展创新的"中介"，发挥"纽带"作用。

调查发现，不仅有专门的志愿服务组织，还有大量不同类型社会组织建立志愿者队伍、参与志愿服务活动。这样，就需要社会上从事专业研发、传播、筹资、评估的人士，组建支持型社会组织，给予专业化的帮助。北京志愿服务发展研究会是本领域首个专业支持型的社会组织，由著名社会工作专家陆士桢教授担任会长，建立注册会员和特邀会员制度，邀请在京的著名高校、研究机构，以及北京市的科研、教育机构专家学者、博士硕士作为注册会员；邀请全国各地的专家学者作为特邀会员，开展志愿服务研究、教育、督导、传播，社会影响力越来越大，对志愿服务组织的支持和帮助越来越明显。广东省社工与志愿者合作促进会是全国第一个社志联合组织，以研发和推广为职能，促进专业社工协调志愿活动、志愿者推广社会服务，在全国产生了较大影响力，受到各地的欢迎。如今，在北京、上海、广东等地的带动下，各地区陆续建立起支持型的志愿服务组织，为志愿服务事业的发展繁荣提供智力与资源的"加油站"。

第四节 微观活跃：邻里守望志愿服务

"志愿者之城"建设落到实处、体现实效，关键是深入社区和农村，惠及千家万户、做到扶贫助困。近年来，全国推广邻里守望志愿服务，让"搭把手""邻里帮"成为城乡生活的时尚，逐渐实现城市志愿服务的微观活跃、广泛普及。

一、"管得宽"志愿服务

在广州、深圳、贵阳、吉林等城市，社区志愿服务的领域越来越宽广，既重点突出扶贫助困，也努力做到利民惠民。浙江省嘉兴市 96345 社区服务求助中心自 2003 年成立以来，以"群众有需求、平台就有服务"为目标，20 年来累计受理市民各类求助 514 万多件次，服务市民 60 万多人次。在党员的带动下，社区居民志愿者、团员青年志愿者、社会专业志愿者都解放思想、拓宽视野，及时了解和发现群众的多样需求、多种愿望，不断丰富志愿服务的内容。

二、"帮得多"志愿服务

城市志愿服务逐渐改变原来仅仅是"运动式""一阵风"的状态，注重结合城乡群众的生活实际，构建"长期化""日常化"的服务机制。中共中央政治局原委员、中央文明委原副主任、中国志愿服务联合会原会长刘淇同志指出："关注空巢老人、留守儿童、农民工和困难职工、残障人士等特殊群体，推动政府和社会服务资源下移，整合和壮大社区志愿服务力量，推广和完善'综合包户''结对子'等帮扶机制，探索和推进'社工＋志愿者'的联动工作模式，实现对服务需求的最大范围的覆盖、最大限度的满足。"[1]不论是大

---

① 刘淇. 汇聚志愿力量 共筑中国梦想 开创中国特色志愿服务新局面［J］. 中国志愿，2015（12）：7.

中城市志愿服务、沿海地区志愿服务，还是中西部城市的志愿服务，都立足于社区居民、困难群众生活改善的需求，实施一系列服务项目，通过"一助一""多助一"等形式，促使广大群众获得更好的生活、解决实际的问题，受到群众的欢迎和好评。

三、"搞得活"志愿服务

志愿服务模范城建设在繁荣服务项目的同时，也活跃志愿服务组织、提升志愿者能力，为社会治理创新培育新生力量。在中国社会转型阶段，必然诞生大量的社会组织，但是组织如何有序发展、成员如何积极贡献，是值得关注的问题。志愿服务是公民参与社会治理的有效途径，通过志愿服务组织的建设，让城乡居民学会参与、协调、实施、推进，学会民间与政府的互动，学会社团竞争合作，就能为社会治理的"多元共治"奠定良好的基础。

四、"做得好"志愿服务

志愿服务不流于形式，不简单"作秀"，真正切合人民群众需要，真正帮助有困难、有需求的人员。这是模范城建设需要特别关注的要点。鞍山、泰安、吉林等城市，积极引进外国和我国港澳地区志愿服务的发展经验，积极借鉴北京、上海、广州、深圳等志愿服务创新做法，不仅推进城市社区志愿服务，而且延伸到农村社区志愿服务。根据居民、村民的生活需求，开发切合实际、适应习俗、成为时尚、吸引力强的志愿服务项目，激励群众参与和群众享受，营造城乡友善互助的社会氛围。中国不同地区、不同城市对志愿服务的需求各不相同，但是广大群众都希望形成"邻里守望""友善互助"的良好风尚。这样，志愿者深入社区、农村开展服务的时候，既帮助了困难群众、解决实际问题；也带动了文明风尚，吸引越来越多的人加入志愿服务行列，在助人过程中感受快乐、充实自我、提升境界。所以，志愿服务模范城的建设，掀起了全民参与志愿活动的热潮，让更多的人在"快乐服务、助人自助"中体验公民道德、提高公民素质，践行和传播社会主义核心价值观。

"志愿者之城"的建设是一项长期和持续的工作，需要党委政府统筹领导，志愿服务组织活跃创新、城乡民众热情参与、社会各界支持保障。为此，笔者从政策制度的"顶层设计"，到社会组织的"中观构建"，再到邻里守望的"微观活跃"，进行了初步的探索。

第九章　中国社会工作者与志愿者的合作机制

中国志愿服务的发展逐渐繁荣兴旺、逐渐广泛普及，成为党政关心、群众关注的崇高事业，成为社会生活不可或缺的元素。广东省在志愿服务率先发展的基础上，进一步拓宽思路、创新形式，特别提出"专业社工、全民志愿"的要求。《广东省民政厅关于开展"专业社工　全民义工"试点工作的通知》提出："进一步推动我省社会工作的专业化，培育发展志愿组织，动员全民参与志愿服务。"从各地区的实践发展看，"一个社会的文明进步，不仅要看经济增长、文化繁荣，还要看人与人之间的关系融洽，要看社会互助友爱精神的广泛传播。社工与志愿者就是文明的传播者、公益的倡导者、幸福社会的建设者"。① 为此，我们整理长期以来调查研究和理论思考的观点，围绕"社工专业化与志愿全民化"的新常态进行论述。

第一节　中国社会工作与志愿服务历程

当代中国的社会服务发展，志愿服务起步较早，社会工作紧随其后。经济体制改革、市场经济发展后，人们面临"单位制"转变为"社会化"，"计划统揽"转变为"自主调节"的社会生活新环境，越来越需要"体制外"的社会力量参与服务，社会工作与志愿服务应运而生、迅速发展。

一、探索发展阶段（1983—1993 年）

从志愿服务的历程看，1983 年北京诞生大栅栏"综合包户"志愿服务，

---

① 谭建光．志愿服务：理念与行动［M］．北京：人民出版社，2014：183．

1987 年广州诞生第一条志愿者服务热线，1989 年天津诞生第一个社区志愿服务组织，1990 年深圳诞生第一个注册志愿者社团，开始探索公益志愿服务的新形式。从社会工作的历程看，1987 年民政部在北京召开社工教育论证会，1988 年批准北京大学设立社工专业，1991 年成立中国社会工作协会（现更名为中国社会工作联合会），开始探索社工教育和专业服务。这一时期，党和政府还没有对志愿服务和社会工作有足够的关注与重视，但是一些高校、社团、个人积极探索，逐渐产生了社会影响。

二、组织推动阶段（1994—2000 年）

民政部成立中国社工协会、共青团中央成立中国青年志愿者协会，标志着党政部门、群团组织发现社会工作与志愿服务的重要意义，有组织、有计划地向前推进。"以'服务社会、传播文明'的宗旨和'参与、互助、奉献、进步'的义工精神，凝聚广东青年和社会各界人士参加志愿服务，鼓励广大青少年在服务他人、服务社会的同时，提高自身素质，养成强烈的社会责任感和高尚的道德情操。"[①]特别是深圳市从我国香港社工、义工事业繁荣获得启示，大力推动义工（志愿者）事业，将社工"助人自助"理念和志愿者"爱心奉献"精神广泛传播，成为社会时尚。这些经验获得共青团中央、民政部的重视，于是启动"中国青年志愿者行动"，也试点开展高校社会工作专业教育。调查发现，这个时期的发展主要是群团组织推动、高校专业推动，社会化的程度不高，城乡群众的认知程度也不高。

三、拓展发展阶段（2001—2010 年）

进入 21 世纪的头十年，中国社会工作和志愿服务都获得较快的发展。2001 年联合国启动"国际志愿者年"，开展"国际志愿者日"活动，商务部和共青团中央等积极参与，在多个城市举办"国际志愿者日"活动。这样，志愿服务从单一"共青团""青年"的领域，扩展到各种社会阶层参与、各类社会组织参与的事业。"从活动型形态到服务事业型形态，是中国青年志愿者行动发展过程中具有重大意义的变化。在这种变化的背后，是中国青年志

---

① 中国青少年研究中心. 深圳共青团工作社会化发展之路［M］. 北京：中国青年出版社，1997：27.

愿者行动中志愿服务领域的不断深入和拓展。"①应该说，中国青年志愿者行动为推向全社会、全民化的志愿服务事业作出了卓越的贡献。同时，专业社会工作适应中国国情，与行政化的社区工作、农村工作逐渐结合，找到城乡社会需求的切入点，获得较快发展。"专业社会工作在我国的发展，至少存在四种嵌入：即文化层面的嵌入、制度体系层面的嵌入、项目层面的嵌入和服务行动层面的嵌入。"②其中，2003年上海市探索"三类"领域专业社工服务，2007年深圳市探索全市"社工岗位"服务，引起全国部分省市的关注、学习、实施，逐渐让社会工作为人所知，成为党政支持、公众知晓的服务行业。

四、竞争发展阶段（2011—2015 年）

2008年北京奥运会志愿服务、2010年上海世博会与广州亚运会志愿服务、2011年深圳大运会志愿服务将全社会志愿服务的热情激发了出来，并且产生了"志愿服务交流会""志愿服务博览会""志愿服务品质峰会"等活动，促使志愿服务走向社区、走向农村。"公益性、互助性社区民间组织特别是志愿组织，提高居民组织化程度，增强社会自治功能。"③志愿服务与社会建设、治理创新相结合，成为新时期社会创新的有效途径。与此同时，广州市2011年试点，2012年全面铺开的"家庭综合服务中心"专业社会工作，撬动政府资源、社区资源共同发展社会工作，成为建设和谐幸福社会的重要力量。北京、四川、浙江及广东的佛山、东莞、中山、珠海、惠州、江门等都积极推动社区社工服务，取得较好的成效。但是，在实施服务的过程中，出现社工机构与志愿组织竞争的现象，社工机构强调专业性、职业化服务，志愿组织强调爱心奉献服务，这些理念、概念的不同，使社区、农村的群众难以理解。调查发现，缺乏合作交流造成了社会工作、志愿服务发展中的新困难。

五、合作发展阶段（2016 年至今）

党和政府在推动社会服务发展时，一直注重各方力量的合作，中央组织部等十八部门发布的《关于加强社会工作专业人才队伍建设的意见》提出"社

---

① 安国启．志愿行动在中国：中国青年志愿者行动研究［M］．北京：中央文献出版社，2002：35．

② 王思斌．社会工作导论［M］．2版．北京：北京大学出版社，2011：289．

③ 袁媛，谭建光．中国志愿服务：从社区到社会［M］．北京：人民出版社，2011：14．

工＋志愿者"联动工作机制，广东省民政厅、广东省精神文明建设委员会办公室、共青团广东省委员会 2013 年联合出台《关于推进社会工作者与志愿者联动工作的实施意见》。2016 年，广东省民政厅专门颁发《广东省民政厅关于开展"专业社工 全民义工"试点工作的通知》（粤民发〔2016〕24 号）。这样，从政策制度上推动合作发展、合作服务。中国志愿服务交流会及项目大赛中，对社工与志愿者合作的项目越来越重视，吸引社工机构招募志愿者队伍、设计服务项目参赛。不仅在大中城市和沿海地区注重合作服务，中西部地区也越来越多地关注合作服务，通过专业社工的协调指导，让广大干部群众参与的志愿服务更有针对性、实效性，帮助特殊人群、推动社会进步。

第二节　中国社会工作专业化发展趋势

中国社会工作的发展经历了不同的思路。20 世纪 80—90 年代较多强调专业教育和专业服务，但是由于专业化程度低，发挥的社会作用有限。进入 21 世纪后，国家开始高级社会工作师、社会工作师、助理社会工作师考证制度，大量社区工作人员、民政工作人员及相关领域人员通过考证获得资格，丰富了社工人才队伍，但是也引起"不专业""泛化"等问题。中外发展路径不同，"西方专业发展是先有职业再有专业，而我国的社会工作则是先有专业再推动职业的发展。这就决定了我国社会工作教育肩负着重大的使命和多重的工作角色"。① 这样，社工专业化就是教育推动和社会推动的结合，需要探索和创新。

一、实施专业服务

从欧美国家看，现代社会工作与志愿服务最初同源。但是，出现分野的关键，就是在普遍"博爱、奉献"的服务基础上，诞生专业化和职业化的服务。社工专业服务体现在对特定领域、特定人群运用专业知识和技能。如面

---

① 王壬，罗观翠. 我国社会工作专业化发展路径分析及对社会工作教育的启示：以专业化运动理论为视角［M］// 王思斌. 中国社会工作研究：第九辑. 北京：社会科学文献出版社，2012：14.

对高龄老人、失独家庭、重度残疾人、越轨青少年等群体开展服务时，社工运用专门技能，结合服务对象的身体特征和心理特点，提供适度和有效的帮助。如在青少年社工服务领域，还逐渐加入现代"增权""赋能"的要素。"在很多发达国家或新兴工业化国家与地区，其青少年社会工作的这些特征，都表现得比较明显，在实务技术的目标取向上，教化与控制逐渐减少，而维护权利和促进潜能增长的取向越来越多。"①这样，专业社工的专门服务就能够提供特殊人群需要的针对性帮助，达到期望的效果。目前，随着社工教育和社工实践的不断积累，专业性的社工服务作用在我国凸显，并逐步探索具有中国特色的社会工作专业服务。

二、专业设计项目

专业社工应该为政府的社会服务项目、机构的福利服务项目、社会组织的关爱服务项目策划和设计具有科学性、合理性、实效性的具体要素。目前，我国政府公共服务的发展和社会组织公益服务的发展，存在项目多、水平低、质量不高、效益不强的问题，最主要的原因就是缺乏专业和合理的设计。"这些民间组织缺乏一套与社会工作专业相适应的职业发展的激励和晋升体系，加上大多数民间组织是靠短期项目生存，没有长远发展的根基，因此学生毕业后即使进入这些部门，往往长期维持在不稳定的低收入低保障水平上，社会工作人才难以在这些部门长久工作，导致流动性极大，无法培养出一支有经验、高素质、专业化的社会工作队伍。"②为此，适应未来政府转型和公益发展的需要，鼓励越来越多的专业社工为各个领域服务社会人群的项目进行设计，加入"助人自助""能力发展"的元素，让公共服务和公益服务的项目更有实效、更受欢迎、更加持久。

三、专业协调管理

从国外及我国港澳台地区的经验看，大量公共服务机构、非营利组织的专职人员中，社工专业人才越来越多，发挥的作用越来越大。我国很多政府

---

① 文军. 社区青少年社会工作的国际比较研究［M］. 上海：华东理工大学出版社，2006：340-341.

② 蔡禾. 广东省社会工作高等教育发展与社会工作职业化［M］//刘小敏. 社会工作理论与实务研究. 广州：世界图书出版工作有限公司，2012：4.

所属的社会福利机构、社会服务机构，原来习惯计划经济、行政指令，现在转向社会化、自主化的运行和服务，需要拥有专业知识和技能的人员，社会工作者是承担这一职能的最佳人选，逐渐受到重视和欢迎。另外，大量慈善公益机构、志愿服务组织原来规模小、力量弱，适逢加快社会建设、创新社会治理的形势，突然发展壮大，特别需要专业人才参与管理协调。尤其是大量志愿者有自己的本职工作，是在业余时间奉献爱心、帮助社群的，缺乏时间和精力从事公益组织的管理。这样，专业社工运用学习的知识和技巧，为公益组织提供科学有效的管理协调，就能够加快组织的规范化和效率化，更加有效地服务城乡群众、更加有效地帮助特殊群体。目前，一些公益社会组织形成"公益领袖＋专职社工＋热心志愿者"的结构，实现了社会服务资源的有效搭配。

四、专业评估研究

欧美国家从志愿服务延伸出专业、专职的社会工作者，其中一个重要的内容就是对公益服务进行督导、评估、调查、研究，既能够运用专业力量帮助公益组织判断服务成效，提高服务能力；也能够帮助社会监控公益组织的服务，提高社会公信力。"完善的项目管理，应对项目的执行过程做出监控，以确保执行的过程顺利，效率和品质得以维持。对项目的执行过程进行评估，会有助于内部监察。若出现问题时，也能公平地追究责任。"[①] 虽然每个公益机构、志愿组织都需要成员的自律，自觉把握服务动机和服务行为，但是也需要社会工作者从专业的角度实施外在的督导和评估，有利于公益事业规范、有序发展，切实帮助社会人群。最初，社会工作的督导和评估是针对职业化的社工机构与社工人员，后来延伸到针对公益志愿服务。目前，北京、广东等地通过专业社工、公益骨干建立"志愿服务督导团"，运用专业和理性的态度，促进志愿组织有序发展、有效服务，达到较好的效果。此外，社工专家、资深社工对公益机构、志愿组织的服务项目进行调查研究，提供的调查报告、研究报告，对政府政策制定、公益组织战略具有重要参考价值。

---

① 陈锦棠．香港社会服务评估与审核［M］．北京：北京大学出版社，2008：16．

第三节　中国志愿服务全民化发展趋势

中国志愿者经历了"从青年到全民"的发展壮大，志愿服务经历了"从社区到社会"的不断拓展，现在逐渐形成"全民参与、全民共享"，营造"时时可为、处处可为、人人可为"的社会氛围。

一、全民倡导支持

20世纪80年代，志愿者、义工诞生的时候，很多民众并不了解，以为是道德范畴高尚、奉献精神突出的人才能参与。20世纪90年代共青团率先倡导和推动志愿服务的时候，民众以为这是团组织的一项工作。进入21世纪，"国际志愿者年"活动、北京奥运会志愿服务、汶川特大地震灾区志愿服务等的广泛影响力，让广大民众关注和了解了志愿服务。人们知道"志愿精神是个人对人类、社会、生命价值和人生观的一种积极态度。志愿者是指那些具有志愿精神，能够主动承担社会责任而不计报酬的人，或者说是不为报酬而主动承担社会责任的人"①。这样，从各级党和政府到社区农村群众，都认为志愿服务是造福人类、惠及人群的好事情，越来越理解和支持。特别是进入社会经济新常态，社会建设、社会治理成为维系中国发展不可或缺的要素，志愿服务逐渐成为国家战略，即"国家新元素、国内凝聚力、国际软实力"②。各级党政工作重点中涉及志愿服务；城乡群众的日常生活中融入志愿服务，由此获得更好的倡导与支持。

二、全民推广公益

进入21世纪以来，公益志愿服务逐渐成为中国人的时尚生活方式，吸引了越来越多的人参与创新项目、丰富服务。特别是"社会创投""公益创投""志愿服务交流会""志愿服务项目大赛"成为各个地区的热潮，激励各类人群参与和奉献。广州市2011年启动"志愿服务交流会暨项目大赛"，鼓

---

① 丁元竹，魏娜，谭建光. 北京奥运会志愿服务研究［M］. 北京：北京出版社，2009：2-3.
② 谭建光. 中国志愿服务逐渐成为国家战略［N］. 中国社会报，2016-03-11（5）.

励各类公益机构、志愿组织策划富有实效、魅力的服务项目，通过网络宣传、现场展示，吸引企业、基金会等资助，构建志愿服务持续发展的机制。这一活动越来越受到社会大众欢迎，越来越有社会影响力，到2014年晋升为"中国志愿服务交流会暨项目大赛"，由中央文明办、民政部、共青团中央、中国残联、中国志愿服务联合会等举办，中国青年志愿者协会等承办，分别在广州、重庆、宁波、成都、东莞、济南、汕头等地举办，引起全国各地的热烈反响。广东省中山市2013年启动"博爱100"公益创投，采取"公益1+1+1"的方式，即"政府推动＋企业支持＋公众参与"，每年掀起镇区、社区农村各类组织的公益项目设计与实施热潮，开发出大量扶危济困、便民惠民的服务项目。吉林省通过"两起来两下去"（组织起来、行动起来、深入下去、坚持下去）的方式推广农村邻里守望志愿服务；武汉市百步亭社区创造"管得宽、帮得多、搞得活、做得好"的志愿服务经验，让越来越多的居民参与服务、互相帮助。当今中国的公益事业，渗透到城乡群众生活的方方面面，发挥着不可忽视的作用。

三、全民共享服务

中国志愿服务从"爱心人士"帮助和服务"特殊困难群体"；发展为"人人参与志愿活动，人人享受志愿服务"，在重点做好老人、残疾人、流动人口、困难家庭服务的同时，拓展更多惠民、益民的服务项目。联合国在2001年启动"国际志愿者年"活动时，就推动志愿服务观念转变，提出"志愿服务推动社会发展"，即涵盖社会的方方面面。为此，我国社区与农村推广"家家有志愿者、人人有志愿心、处处有志愿事、时时有志愿帮"的"四有标准"。这样，居民、村民、流动人口在生活中多从事"搭把手""拉一把"的志愿服务，随时随地帮助有需要的人群；社会经济新常态发展中，形成"人人参与、人人享受""我为人人、人人为我"的志愿服务氛围，具有非常积极的作用。

四、全民提升素质

志愿服务是公民体验社会生活、提升道德素质、培养发展能力的有效途径。"对一个国家来说，志愿服务活动水平是人民素质、人民自觉程度、社会发展、社会组织程度的具体表现之一。"①从世界各国的情况看，欧美、亚太等志愿服务发展快，公民参与志愿服务普遍的国家和地区，公民权利和责任意识较强，遵循社会秩序，构建互助体系较好。从我国的情况看，志愿服务有利于社会文明程度提高、民众文明素质提升。深圳、广州、佛山等建设"志愿者之城"的地区，市民不仅自觉遵循各种社会生活规范、道德文明准则，而且积极参与"文明生活你最棒""大拇指文明行动"等，向其他居民、流动人口宣传文明礼仪。目前，在大中城市、沿海地区越来越流行"亲子志愿者"活动，即父母子女一起参加志愿服务，共同体验服务的快乐，既提高文明道德素质，也改善家庭沟通关系。北京市大力推广"志愿家庭"，赢得市民踊跃参与；广东省探索亲子家庭"公益游"，即自费旅游过程中参与志愿服务，获得"别样快乐"。这些做法，为公民教育、道德培育提供了创新路径，取得了新的效果。

第四节　中国社会工作者与志愿者合作创新发展

中国社会发展"社工专业化、志愿全民化"进程，既有党和政府的统筹推动，也有社会组织的探索创新，其中特别要关注社工与志愿者的合作服务、合作发展。

一、合作政策

2011 年中央组织部、民政部、财政部等十八部门发布《关于加强社会工作专业人才队伍建设的意见》，提出"社工＋志愿者"联动服务机制后，各省市陆续响应、深化落实。广东省"文明办、民政厅、团省委联合颁发《关于推进社会工作者与志愿者联动工作的实施意见》，从联动组织、联动资源、联动激励等方面进行明确的规范。深圳、东莞、中山等市都以党委和政府的名义或两办（党委办、政府办）名义颁发文件。中共南海区委、南海区人民政府还颁发'社工＋志愿者'的'1+N'文件，从合作组织、合作服务、合作发

① 莫于川 . 中国志愿服务立法的新探索［M］. 北京：法律出版社，2009：8.

展、合作资金等多方面进行规范"。① 深圳市、东莞市、中山市等颁发促进合作的政策文件；上海市、浙江省、江苏省推出促进合作的具体措施。

二、合作组织

在政策制度的支持下，一些省市率先探索成立社工与志愿者合作的促进社团。2013 年初，在广东省民政厅、广东省文明办、共青团广东省委员会等部门支持下，由专家学者、资深社工、志愿者领袖发起成立"广东省社工与志愿者合作促进会"，通过"社志论坛、社志沙龙、社志行动、社志飞信、社志网络"等活动，积极推广合作服务的理念与方法，发挥积极的作用。2013年底，北京市成立"北京社会工作与志愿服务促进会"、2015 年浙江省成立"浙江省社会工作与志愿服务协会"；与此同时，各地区陆续成立"社会工作与志愿服务中心"等机构。这些社团和机构在不同层次、不同领域，汇聚社工与志愿者的资源，有效推进社会服务，引起党政部门和社会各界的关注。

三、合作项目

广东省中山市由市委办、市府办颁发社工与志愿者联动机制建设的意见后，为了解决政策"有发文、没下文"的通病，策划启动"博爱 100"公益创投活动，具体要求参加公益创投的服务项目必须有 30% 以上是社工与志愿者合作的内容。项目实施以来，对于促进合作具有非常积极的影响。社工机构申报的项目非常注重招募志愿者参与服务、培育志愿者骨干；志愿服务团队申报的项目非常注重聘请专业社工进行指导和培训。这种项目合作的经验不仅引起广东省各地区的学习和借鉴，而且通过《光明日报》的报道，引起其他省市的关注和学习。根据中国志愿服务交流会暨项目大赛的服务项目汇总，社工与志愿者合作的项目所占比例逐渐上升，也引起主办机构和参赛组织的重视。调查发现，社工与志愿者合作的服务项目，将专业技巧与爱心奉献相结合，能够更好地帮助社会人群，特别是有效帮助特殊困难人群。

---

① 广东省社工与志愿者合作促进会. 广东志愿服务的实践与创新［M］. 广州：广东人民出版社，2015：63.

四、合作机制

中国推广社工与志愿者合作服务的过程中，各地区、各机构积极探索，形成灵活多样的合作类型，也逐渐形成有效的合作机制。其中，"党政统筹、社团自主、专业指导、公众参与、社会支持"是非常有效的机制。党政统筹是把握社工与志愿者服务的方向，将党的为人民服务宗旨、政府执政为民理念贯彻其中，赢得广大群众的信任。社团自主是发挥社工机构、志愿组织的主动性和积极性，创造多种形式的合作渠道，为不同类型的群众提供切实有效的服务。专业指导是发挥社工的知识和技能优势，不断提升社会服务的水平，让受助人群获得改善、赋权增能。公众参与是吸引越来越多的公民参加志愿服务，实现友爱互助、共同发展。社会支持是发挥企业、基金会、慈善机构的资源优势，提供资金支持、资源支持，让社工与志愿者合作服务得以推广、持续。

第十章　中国志愿服务工作体系的建设

当代中国的志愿服务是改革开放的产物，伴随时代变迁不断调整体制机制。从 20 世纪 80 年代北京、广州、天津、深圳等地率先诞生志愿服务组织和项目；到 20 世纪 90 年代共青团中央率先探索建立全国性青年志愿者行动及其组织体系；再到 21 世纪初期建立"文明委统筹、文明办协调"的发展体系；进入 21 世纪 20 年代创新成立中央社会工作部统筹协调的发展体系。其中，最值得关注的一个变化，就是党的二十大报告提出"完善志愿服务制度和工作体系"的目标，即从一般性、广泛性的体系要素，进展为完善运行保障的工作体系。为此，非常有必要围绕"工作体系"的探索和建立、发展与完善，进行分析研究。

党中央提出的志愿服务工作体系建设和完善，最关键的是围绕"统筹有力"和"充满活力"两个维度。"统筹有力"的志愿服务工作体系，就是根据巩固党的执政基础的要求，加快各级党组织对志愿服务统筹协调机制、各级政府对志愿服务管理支持机制等的建设进度，促进全国志愿服务有序、有力地发展壮大，成为全面建设社会主义现代化国家的重要力量。"充满活力"的志愿服务工作体系，就是在党的领导下，充分发挥广大人民群众的主动性、积极性，提供最广泛的参与渠道，组建最多样的组织类型，推出最丰富的服务项目，有效满足人民群众解决生活困难、改善生活状况，以及追求共同富裕和美好生活的需求。本章研究的志愿服务工作体系，不是泛泛而谈的志愿文化、志愿组织、志愿项目、志愿资源等体系要素，而是党领导志愿服务发展，政府推动志愿服务发展，社会促进志愿服务发展的工作体系。

第一节　中国志愿服务工作体系建设历程

从志愿服务工作体系发展的视角，回顾和分析改革开放以来的志愿服务工作体系形成、变化过程，对新时代完善志愿服务工作体系具有非常重要的参考借鉴价值。中国传统社会发展中有志愿服务的元素，中华人民共和国成立以来也具有"义务劳动""青年志愿垦荒队""学雷锋、做好事"等志愿服务的萌芽。[①] 但是，真正产生现代社会形态的志愿服务是改革开放以后，将党的为人民服务宗旨、中华慈善互助传统、学雷锋活动与借鉴欧美国家志愿服务理念相结合，催生的新事物、新趋势。因此，党对志愿服务的领导和支持，在这一时期发展壮大的过程中不断调整、不断完善，逐渐形成富有特色和成效的工作体系。

一、党团支持，各地区推动

改革开放以后，当代中国志愿服务的发展，从 1983 年北京诞生第一个志愿服务项目，1987 年广州诞生第一条志愿者服务热线，1989 年天津诞生第一个社区志愿组织，1990 年深圳诞生第一个注册志愿者社团。[②] 这些，都是来自不同地方的探索，但是具有两个典型特征：一是社区居民、青年群体的率先探索，根据社会变迁需要、群众生活需求发展志愿服务事业。二是党团组织支持，对群众性志愿服务的探索予以肯定，提供制度措施和社会资源的支持保障。如北京市 1983 年 2 月 27 日举行"综合包户"签字仪式的时候，共青团中央第一书记王兆国、民政部副部长杨琛等负责同志参加了仪式。[③] 又如 1990 年深圳市青年志愿者自发成立义工联之后，在 1994 年和 1996 年，时任省委常委、市委书记两次带队到义工联调研，肯定志愿服务对经济特区发展和社会关爱互助的贡献，并且现场办公批给义工联秘书处专门编制、专项

---

① 谭建光. 中国式青春：从青年突击队到青年志愿者：中华人民共和国成立 70 年来青年群体的变化 [J]. 中国青年研究，2019（3）：38.

② 谭建光. 志愿服务：理念与行动 [M]. 北京：人民出版社，2014：4.

③ 《泉源》编委会. 泉源：大栅栏街道"综合包户"志愿服务 30 年 [M]. 北京：人民出版社，2015：6.

经费。① 这些发展历程中的事实表明，志愿服务诞生伊始，就支持党团组织和社会公众探索相结合，是一种有主导、有支持、有自主、有创新的志愿服务工作机制。

二、党政支持，共青团推动

在北京、广州、天津、深圳等地区探索实践的基础上，志愿服务引起全社会的关注和重视。共青团中央率先探索开展全国性服务活动，建立全国性志愿组织。1993 年 12 月实施中国青年志愿者行动，"1994 年，中国青年志愿者协会在北京成立。截至 1998 年 3 月底，全国共成立省级青年志愿者协会 31 个。北京、天津、吉林、山东还组建了一些行业性、专业性的青年志愿者组织"。② 虽然是团组织在建立青年志愿组织，推动青年志愿者行动，但是获得党中央的高度关注，获得党和政府的大力支持。1994 年，中共中央政治局常委胡锦涛同志代表党中央向中国青年志愿者协会的成立大会致贺信，指出青年志愿者行动"是动员和带领广大青年投身两个文明建设的可贵尝试和新的创造"③。1997 年，中共中央总书记江泽民同志为"中国青年志愿者"题名。④ 正是在党和政府的关心和支持下，中国青年志愿服务事业获得长足的发展，并且探索出组织化、规范化、社会化、项目化、法治化等工作体系，也为全国其他行业、其他领域的志愿服务发展提供了参考借鉴。

三、党的领导，文明委统筹协调

进入 21 世纪，面对全国各行各业、各个领域发展志愿服务的新趋势，党中央及时调整工作体系，构建"文明委统筹、文明办牵头"的新机制，以更大力度推动这项事业的发展壮大。2008 年，中央精神文明建设指导委员会《关于深入开展志愿服务活动的意见》提出："要在中央文明委领导下，成立由中央文明办牵头，民政部、全国总工会、共青团中央、全国妇联、中国科协、中国残联、中国红十字总会和全国老龄办共同参加的全国志愿服务活

① 谭建光，凌冲.中国深圳义务工作发展报告［M］.广州：广东人民出版社，2005：27.
② 卢雍政.中国青年志愿者 扶贫接力计划［M］.广州：广东经济出版社，1999：5-6.
③ 共青团中央宣传部，中国青年志愿者协会秘书处.中国青年志愿者［M］.北京：大众文艺出版社，1999：118.
④ 卢雍政.中国青年志愿者 扶贫接力计划［M］.广州：广东经济出版社，1999：9.

动协调小组。"①10多年来，在中央文明委的推动下，中央文明委印发《关于推进志愿服务制度化的意见》（文明委〔2014〕3号），中共中央宣传部、中央文明办、民政部、教育部、财政部、全国总工会、共青团中央和全国妇联印发《关于支持和发展志愿服务组织的意见》②，以及支持和推动国务院颁发的《志愿服务条例》（2017年6月7日国务院第175次常务会议通过）。一是推动志愿服务的制度化建设，通过出台一系列政策制度，保障志愿服务的健康发展。二是成立中国志愿服务联合会，建立中宣部志愿服务促进中心。中国志愿服务联合会作为全国志愿服务的行业组织，积极发挥联合、服务、促进的职责，支持各地区的志愿服务振兴发展、志愿组织发展壮大；志愿服务促进中心作为促进志愿服务事业发展的工作机构，在规划志愿服务事业发展、协调志愿服务组织发展、提供专业支持帮助等方面发挥积极作用。尤其是2018年启动新时代文明实践中心建设工作，并且明确以志愿者为主体力量，以志愿服务为主要活动形式，推动基层县区、镇街、村居的志愿服务快速发展、全面覆盖。因此，在文明委统筹、文明办协调，各部门协调发展、全社会参与发展的工作机制中，志愿服务获得较快的发展，产生了可喜的成效。

四、党的领导，社会工作部统筹协调

党的二十大以后，为了更好地发挥志愿服务在社会发展大局中的作用，更好地发挥志愿服务关心群众、帮助群众、凝聚群众、引导群众的作用，党中央再一次调整工作体系，将统筹协调志愿服务的职能从中央文明办划入中央社会工作部。中央社会工作部调研组在中国志愿服务联合会调研的时候指出："志愿服务工作纳入党的社会工作体系，充分表明党中央对志愿服务工作的高度重视，是加强党对志愿服务的领导、完善志愿服务制度和工作体系的有力举措，对促进志愿服务事业长远发展具有重要意义。"③从我们学习领会党和国家机构改革方案，学习领会设立中央社会工作部的举措看，就是将党的群众工作放在新的高度，将党对社会的凝聚和引领放在新的重要位置。中国共产党领导革命战争的年代，毛泽东同志就非常重视群众工作，指出："革

---

① 袁媛，刘建成．志愿服务法规政策概览［M］．太原：山西经济出版社，2009：9．

② 中央宣传部、中央文明办、民政部等8部门印发《关于支持和发展志愿服务组织的意见》［EB/OL］．（2016–07–11）［2024–11–04］．https://www.gov.cn/xinwen/2016–07/11/content_5090197.htm．

③ 中央社会工作部部长吴汉圣调研志愿服务工作［J］．中国志愿，2023（8）：5．

命战争是群众的战争，只有动员群众才能进行战争，只有依靠群众才能进行战争。"① 进入中国特色社会主义新时代，习近平同志指出，要"站稳人民立场，贯彻党的群众路线，尊重人民首创精神"②。中央社会工作部的职责，就是从信访工作、基层党建、基层政权、志愿服务等多维度、多领域创新工作方法、构建工作体系，真正做好党联系群众、凝聚群众、服务群众、引导群众的工作。因此，以中央社会工作部统筹协调志愿服务发展，就有利于将党的领导落到实处，发挥作用，既能够推动各部门、各机构协同发展志愿服务事业，也能够围绕人民群众的利益需求、人民群众的愿望期盼做好志愿服务。这是完善志愿服务工作体系的新探索、新格局，还需要不断推进各项制度措施、不断构建具体体制机制。

第二节　新时代志愿服务工作体系

中国特色社会主义新时代的宏伟目标，就是为全面建设社会主义现代化国家而团结奋斗。志愿服务是中国式现代化的组成部分，要在全面现代化进程中发挥更加积极、更加重要的作用。为此，要完善志愿服务工作体系，推动志愿服务发展壮大，在新的历史时期更有作为、更有贡献。我们在调查研究中发现，中国新时代的志愿服务逐渐产生了"123+N"的工作体系，各种体系要素相互支持、相互促进。

一、一个统筹：社会工作部统筹协调

如上所述，中央社会工作部的设立，最重要的职能就是做好党的群众工作，以及更广泛的社会工作，为党的事业发展汇聚最广大的社会力量。习近平同志指出："我们党来自人民、根植人民、服务人民，党的根基在人民、血脉在人民、力量在人民。失去了人民拥护和支持，党的事业和工作就无从谈起。"③党的二十大之后，《党和国家机构改革方案》提出："组建中央社会工

---

①　毛泽东. 毛泽东选集：第一卷［M］. 北京：人民出版社，1991：136.

②　习近平. 习近平著作选读：第二卷［M］. 北京：人民出版社，2023：482.

③　习近平. 习近平著作选读：第一卷［M］. 北京：人民出版社，2023：123.

作部。负责统筹指导人民信访工作，指导人民建议征集工作，统筹推进党建引领基层治理和基层政权建设，统一领导全国性行业协会商会党的工作，协调推动行业协会商会深化改革和转型发展，指导混合所有制企业、非公有制企业和新经济组织、新社会组织、新就业群体党建工作，指导社会工作人才队伍建设等，作为党中央职能部门。"①新背景、新需求下的志愿服务工作体系，就要从"统筹有力＋充满活力"的角度发挥积极作用。一是制定好党中央领导和推动志愿服务的方针政策。从志愿服务工作体系发展历程中，可以看到由地方探索、团组织探索，到形成党组织领导的全社会志愿服务发展格局，需要更加有力有效的统筹协调。其中，制定党中央完善体系的意见，出台全国人大立法，以及推出一系列指导志愿服务发展的政策措施，是非常重要的工作。社会工作部要按照党中央的领导和部署，逐渐推动立法进程、政策制定和推广落实。二是构建好党和政府各部门协同发展志愿服务的体制。在社会工作部的统筹协调下，充分发挥各部门、各机构的积极性，形成支持和发展志愿服务事业的良好格局。其中最重要的是组织部的党建引领志愿服务、宣传部的文明实践志愿服务、政法委的社会治理志愿服务、统战部的新阶层志愿服务以及文化和旅游部的文旅志愿服务、教育部的学校志愿服务、卫健委的健康志愿服务、农业农村部的乡村振兴志愿服务、生态环境部的环保志愿服务、应急管理部的应急救援志愿服务等发展机制，力求做到各有特色又相互促进，并且在社会工作部的协调下汇聚资源、形成合力。三是构建激励社会各行各业参与志愿服务的有效渠道。"体制外"的社会行业、社会力量是志愿服务发展的新活力、新资源。社会工作部在统筹协调的时候，要构建开放性、支持性的机制，促进社会各界志愿服务的发展，凝聚力量共同关爱帮助群众。四是建设促进新时代志愿服务高质量发展的机制。新时代要促进各项工作的高质量发展，也要促进志愿服务事业的高质量发展。社会工作部推动志愿服务专业化发展、规范化发展的进程，吸引各类人才、专业人士参与志愿服务组织，为提质增效、赋能发展提供支持、作出贡献。五是建立志愿服务与其他社会工作相互促进的途径。志愿服务工作机制不是单一、分割的，而是与党的社会工作方方面面融合在一起，共同发挥积极作用的。为

---

① 中共中央　国务院印发《党和国家机构改革方案》[EB/OL]．（2023-03-16）[2024-11-04]．https：//www.gov.cn/zhengce/2023-03/16/content_5747072.htm?dzb=true.

此，要推动志愿服务融入基层党建、基层治理、基层政权、人民建议、人民信访、行业协会商会、"两企三新"等工作，发挥辅助性、配合性的作用，促进各项工作做实做好。

二、两方推动：民政部门行政管理、团委协助推进

新时代，完善志愿服务工作体系，在社会工作部统筹协调的同时，还有两个部门组织发挥特殊的作用：民政部门的行政管理职能和共青团组织的协助推进功能。从民政部门的职能看，国务院《志愿服务条例》明确规定："国务院民政部门负责全国志愿服务行政管理工作；县级以上地方人民政府民政部门负责本行政区域内志愿服务行政管理工作。"[①]民政部门在志愿服务发展中的行政管理职能，一方面是通过制定志愿服务规范化发展的指引和标准，促进志愿者和志愿服务组织"依法行事""依规行事"，确保志愿服务合理合法并有效帮助社会人群；另一方面是通过社会组织发展的监督执法，促进志愿服务组织的依法发展，提供组织发展的政策措施支持，也依法查处组织违法违规活动。从共青团组织在志愿服务发展中的协助功能看，既有团组织率先探索和推动志愿服务的历史根源，也有青年作为最活跃群体在志愿服务创新发展中的特殊作用影响。习近平同志2013年给华中农业大学"本禹志愿服务队"的回信指出："希望你们弘扬奉献、友爱、互助、进步的志愿精神，坚持与祖国同行、为人民奉献，以青春梦想、用实际行动为实现中国梦作出新的更大贡献。"[②]因此，共青团组织一方面是做好青年志愿服务的推动和发展，为全社会继续率先探索、率先创新；另一方面是配合社会工作部等做好大型赛会志愿服务、援外志愿服务以及重大志愿服务的机制建设、组织发展。可见，社会工作部统筹协调以及民政行政管理、团委协助推进，成为志愿服务工作机制中的重要环节，也是推动其他部门、社会力量参与志愿服务、发展志愿服务的主要支撑。

---

① 荣德昱. 青春与伙伴同行：我国志愿服务法律法规与政策选编［M］. 杭州：浙江工商大学出版社，2017：4.

② 习近平. 论党的青年工作［M］. 北京：中央文献出版社，2022：51.

三、三大主力：党政部门、工商企业、社区农村

完善志愿服务工作体系，特别要注重"打开门来"发展志愿服务，而不是"关起门来"发展志愿服务。所谓"打开门来"就是不论是中央社会工作部的统筹协调，还是民政部的行政管理，或者是共青团中央的协助推进，都是在党的领导下，吸引和凝聚各部门、各机构协同发展的环节之一。志愿服务是涉及所有部门机构、涉及全社会各行各业的高尚事业，是促进各项工作发展的社会事业，需要调动和发挥社会各界的积极作用。从党政部门的志愿服务发展看，组织部门推动的党建引领志愿服务具有良好的基础，要进一步调动党员志愿者的积极性和主动性，开发更加能够发挥党员特长兴趣，更加有利于关爱帮助社会人群的服务项目，在党员志愿服务中弘扬为人民服务宗旨；宣传部门推动的新时代文明实践志愿服务发展迅速、覆盖面广，要进一步打造乡村社区文明实践志愿服务队伍，进一步做好乡村社区文明实践志愿服务项目，让老百姓在受益受惠的过程中领悟新思想、感染新风尚；教育部门要进一步推动大中学校志愿服务的发展，让学生率先在志愿服务中实现"助人"与"育人"的双功能；农业部门要进一步扩大乡村振兴志愿服务，吸引各类志愿者和志愿组织深入山区农村，义务奉献智慧力量，为美丽乡村建设、农民美好生活提供帮助等。每一个部门、每一个机构都在志愿服务中有所作为，也在志愿服务中有所收获。从工商企业的志愿服务发展看，要结合企业承担社会责任、树立社会形象的需要，鼓励企业员工参与志愿服务，并且为志愿服务组织建设、志愿服务项目发展提供支持，从而逐渐构建中国特色的企业志愿服务发展体系。从社区农村的志愿服务发展看，其既是志愿服务的主要场域，也是志愿服务的新增长点。伴随志愿精神的广泛传播，志愿文化的丰富多样，社区居民、农村群众也越来越多地了解志愿服务，乐于参与志愿服务，就需要有效的组织和推动。通过发掘和培育居民、村民中的志愿者积极分子，组建多样化、灵活性的志愿服务队伍，在社区治理、乡村振兴、邻里互助、环境美化等方面发挥积极作用，有利于共建美好家园、共创美好生活。党政部门、工商企业、社区农村是志愿服务发展中的三大主力，也是志愿服务工作体系建设的重要基础。

四、"N"种力量：社会多样化参与

社会快速转型的时代，不断诞生新的社会群体，不断出现新的社会力量，恰恰是完善志愿服务工作体系要关注的新元素、新资源。社会多样化参与的"N"种力量，特别需要我们去发现、去吸引、去激励。一是社会组织的力量。改革开放以来，社会组织获得较快的发展，迄今为止我国有近90万家社会组织，从业人数超过11万人。^①这些都是志愿服务需要联合的力量，都会实现资源聚合的极大效益。二是网络社会的力量。网络成为当今社会人们工作和生活的重要场域，不论是互联网行业的"码农"，还是互联网带动的"快递小哥"等，都是志愿服务不可忽视的新兴力量。社会工作部以及其他部门需要吸引和凝聚这些网络社会的活跃者，引导他们在奉献友爱的服务中发挥积极作用。三是新就业领域的力量。伴随社会变化和网络冲击，出现了非常多的新就业领域、新就业类型，"在家就业""灵活就业""自主就业""候鸟就业"等，也拥有一大批志愿服务的新兴力量，有想法、有活力、有热情、有冲劲，需要志愿服务组织关注他们、吸引他们，充分发挥其特长和作用。四是新兴"偶像群体"的力量。当今新社会群体中，"偶像群体"是不可忽视、需要引导的类型。由于网络发达，自媒体和新媒体众多，"造星运动"此起彼伏，"偶像群体"如雨后春笋，不仅他们自身发挥影响力，而且带动一大批粉丝的力量。恰恰需要吸引和激励他们参与志愿服务，获得主流价值和正能量的陶冶，从而引导他们为社会发展、社会文明作出贡献。此外还有类型多样、此消彼长的新兴社会群体，都是志愿服务要主动联系和凝聚的社会力量。在中央社会工作部的统筹协调下，构建凝聚广泛社会力量、充满社会活力的志愿服务工作体系，才能汇聚建设全面现代化、共创美好生活的巨大能量，在各个领域发挥志愿服务的重要作用。

---

① 优化结构布局　兜底民生保障：民政部有关负责人谈推进民政工作高质量发展［EB/OL］.（2023-09-13）［2024-11-04］. https://www.gov.cn/lianbo/bumen/202309/content_6903646.htm.

第三节　新工作体系推动青年志愿服务发展

中国志愿服务及其工作体系建设，是伴随发展进程不断调整和完善的。青年志愿服务是最早发起、最快发展的。如今，进入党中央领导、中央社会工作部统筹协调、"123+N"协调发展的新阶段，青年志愿服务既迎来新机遇，也面临新挑战。

一、青年志愿服务主流化

全面建设社会主义现代化国家的新阶段，志愿服务被赋予新的功能，即巩固党的执政基础、促进社会文明进步，与原有的关爱扶助群众、推动民生改善、促进社区治理、做好生态环保等功能有机结合。为此，青年志愿服务要在新型工作机制的推动下，提升社会功能，为社会大局发展和社会文明进步作出更大的贡献。陆士桢教授指出："志愿精神和社会主义核心价值观都是人们在社会发展中总结出的一种积极态度和理念，都关注着新时期整个社会和广大人民群众的生存、发展。社会主义核心价值观是中国特色志愿服务的精神源头和价值基础。"[1]青年是社会主义事业的接班人，在志愿服务发展中更是要将弘扬党的宗旨、倡导核心价值观放在重要的位置，为实现中华民族伟大复兴作出贡献。

二、青年志愿服务社会化

统筹有力与充满活力的志愿服务工作体系，要在党的领导下充分调动广大群众的积极性主动性。中共中央、国务院印发的《中长期青年发展规划（2016—2025年）》提出："青年参与社会主义现代化建设的积极性主动性进一步增强，青年志愿服务水平进一步提高。"[2]团员青年积极参与志愿服务，并且在其中发挥创造热情、创新服务模式，就能够为新时代的志愿服务发展带来生机活力。为此，要创造青年多样化、灵活性的参与渠道，在加强组织化

---

① 陆士桢.中国特色志愿服务概论［M］.北京：新华出版社，2017：259.
② 本书编写组.中长期青年发展规划（2016—2025年）［M］.北京：人民出版社，2017：22.

参与的同时，探索更多自主性、自由性参与的机制。尤其是吸引网络社会的青年、自由就业的青年、新兴领域的青年参与志愿服务，并且发挥爱好特长，创造富有新意的志愿组织形式和志愿服务方式。

三、青年志愿服务法治化

志愿服务依法发展、依规发展，是健康长久发展的基础，青年志愿服务作为率先探索、不断创新的类型，要积极建设依法规范发展的新机制。一方面，青年志愿者在服务中遵纪守法、遵守规范，从而促进志愿服务的有序发展、不断壮大；另一方面，青年志愿者善于运用法律法规维护权益，包括志愿者依法不受损害的权益，以及服务对象依法不受损害的权益，有力制止侵害志愿服务名誉和权益的行为。中国志愿服务的法治化发展，完善志愿服务工作体系，都有利于青年志愿服务走向规范化，获得更好的发展环境。

四、青年志愿服务专业化

青年志愿服务为人民群众对美好生活的向往作出贡献，为国家治理体系建设和基层社会治理创新作出贡献，就需要提高专业化水平、促进高质量发展。目前，有些人对青年志愿服务的专业化认识不足，甚至认为专业化会阻碍社会化发展。其实，我们认为专业化与社会化是相辅相成、相互促进的。社会化发展有利于吸引广大青年的参与，包括各种类型、各种特长的青年成为志愿者。恰恰在社会化发展的基础上，发挥多样化青年特长的作用，组建不同类型的专业志愿服务队伍，就能够适应城乡群众的多样化需求，提供精准有效的服务。从中国青年志愿服务项目大赛的情况看，第五届、第六届大赛的参赛项目，专业服务水平、精准服务程度都明显高于前几届。因此，要顺势而为，积极推动青年志愿服务的专业化发展，并且带动高质量发展，提高志愿服务的社会效益。

五、青年志愿服务信息化

适应网络时代、信息社会的发展，志愿服务工作体系要主动运用信息技术、积极拓展网络功能。青年志愿服务要继续率先探索，一方面是不断完善志愿中国、志愿汇、i 志愿等信息系统，增强科学合理性、使用便捷性和安全防范功能；另一方面要主动积极促进与中国志愿系统的兼容共融，实现数据实时对接、服务实时共享。这样，既能够通过志愿服务信息系统的建设，实现全国志愿服务、青年志愿服务的共享，使志愿者和志愿组织有效实现"点单"功能；还能够促进志愿者和志愿组织的服务规范，在信息系统的帮助下互相学习、共同发展，更好地服务社会要求和群众需求。

六、青年志愿服务国际化

在"两个百年大变局"的时代背景下，青年志愿服务的国际化面临更多的需求、更多的机遇，也面临更多的困难与问题。欧美等西方国家对中国发展的打压和遏制，也带来青年志愿服务国际交流合作的新困难、新问题。恰恰在这种背景下，志愿者和志愿组织要积极主动探索多样化的国际化路径，既做好"一带一路""金砖国家"等国际志愿服务合作交流，也促进与欧美国家民间志愿服务的合作交流。这样，从志愿服务、青年志愿服务的角度，为中国拓展外交领域、深化国际合作作出贡献。

中国式现代化进入新阶段，全面建设社会主义现代化国家、中华民族伟大复兴、全体人民的共同富裕、创造人民的美好生活等目标，都需要青年志愿者的参与和贡献，都需要青年志愿服务发挥积极作用。为此，中国青年志愿者要按照党和国家的要求，坚持与祖国同行、为人民奉献，以青春梦想、用实际行动为实现中国梦作出新的更大贡献；同时，也通过青年志愿组织的探索创新，为完善志愿服务制度和工作体系作出更大贡献。

第三篇

志愿服务类型

第十一章　中国志愿服务研究的代际传承

当代中国志愿服务事业，伴随改革开放进程而发展繁荣。与此同时，志愿服务的理论研究逐渐兴起，会聚一批又一批专家学者，推出一项又一项研究成果，为志愿组织发展、志愿项目创新、志愿文化传播提供支持和帮助。改革开放以来，越来越多来自不同学科背景、拥有不同研究经验的专家学者富有情怀和热情，为志愿组织的服务活动提供智力支持、进行调查研究、提出对策建议，为繁荣志愿服务事业的共同目标，相互支持、接力探索，为提高志愿服务水平、扩大志愿服务影响作出积极的贡献。在此基础上，提出构建中国特色志愿服务体系，以及中国特色志愿服务理论的思路。

本章以改革开放以来的志愿服务理论研究发展变化为背景，探究志愿服务研究的代际差异及其传承，为中国特色志愿服务理论宝库的积累提供素材。

第一节　志愿服务研究的多学科视角

志愿服务的理论研究，吸收了许多学科的知识和营养。从本质上说志愿服务的研究不具有专门的学科特点，而是为经济、政治、文化、军事乃至医疗、教育、法律、治理、生态、应急等提供支持和帮助。所以，志愿服务的理论研究，最重要不是构建区别于其他学科的特殊学科知识，而是要做到"两个融合"：一个是吸收各个学科的相关知识，探讨和整理对志愿服务发展有指导作用的理论元素；另一个是在志愿服务实践的基础上，总结和提炼具有理论创新价值的观点和论据，对各个学科的相关知识进行充实和提升。

一、哲学视角的志愿服务研究

改革开放初期，中国最有影响力的学科是哲学和经济学。来自哲学及其分支学科的专家学者，对志愿服务的研究分析是介入最早、影响最大的。如在志愿服务研究和青年志愿者行动研究方面提供专业理论支持较大的社会学家郑杭生、陆学艺等，在进入社会学领域之前，也具有哲学学科的知识背景。从志愿服务发展过程看，哲学及其相关分支学科的影响，最重要的是坚持马克思主义理论的指导，特别是马克思主义哲学理论的指导。许多专家学者和志愿者骨干，在借鉴外国经验、我国港澳台经验发展志愿服务的时候，也在考虑如何从马克思主义理论、共产党的理论中汲取知识和营养，让中国志愿服务有"根"、有"魂"。为此，哲学学科背景的专家学者，从马克思主义的人类解放学说，从共产党的全心全意为人民服务宗旨等，探寻志愿服务的"本土根源""本质特性"，为中国特色志愿服务的理论奠定基础，为中国探索创新志愿服务路径提供支持。

二、社会学视角的志愿服务研究

从国际国内的情况看，志愿服务理论研究最具亲和力的学科是社会学，包括与其密切相关的社区发展理论、社会工作理论、慈善发展理论、公益发展理论等。当代中国志愿服务兴起的时候，也正是社会学学科恢复和发展的时候，都是在20世纪80年代探索和萌芽，90年代正式面向社会发挥积极影响力。最早受到中国青年志愿者协会邀请参与志愿服务理论研究的郑杭生、陆学艺等专家学者都是转向从事社会学研究的，后来邀请参与和指导志愿服务理论发展的李培林、张翼也都具有社会学学科背景。对志愿服务和青年志愿者行动提供专业指导非常多的王思斌、陆士桢等专家，也是具有社会学和社会工作学科背景的。从几十年的志愿服务研究"圈子"看，社会学以及社会工作、慈善公益的专家学者参与志愿服务调查研究，提供对策建议是人数最多、成果最多的。

三、经济学视角的志愿服务研究

当代中国志愿服务发展的初期，经济学关注和重视不够。但是，伴随着北京、广州、天津、深圳等地志愿服务的繁荣，全国青年志愿者行动的蓬勃兴起，经济学以及管理学等领域的专家学者给予关注，进行思考。进入 21 世纪以来，经济学学科的专家学者进一步关注志愿服务在社会经济发展中的积极作用，以及经济测量方式。关成华教授等出版的《2017 中国志愿服务经济价值测度报告》提出："衡量志愿服务经济价值可以使志愿者行动所作的贡献更加明晰，以推动政府相应政策的制定。计算志愿服务的经济价值，特别是其在一国国内生产总值中所占的比例，可以使整个社会认识到志愿者所作出的贡献。"[①]丁元竹教授、魏娜教授等也运用不同的方式方法，探究志愿服务的经济价值及其测量。此外，经济管理学、企业管理学、公共管理学、社会管理学的专家学者也逐渐关注志愿服务现象，围绕志愿者的动机管理、志愿组织的绩效管理等开展研究，提供科学分析和专业指导。

四、法学视角的志愿服务研究

中国志愿服务发展初期，对法律法规的关注不足，法学领域的介入不多。但是，伴随志愿服务的发展壮大，公众参与志愿服务的热情增大、人数增多，就涉及依法促进志愿服务有序发展，保障服务对象权益、保障志愿者合法权益等问题。实践的需求引起法学专家学者的关注和重视，以及相关的政治学、行政学专家学者的关注和重视，充实了志愿服务研究力量。广东省人大 1999年审议通过的《广东省青年志愿服务条例》，邀请法学专家等参与立法调研和起草工作。从广东的立法开始，引发全国许多省份地方立法，还有城市为志愿服务制定地方行政法规，这样越来越多的法学学科专家学者参与志愿服务立法、了解志愿服务理论。在2010年，全国人大启动志愿服务法律起草工作，聘请 9 位专家作为起草小组的专家成员，其中就有莫于川等法学教授。后来，国务院制定行政法规《志愿服务条例》，也邀请法学专家参与起草和论证。国家《志愿服务条例》的制定，以及各省市志愿服务法规的制定或者修订，吸引了越来越多的法学学科专家学者关注志愿服务、推动志愿服务，为其规范化、制度化、常态化发展提供智力支持。

---

① 关成华，涂勤. 2017中国志愿服务经济价值测度报告［M］. 北京：中国社会出版社，2018：20.

五、其他学科视角的志愿服务研究

进入 21 世纪以后，中国志愿服务的发展掀起全社会关注、全民参与的热潮，也引起各种学科、专业对志愿服务的研究兴趣。包括传播学科、网络学科、民俗学科等。不仅国内志愿服务的传播和推广引起重视、研究，志愿服务的海外传播也引起重视和研究。特别是 2008 年北京奥运会志愿服务和汶川特大地震灾后志愿服务，不仅掀起公众参与志愿服务的热潮，也引发面向国际传播中国志愿服务的热潮，被联合国志愿人员组织称为"中国志愿服务元年"。同时，新闻学科、媒体专业以及网络和自媒体研究者，都开始关注和探究志愿服务的传播机制，提供科学研究的观点和论据。此外，健康卫生研究专家、应急救援研究专家、生态环保研究专家等，都逐渐关注和重视志愿服务，开展一系列的调查研究，推出多样领域的研究成果。

第二节 志愿服务研究代际差异与传承

改革开放以来，中国志愿服务发展过程，参与和支持志愿服务研究的专家学者一代代接力，不断拓展和深化研究领域，不断提高研究的水平和质量，不断创新研究的方法和技术，取得可喜的成效。笔者结合文献资料和调查材料，归纳中国志愿服务研究的"六个代际"，其间既有研究特征的差异，也体现出传承的脉络。

第一代：为志愿服务"鼓与呼"

1983 年北京大栅栏"综合包户"志愿服务项目、1987 年广州"手拉手"志愿者服务热线、1989 年天津社区志愿服务组织、1990 年深圳依法注册义工联等的时候，引起一些哲学、社会学等专家关注。但是，尚未出现专门的志愿服务研究学者或者群体，通常是在"社区服务"或者"学雷锋活动"的研究中涉及这些内容。1994 年中国青年志愿者协会成立，开始考虑和重视理论研究，邀请中国人民大学的郑杭生教授担任协会的副会长，此外，邀请中国社会科学院社会学研究所所长陆学艺研究员、北京大学社会学系王思斌教授作为青年志愿服务研究的专家顾问。这样，郑杭生教授、陆学艺研究员、王思斌教授及其带领的团队，最早有主动意识、有专门视角开展志愿服务研究，成为第一代的专家学者群体。1996 年，郑杭生教授在《中国青年志愿者行动是一种体现主文化的亚文化》中分析："中国青年志愿者行动是一种直接弘扬主旋律、体现主文化的亚文化。这种亚文化没有停留在'言'上，而是把'言'化为'行'，使集体主义、为人民服务等主文化倡导的价值目标变成活生生的行动事实，从而增强了社会主义主文化的一元主导地位，也极大地限制了那些不利于社会进步的反文化，使之不能泛滥成灾，对其他各种亚文化也起了一种示范和样板的作用。"①这种具有超前性、预见性的研究观点，至今对志愿服务的研究仍然具有指导价值。王思斌教授从社会学和社会工作的视角，为青年志愿服务发展提出许多观点和建议。2005 年，陆学艺研究员提出"应组织高收入群体子女做义工（即志愿者），对己对人对社会都有好处"。并呼吁，"高收入群体应该在志愿者工作中发挥更大的作用"②。这就突破传统志愿服务仅仅关注"弱势群体""困难群体"的观念，指出在重点关注和帮助困难群体的时候，也要面向其他社会群体扩大服务范围。志愿服务也可以为高收入群体及其子女提供解决思想困惑、心理矛盾的方法，引导其摆脱困扰和健康成长。同时，吸引这些群体加入志愿组织、参与志愿服务，在奉献和助人的过程中转变思想观念，获得道德成长。研究发现，郑杭生、陆学艺等第一代的志愿服务研究专家，针对当时社会上很多人，包括干部群众对志愿服务缺乏认识、误解较大、偏见较多的情况，不断发出呼吁，面向社会倡导志愿服务。

第二代：为志愿服务"打基础"

伴随青年志愿服务发展繁荣，以及社会其他领域志愿服务的逐渐兴起，第二代的志愿服务研究专家陆士桢教授、徐文新研究员、李家华教授、安国启副研究员、梁绿绮教授等就不仅仅是"鼓与呼"，而是直接参与和推动青年志愿服务研究、社会志愿服务研究，逐渐建立志愿服务初步的理论基础。1996 年，徐文新分析："中国青年志愿者行动得到了广大青年的普遍认同和积极参与，但在深层次的认识和宣传上还明显不足，需要进一步调动广大青年的积极性，使其更加主动自觉地参加到志愿服务中来。"③通过问卷调查、访问

---

① 郑杭生. 中国青年志愿者行动是一种体现主文化的亚文化［J］. 中国青年，1996（12）：31.

② 中科院专家发出建议：高收入群体子女应做义工［EB/OL］.（2005-09-19）［2024-11-04］. https://news.sohu.com/20050919/n226991286.shtml.

③ 徐文新. 中国青年志愿者行动的现状与发展［J］. 中国青年研究，1996（2）：14.

等获得数据资料，对青年志愿服务作出详细的分析。2002 年，安国启等出版《志愿行动在中国：中国青年志愿者行动研究》一书，通过理论文献梳理和调查材料分析，对中国特色志愿者行动包括青年志愿者行动作出系统的研究分析。陆士桢教授倾注心血和精力完成《中国特色志愿服务概论》一书，介绍"在《中国特色志愿服务理论体系丛书》中，本书的定位在于明确志愿服务作为一个学科的基本概念、理论结构、独有的内容和逻辑层次，搭建起中国特色志愿服务理论的基本内容框架"[①]。这是第一本全面论述中国特色志愿服务的理论体系、观点要素、科学依据、发展趋势的著作，奠定了新时代志愿服务学说的良好基础。回顾第二代志愿服务研究专家学者群体的特点，具有两个明显的特征：一是从原有的哲学等学科背景向社会学、心理学、社会工作等延伸；二是从定性的观点结论向定量研究和定性分析延伸。这样，志愿服务研究的视野和领域逐渐开阔，获得更多的理论支持，也获得更多的实践启示。

第三代：为志愿服务"立梁柱"

在中国志愿服务研究群体中，第三代是"转型"的关键。包括丁元竹、魏娜、莫于川、谭建光等在内的第三代专家学者，他们共同的特点是生于 20 世纪 60 年代，进入大学或参加工作是改革开放后的 80 年代，受到新思潮、新文化的熏陶和影响。因此，他们基本摆脱了过去"左"倾的干扰，也不受条条框框的束缚，以创新的思维为中国志愿服务构建"四梁八柱"，搭起初步的理论框架。联合国开发计划署、联合国志愿人员组织 1998 年在中国物色和邀请专家，为"国际志愿者年"的中国情况进行调查研究，编写综合分析报告。最终挑选丁元竹教授担任《志愿精神在中国》的主笔。2007 年，丁元竹教授等提出："包括志愿精神在内的诚信、责任、勇敢、正义等品质，寓于人们心里、体现在行为之中，是政策得以实施，制度得以建立和完善的基础，是一种'看不见的'和谐，必须正视它，并着实在人民心里铸就这种和谐。"[②]特别强调通过志愿精神的传播，在中国社会转型时期构建铸就人心、凝聚力量的有效机制。另外，广东专家谭建光教授从 1995 年开始进行志愿服务的系统调查研究，陆续发表研究成果，对志愿服务组织发展、项目创新、文化传

---

① 陆士桢. 中国特色志愿服务概论［M］. 北京：新华出版社，2017：380.
② 丁元竹，江汛清，谭建光. 中国志愿服务研究［M］. 北京：北京大学出版社，2007：3.

播、体系建设等，提出有价值的观点和建议。2008 年，谭建光教授等提出："中国的国情特色和现实条件决定社会体系建设过程中要学习和借鉴外国的经验，但不能全盘移植，而是必须根据'需要性''可行性'进行设计。我们的调查研究发现，志愿精神、志愿人员、志愿组织、志愿资源等是中国社会志愿服务体系的要素。"[①] 这是较早对社会志愿服务体系进行研究和分析的文章。中国人民大学的魏娜教授从公共管理学的视角介入志愿服务研究，并且成为北京奥运会志愿服务培训教材的撰写人、研究项目的主要负责人，为志愿服务国际化提出富有价值的观点。后来，魏娜教授侧重于志愿服务的基本理念、发展规律等理论问题的研究，对志愿服务的创新发展具有很好的启迪价值。莫于川教授及一批法学专家为志愿服务的立法作出积极的贡献，直接推动大量地方层面的立法，也竭力推动国家层面的立法。第三代的志愿服务专家学者，传承第一、第二代专家的"打基础"，开始探索和建立志愿服务的"四梁八柱"、建设志愿服务的"框架结构"，逐渐让志愿服务在中国社会领域具有发展雏形，在中国社会科学领域具有理论元素。

第四代：为志愿服务"闯天下"

中国志愿服务研究的第四代专家，主要是 20 世纪 70 年代出生，90 年代的学士、硕士、博士，具有出国留学或者国际合作的经历，不仅具有全国视野，而且具有国际视野，其代表性专家为张晓红、张强、张祖平等。中国农业大学张晓红教授作为北京市志愿服务联合会的驻会专家，作为北京奥运会志愿服务研究协调专家，参与统筹协调北京奥运会志愿服务培训研究、北京市志愿服务培训研究、国际合作志愿服务研究等事项，涉猎和探索广泛的领域。近年来，张晓红教授带领团队围绕高校志愿服务发展、志愿服务项目创新等进行深入研究，产出了很多有价值的成果。北京师范大学张强教授主动积极与联合国开发计划署、联合国志愿人员组织合作，开展中国志愿服务国际发展和世界各国志愿服务的比较研究。张强教授等在《中国志愿服务"走出去"发展报告》中为各地区的志愿者和志愿组织了解国际志愿服务发展状况，参与国际志愿服务交流合作提供了非常有益的参考借鉴。上海海洋大学张祖平教授留学回来后，一方面发挥对国际志愿服务观摩和了解的优势，翻

---

① 谭建光，朱莉玲. 中国社会志愿服务体系分析［J］. 中国青年政治学院学报，2008（3）：22.

译和介绍各国志愿服务资料；另一方面积极参与新时代文明实践志愿服务和志愿服务项目创新研究等，为促进中外志愿服务融合、提高中国志愿服务水平和质量作出积极贡献。第四代专家学者推动的志愿服务更多是"双向传播""双向学习"，既吸收外国的经验，也传播中国的探索和创新。因此，第四代专家学者在前人"打基础""立梁柱"之后，推动中国志愿服务融入世界发挥作用。

第五代：为志愿服务"开新路"

志愿服务研究的中青年专家具有国际国内的广泛视野，因此第五代专家不能局限于前辈专家的既有思路，需要探索和寻找新的研究路径。这些专家以田丰研究员、周林波教授为代表。中国社会科学院田丰研究员等具有"双重思维"，一方面认真配合中央宣传部、中央文明办等做好"中国志愿服务研究中心"的工作，充分发挥党和国家科学理论对志愿服务的指导作用，也充分发挥总结提炼志愿服务实践经验与志愿服务科学理论的功能，为构建中国特色社会主义新时代的志愿服务理论作出贡献；另一方面充分发挥"新一代人"的思维特点，敢于对现有志愿服务的一些观点、经验进行反思，提出疑问，并且在反思和质疑的过程中创新志愿服务的思维和行为。这样就有利于开创志愿服务研究的新路径、新模式。周林波教授等通过介绍美国等志愿服务的新发展，研究中国及各地区志愿服务的新特色，进行比较分析，提出富有启发性的观点，对志愿服务创新发展具有启迪价值。目前，第五代志愿服务专家群体正在形成发展中，未来将会有越来越多的中青年专家产出大量高质量、有创新的理论成果，为中国志愿服务提供智力支持。

第六代：为志愿服务"散枝叶"

目前，越来越多的博士、硕士、学士选择志愿服务作为调查研究的方向。这些新生力量，尤其是大学读书期间参与志愿服务，不仅积极奉献，也开展志愿服务研究的青年一代，将带给志愿服务研究领域更加旺盛的生机活力。近年来，许多研究机构针对大学生开展志愿服务研究的征文，或者招募志愿服务研究助理。如中国志愿服务研究中心招募寒暑假期间的"研究助理"，参与对志愿服务组织、阵地、项目、资源的调查研究，收集资料、整理文档、分析数据、撰写报告等，为大学生提供学习和锻炼的机会。广东省社工与志愿者合作促进会专门针对高校学生开展志愿服务征文，鼓励高校学生深入农村进行志愿服务发展调查，撰写调查报告，为助力乡村振兴、乡村建设，促进农村志愿服务发展繁荣作出贡献。不论是招募大学生志愿服务研究助理，还是进行高校学生志愿服务调查征文，都是鼓励大学生参与志愿服务和调查研究，获得体验和感悟，为长期开展理论研究培养兴趣与能力。这些热心志愿服务研究的博士、硕士、学士，成为未来志愿服务理论创新的活跃力量。

第三节　志愿服务研究的展望

当代志愿服务发展壮大过程，先后六代研究者持续接力、不断创新，逐渐构建起中国特色志愿服务的理论基础。从第一代到第六代的志愿服务研究者群体，风格差异，发挥知识传承作用。中国特色社会主义新时代，深化和创新志愿服务理论研究，需要重视以下几点。

第一，提升研究境界。新时代要坚持党对一切工作的领导，也包括对志愿服务的领导和支持。因此，要用党的科学理论指导志愿服务的理论研究。特别是运用"坚持真理、坚守理想，践行初心、担当使命，不怕牺牲、英勇斗争，对党忠诚、不负人民的伟大建党精神"[①]，引领志愿精神的丰富和充实，提升志愿服务研究的境界，在关爱帮助城乡群众的过程中，为实现党的"两个一百年"奋斗目标作出贡献。

第二，拓展研究领域。针对新时代的发展环境和需求变化，不断拓展志愿服务研究的领域、丰富志愿服务研究的内容。在继续做好乡村社区、社会力量、专业领域等志愿服务研究的同时，加强网络领域、新兴职业群体、社会流动领域等志愿服务研究。

第三，丰富研究方法。在更加深入运用哲学、社会学、心理学等研究方法的同时，也要吸收和运用其他学科的研究方法，吸收新兴研究技术和技能。从而使志愿服务的研究成果丰富多样，适应新时代的更多社会群体、更广泛社会领域。

第四，构建研究纽带。要构建志愿服务研究的纵向纽带和横向纽带。纵向纽带就是将第一代到第六代，乃至以后第七代、第八代等志愿服务研究专家学者的智慧整理出来、凝聚起来，相互传承、融合提升。横向纽带就是构

---

① 习近平. 在庆祝中国共产党成立100周年大会上的讲话［N］. 人民日报, 2021-07-02（2）.

建跨学科、跨区域的志愿服务研究联盟、链条，打通知识和技术的壁垒，为志愿服务研究提供便捷有效的方式方法。

这样，中国特色社会主义新时代的志愿服务研究就能够获得新的动能、新的机制，产出更多高质量的研究成果，为志愿服务发展繁荣作贡献。

第十二章　中国的"志愿工匠"及其价值

当代中国的志愿服务伴随改革开放进程而不断发展壮大，在社会经济发展、社会文明建设、社会治理创新、社会生态环境等方面作出积极的贡献。回顾中国志愿服务发展的历程，值得关注的一个现象是"志愿工匠"的崛起。最初，大家以为志愿服务是不需要"知识含量"和"技术含量"的，只要有爱心、有热情，就可以做好。但是，经过实践和反思，逐渐发现志愿服务需要专业能力，需要弘扬"工匠精神"、培养"志愿工匠"。本章既探讨中国志愿服务进程中的"志愿工匠"类型及其服务特征，也分析这一群体发挥的社会功能。

第一节　"志愿工匠"的研究与发现

从中国社会看，"工匠"一词早已有之，但是过去作为表述底层生产和服务的群体概念，没有受到足够的重视；而且"工匠"与"志愿服务"的联系也没有受到足够的重视。从百度搜索的解释看，"工匠"是指有工艺专长的匠人。"工匠精神"的内涵包括敬业、精益、专注、创新等方面的内容。习近平同志提出"工匠精神"和"大国工匠"的要求之后，关于这一领域的研究成果逐渐增多。截至 2024 年 2 月，在中国知网查询期刊发表以"工匠"为主题的文章有 3 万篇左右，涉及工匠、工匠精神、工匠培养、工匠人才等。但是，志愿服务研究对"工匠"与"服务"的探讨则严重不足。知网查询以"志愿工匠"为主题的只有 9 篇，而且是论述工匠精神对志愿精神和志愿服务项目的影响，并没有专门论述"志愿工匠"的类型和特征。在谭建光同志提出"志愿工匠"①的概念之后，吴冬华、王静、谢栋兴同志撰写了《粤港澳大湾区青年志愿工匠培育模式研究》，应该说，对这一概念及其价值的关注和研究不足的现状，会随着研究成果的不断增加而得到改善。

在中国社会转型和发展过程中，越来越需要志愿者发挥"工匠精神"并努力成为"大国工匠"群体之一，在志愿服务领域充分发挥"工匠"的积极功能。"志愿工匠"是指在出于公益目的服务社会、帮助他人的时候，能够发挥智慧、知识、技术、技能等，取得良好服务效果的志愿者。"志愿工匠"的培育和发展，对于促进志愿服务的专业化、提高志愿服务的社会效益，具有非常重要的价值。陆士桢教授提出："国外志愿服务的经验和相关研究表明，高水平、国际化的专业志愿服务队伍是开展志愿服务的基础，唯有将志愿者专业化才能够提升志愿服务的水平。"②广东省社工与志愿者合作促进会配合中国志愿服务联合会、中国青年志愿者协会开展"邻里守望"社区志愿服务调查、"志愿者之城"建设专题研究、乡村振兴志愿服务调查研究的时候，发现社区和农村对"志愿工匠"的需求越来越强烈、越来越普遍，即不满足于探望、慰问等简单服务，期望志愿者能够针对城乡群众特别是困难群体的利益需求，提供切实有效、富有内涵的服务。为此，我们提出"志愿工匠"的概念并进行分析研究。

第二节 "志愿工匠"群体的类型

"志愿工匠"是具有鲜明特征又具有丰富内涵的群体，它包括在志愿服务领域从事思想启迪、知识传授、技术创新、技能发挥的不同人群。在志愿服务事业发展中，"提供公民参与机会"和"促进专业化发展"是两条各有价

---

① "志愿工匠"概念的背景。习近平同志提出倡导"工匠精神"和培育"大国工匠"的要求之后，2017年广东省社工与志愿者合作促进会接受佛山市志愿者联合会的委托，开展"志愿者之城"建设中期评估与调查，在报告中提出"志愿工匠"概念。2019年2月，谭建光同志在中国志愿服务联合会"学雷锋志愿服务座谈会"上，汇报了培育"志愿工匠"的工作。中共中央政治局原委员、第一届中国志愿服务联合会会长刘淇同志予以关注和肯定。为此，培育和发展"志愿工匠"将成为新时代志愿服务制度化与专业化的一项特色工作。特说明。
② 陆士桢.中国特色志愿服务概论［M］.北京:新华出版社,2017:302.

值、相互补充的路径。"提供公民参与机会"是志愿组织要提供一些"没有门槛""人人可为"的服务机会，让任何乐意奉献的人，都有机会参与志愿服务、体现公民价值。"促进专业化发展"是要开展具有技术含量和技能特色的服务项目，吸引有专长的志愿者为广大群众多样化的生活需求提供帮助，有利于改善生活、解决困难。中国志愿服务经过几十年的发展，形成了不同领域的服务类型，每一类型都需要"志愿工匠"的参与和贡献。为此，我们将"志愿工匠"的群体分为以下8种类型进行分析。

一、专家学者志愿者

中国志愿服务需要思想的启迪、知识的启发，才能不断创新项目、不断提升品牌，为人民的美好生活提供新颖有效的帮助，为志愿事业提供强大的支持。伴随志愿服务领域的"精准服务""特色服务""品质服务"等要求，专家学者就能够充分发挥智力支持，包括为社区与农村志愿组织举办讲座、辅导，启发创新思维；为志愿者传递新的知识与前沿理论，让志愿者在服务中增添活力；为社区营造和乡村发展提供义务咨询指导，将思想和理论运用在实践之中。

二、科技人员志愿者

科技志愿者是在城市社区与山区农村发挥较大作用的"志愿工匠"群体。特别是在农村，农业科技志愿者、农林专业大学生志愿者利用周末、假期为农民提供知识传播和技术辅导，引导农民根据市场状况、消费需求，种植适销对路的蔬果，养殖受欢迎、有销路的家禽和牲口，为乡村振兴发挥很好的作用。此外，卫生志愿者、园林志愿者等为城市社区的居民、外来人员提供生活健康、家居美化的咨询和辅导，帮助群众提高生活品质和获得感。

三、文化艺术志愿者

我国的文化志愿服务发展很快，具有文艺才能的"志愿工匠"越来越受到城乡群众的欢迎。一方面为城乡群众提供文化知识和文艺才能的培训辅导；另一方面为社区、农村志愿者队伍进行服务活动的策划，施展才能的空间越来越大。中国文联和文艺组织协会开展"文艺惠民"等活动，取得极大成效，既满足了广大群众特别是老少边穷群众欣赏文艺节目、享受文艺生活的需求，也为文艺工作者接触社会、了解民情提供了渠道。"文艺志愿者在奉献的过程中，得到了人民的肯定，收获了快乐和感动，也汲取了营养，艺术得到升华，为人民创作出接地气的艺术佳作。"① 所以，文化志愿服务是中国志愿服务专业化最有成效的领域，也是"志愿工匠"提供服务受到社会欢迎、产生社会影响最突出的领域。

四、管理人员志愿者

随着中国志愿服务的发展壮大，大量志愿组织和团体诞生，迫切需要具有管理知识和经验的"志愿工匠"，成为组织培育和发展的专业人才。"伴随经济的发展、社会的进步和观念的更新，承担更多的社会责任，推进更大的民生福祉，成为志愿者和志愿者组织的重要使命。"② 这些管理型志愿者包括党政干部、高级管理人员、管理咨询人员等，通过担任社区、农村志愿组织与团体的顾问、专家、导师、督导等，为志愿组织在凝聚志愿者、协调服务、建立团队文化、构筑发展基础等方面提供专业帮助。

五、经营人员志愿者

目前，越来越多的志愿组织及团体在探索"公益创业""社会企业"的路径，希望通过社会化的资源筹集和再生能力，拓展志愿服务可持续发展的模式。因此，企业家、创业人员、企业经理、市场经营者等拥有的经验，对志愿组织和志愿者都是很有价值的。这些经营人员也成为"志愿工匠"的新类型、新群体。"公益创业者被认为是具有魅力人格的、结合理想主义和实干特征的人。他们具有整体化社会公益精神，更多关注社会利益，承担社会责任，具有反哺式服务意识和以商业反哺社会服务的能力。"③ 从志愿团体到社会组织再到社会企业的探索，是公益志愿服务发展的一种转型、一种创新，这期间需要大量企业经营者、市场咨询人员的指导和帮助，让公益人和志愿者学会"以公益的情怀、商业的方式"探索社会组织可持续发展的路径。

---

① 中国文联志愿服务中心，中国文艺志愿者协会. 到人民中去：中国文艺志愿者的故事[M]. 北京：中国文联出版社，2018：2.
② 陈晓运. 1949 年以来中国志愿服务的变迁逻辑[J]. 青年探索，2018（4）：69.
③ 中国青年报社 KAB 全国推广办公室. 中国青年公益创业报告[M]. 北京：清华大学出版社，2015：4.

六、专业技师志愿者

伴随中国的经济转型和产业升级，大量"技师"人才获得认定和发展，他们是"志愿工匠"的新群体，也是在社区、农村服务中发挥特别重要作用的群体。不论是汽车修理师还是理发师、园林师等，不论是厨师还是家居维修师、钢琴调音师等，这些在各行各业"成精成才"的人，都是基层志愿服务的重要技术力量。他们最能够帮助志愿组织开展具有针对性、实效性的服务项目，最能够帮助居民、农民解决生活用具、生产用具等困难和问题。

七、熟练工农志愿者

"熟练工人""熟练农民"也是"志愿工匠"的重要组成部分，他们虽然因为文化或其他原因，没能考取技师证书，但是在工业、农业的一线岗位工作上积累经验、提高技能，善于解决实际困难，善于创造优良业绩，在志愿服务中也能够发挥特别重要的作用。这些"熟练工人""熟练农民"通过参与志愿组织的项目，发挥技能特长、发挥经验优势、发挥兴趣爱好，为群众提供了切合实际、适应需求的服务。

八、网络创意志愿者

进入 21 世纪以来，伴随网络社会的发展和信息的发达，逐渐产生了"网络青年""游戏青年""云养青年"等。这些青年群也成为"志愿工匠"的新类型，即通过网络创意、信息传播，为志愿组织提供专门支持，为志愿服务活动提供新途径、新方式。近年来，网络志愿服务团队逐渐增多，既开展网络传播正能量的服务，也开展新媒体和自媒体的志愿服务推广服务，还开展面向社区和农村群众传授网络知识和技术服务，特别是探索开发具有公益志愿服务元素的电子游戏，拓展志愿服务在新领域的吸引力。

以上分析了八种主要的"志愿工匠"群体类型，随着社会转型和发展，职业分类不断细化，还会产生更多的"志愿工匠"群体，需要及时关注和研究。

第三节 "志愿工匠"服务的特征

进入新世纪和新时代，人民对美好生活的向往日趋强烈，解决"不平衡"和"不充分"的矛盾要求志愿服务走向专业化和精准化。因此，"志愿工匠"的出现促进志愿服务的水平提升、成效提升，成为值得关注和重视的工作。从调查中发现，"志愿工匠"在爱心服务的过程中发挥"四精"的特点，恰恰是志愿服务事业中需要倡导和推广的。

一、精心服务

"志愿工匠"最基本的特征就是"精心服务"，即真正用心关注对象需求，探索切实提供帮助和解决问题的服务。工匠精神的核心要素之一就是"干一行爱一行"，运用全副身心、倾注全部感情做好一项工作与一件事情。"志愿工匠"就是要像徐本禹那样，即使对简简单单、平平凡凡的山区支教、山区助学，也倾注全部的心血，关心农村孩子的成长和快乐，创造条件改变他们的学习、生活和命运。

二、精准服务

"志愿工匠"要扎扎实实了解城乡群众的具体需求，针对每一个社区、每一个农村、每一个人的利益需求，提供非常准确到位的服务。不能像过去那样大队伍到了社区和农村，"轰轰烈烈"地"扫几扫、唱两下、拍拍照"就"万事大吉"，这种做法不仅无法切实帮助到居民和村民，而且留下"作秀""形式化"的不良印象。志愿组织和志愿者要深入群众之中，把握微小、细致的利益需求，提供长期、有效的服务。"百步亭社区广泛普及邻里守望志愿服务，不仅依靠党员团员、先进分子，而且吸引和发动不同类型的居民，在楼栋、亭阁、广场、文化站、图书室等多种多样的地方开展服务，做到'家家有志愿者，人人有志愿心，处处有志愿事，时时有志愿帮'的志愿'四有'状态。"[1] 这种全覆盖、全关怀的志愿服务，就体现了"志愿工匠"的精准特

---

① 谭建光. 邻里守望在中国［M］. 北京：人民出版社，2017：145–146.

色，为不同的社区群众、外来人口提供改善生活、解决困难的关爱和帮助。

三、精细服务

发展"志愿工匠"能够将服务不断细化和延伸。在志愿服务兴起的初期，很多志愿者满足于"探望、慰问、捐赠、扶助"等简单的形式，往往是提供一些短期的服务而没有延续，缺乏真正帮助服务对象的实效。"志愿工匠"针对城乡群众，特别是困难群众的具体需求，一方面开展关爱活动，提供温暖和支持；另一方面探寻满足需求的各种因素，提供多样化、灵活化的服务。一件一件落实关爱措施，一点一点帮助对象改变状况。伴随改革开放的深入，人民群众对志愿服务的需求是多样化和多变化的，"志愿工匠"的细致服务、延伸服务能够不断满足群众的渴望和追求。

四、精致服务

新时代的美好生活不仅要求富足、充裕，而且要求品质、雅致。这样，对志愿服务的需求也分层次、分类型。"志愿工匠"在做好基本的关爱、帮助服务之时，也要探索和提供高品质、有品位的服务，满足人民群众更多更高的需求。因此，志愿服务的专业化，以及社工与志愿者的合作就有利于"志愿工匠"发挥更好的作用。例如，"曙光社工站在开展扶贫助困、行动助残、爱老为老等志愿服务时强调，要在开展普惠型志愿服务的同时，为特殊群体提供有针对性的项目化特惠服务，堪称基础工作扎实、管理规范有序、活动设计精心、育人落到实处。"[①]"志愿工匠"就是志愿服务领域的"能工巧匠"，不论是有智慧的专家志愿者，还是有特长的技工志愿者，都能够帮助城乡群众对普通的生活环境、生活处境进行改造更新，创造富有活力和魅力的新生活。"志愿工匠"的爱心奉献、真诚服务也能够非常精致、非常美好。

中国社会经济发展正在从"粗放型"向"高质量"转变，志愿服务也需要从"粗放式"向"品质化"转变，恰恰需要"志愿工匠"的精心服务、精准服务、精细服务、精致服务，从而达到满足人民群众多样化、多变化需求的目的。

---

① 共青团中央青年志愿者行动指导中心，北京志愿服务发展研究会，中国农业大学马克思主义学院. 高校志愿服务发展报告［M］. 北京：中国青年出版社，2017：69.

第四节 "志愿工匠"的培养途径

为了推进志愿服务的专业化和效益化,切实有效地帮助城乡群众,共建共享美好生活,就需要培养和造就更多的"志愿工匠"。主要有以下途径。

一、专业教育

随着现代社会教育水平的提高,需要通过专业教育培养大批高质量的"志愿工匠"。一方面,加强社会工作专业、心理咨询专业等相关领域的人才培养,让专业型的"志愿工匠"成为志愿组织的管理者、协调者,成为提供专业服务的人才。另一方面,在高校各专业教学中,加强志愿精神、志愿文化的传播,吸引不同专业的毕业生,在社会各领域都参与志愿服务,提供有技术含量的服务。目前,不仅许多大学生、硕士参与志愿服务,而且越来越多的博士、博士后参与志愿服务,运用他们学习的知识与技术,为志愿组织提供创新指导,为城乡群众提供发展指导。特别是一些教授与博士深入社区、农村开展科普志愿服务,既面向中老年人传授科学信息,澄清模糊认识;也向中小学生展示新科学、新技术的魅力,吸引新一代人认真学习、立志成才。

二、培训辅导

针对大量退休人员、在职人员参加志愿组织,从事各种类型服务活动的现状,需要开展多层次、系统性的培训教育,提高志愿者的服务技能。其实,不仅文化水平低的志愿者需要接受培训,掌握志愿服务知识与技能,文化水平高的志愿者也需要接受培训,掌握准确的服务知识与技能。因为,许多志愿者虽然是博士、硕士、大学生,但是对志愿精神、志愿文化以及志愿组织规范、志愿服务技巧并不熟悉,服务中也会出现差错和失误。为此,要针对不同类型的志愿者,设计和实施有助于提高他们的服务意识、服务技术、服务能力等方面素质的培训内容。

三、陪伴督导

近几年,社会工作的专业督导开始逐渐运用在志愿服务领域,并能通过

"陪伴式督导"促进"志愿工匠"的成长。志愿服务专业督导不仅仅定期培训讲课，而且深入志愿组织和志愿者中间，在参与服务实施、进行交流沟通的过程中提供专业咨询、对策建议、资源扶持、发展引导。其实，"志愿工匠"在服务中会面临困难与困惑，或是遇到新问题无法解决，或是旧经验和技能无法适应新需求，或是复杂社会环境为服务带来变化冲击，这时通过专业督导，为志愿者答疑解惑、商讨对策，共同探索和创新，就有利于解决志愿服务中的问题，提升志愿者的服务能力。

四、交流学习

不论是什么人做志愿者，都要通过了解和学习别人的长处、经验和见解，才能不断提高自己的服务水平，逐渐成为"志愿工匠"。因此，主动交流学习也是重要的培养途径。一是在本地区多向其他志愿者和志愿组织学习。伴随中国志愿服务的发展，不论是城市还是农村，同一地区都涌现了多种类型的志愿组织。只要善于了解其他组织及成员的经验，就能够获得新知识和新技巧。二是跨地区的交流学习。目前，全国各地志愿服务结合地方特色、民俗特点也创造了很多有价值的志愿服务经验，值得互相学习。所以，"志愿工匠"不应该是故步自封、坐井观天，而是要广泛交流、广收博蓄，让自己的志愿服务知识与技能越来越丰富、越来越有效。三是面向国际的交流学习。要"打开大门"开展志愿服务、培养"志愿工匠"，让更多的志愿者学习国际理念、知识、经验、技巧，从而促进志愿服务的专业化和效益化。

第五节　几点启示

第一，促进志愿服务常态化。长期以来，志愿服务发展中存在的"临时性、短期性、间歇性"问题比较普遍，引起群众的议论和不满。为保障志愿服务常态化和机制化发展，就要推动大批"志愿工匠"的崛起和发展，让志愿者扎根社区与农村，发挥特长和技能，持续有效地开展关爱和帮助社会人群的服务，真正解决问题、改善民生。

第二，促进扶贫助困实效化。进入新时代的扶贫助困服务，对象的需求不断变化，服务的要求也不断改变。原来的志愿者深入社区、农村、福利院、老人院等，提供关爱慰问、开展清洁服务，就能获得服务对象的深情感谢。但如今的各类服务对象也希望共享新时代的美好生活，希望对社会有更多的了解和参与。这样，针对特殊困难群体的服务就要赋予新内容、具有新特色，就需要"志愿工匠"的创新和创意，靠智慧、知识、技术、技能提供关爱和服务，对困难群体、特殊人群具有更加积极的帮助作用，能够产生更好的效果。

第三，促进城乡生活品质化。改革开放初期，人们在摆脱贫困、追求温饱的初期是很难顾及生活品质的，只要"不挨饿、不挨冻"就是基本的要求。但是，进入新时代以来，提高生活品质成为越来越多地区群众的需求。党的二十大报告中提出，增进民生福祉，提高人民生活品质。必须坚持在发展中保障和改善民生，鼓励共同奋斗创造美好生活，不断实现人民对美好生活的向往。所以，一般性低水平的志愿服务活动并不能满足群众的新需求。"志愿工匠"的诞生，通过精心、精准、精细、精致的服务，为城乡群众带来高品质的服务享受和高品位的生活改善，真正创造人民美好生活的前景。

第四，促进社会治理柔性化。近年来，社会治理创新包括基层治理创新、社区治理创新、农村治理创新、国家治理创新等引起关注，吸引许多志愿组织和志愿者参与，特别是青年志愿者对治理创新更为关注。但是，单单凭一腔热情是很难在治理创新中有大作为、大贡献的。恰恰需要"志愿工匠"的智慧和技能，将简单化管理手段转化为多样化、丰富性的治理，通过吸引人们自主参与、自主体验、自主感悟、自主教育等，才能将现代治理理念和治理规范转化为城乡群众的思想内涵、行为习惯。目前，许多具有专业知识、专门技能的"志愿工匠"，积极参与社区与农村治理，在参与居民议事会、村民议事会的协调服务时，整理新政策和新知识给群众学习，传导新发展和新动向让群众知晓，帮助群众在议事讨论的时候不固执己见、不各执一词，而是相互理解和体谅，共同探寻解决村居难题、改善生活环境的有效途径。这种"志愿工匠"参与基层治理、服务基层治理的过程，也是在实践中培养志愿者骨干和领袖的最佳形式。

第五，促进志愿组织专业化。当前，中国的志愿服务团队越来越多，但是缺乏专业性和规范性。发掘和培养"志愿工匠"，就有利于引导志愿组织朝专业化方向发展，逐渐在志愿领域提供专门、精准的服务，有效满足特定人群的需求。专业类志愿服务组织"往往具有明确的志愿服务对象，并依据自身的专长在文化、扶贫、应急、环保等方面作出了巨大的贡献"①。专业类志愿服务组织大致通过以下几个途径形成：一是高校与科研机构的专家学者发起的组织，提供智慧型或知识型志愿服务。二是专业技术人员发起的组织，提供用专门技术解决特定难题的服务。三是熟练工人或技术工人发起的组织，运用专门技能帮助群众解决困难与问题。四是普通人员发起的组织，通过长期从事特定类型的服务，长期帮助特定类型的对象，形成专门和专业的服务能力。不论是哪种途径形成的专业类志愿服务组织，在新时代的城乡生活中都将发挥越来越大的作用，越来越受到广大群众的欢迎。新时代"志愿工匠"的发展，是社会中的新生事物，是志愿服务领域的重要现象，值得持续地关注和研究。

---

① 魏娜．志愿服务概论［M］．北京：中国人民大学出版社，2018：193.

第十三章　中国志愿服务发展的"珠江特色"

当代中国志愿服务是改革开放的产物，为经济发展、民生改善作出了积极的贡献。在中国特色社会主义新时代，志愿服务将获得更大发展空间、发挥更大的积极作用。2019年，习近平总书记在给中国志愿服务联合会的贺信中提出："各级党委和政府要为志愿服务搭建更多平台，给予更多支持，推进志愿服务制度化常态化，凝聚广大人民群众共同为实现'两个一百年'奋斗目标、实现中华民族伟大复兴的中国梦贡献力量。"[①]为此，既要分析和研究全国志愿服务的发展历程，也要分析和研究不同地区的志愿服务发展历程，探寻具有启迪价值的经验和做法，提供交流分享、参考借鉴。广东省珠江三角洲地区既是改革开放的前沿地带，也是当代中国志愿服务发祥地之一，其发展路径和实践经验具有较强的特殊性，值得深入分析和研究。

第一节　志愿服务区域特色的研究

关于中国志愿服务起源以及不同地区的发展，伴随思考和研究的不断深入，不断形成新的认识、新的观点。《中国志愿服务大辞典》指出："志愿精神在中国历史上源远流长，志愿服务活动在现代中国蓬勃发展。"[②]本章主要研究"当代中国志愿服务"的范畴，即改革开放以来志愿服务发展视野下的区域特色。当代中国志愿服务发展的起源，受改革开放不同环境影响、社会文

---

① 习近平致中国志愿服务联合会第二次会员代表大会的贺信［EB/OL］.（2019-07-24）［2024-11-04］. https://www.xinhuanet.com//politics/2019-07/24/c_1124792815.htm.

② 北京志愿服务发展研究会. 中国志愿服务大辞典［M］. 北京：中国大百科全书出版社，2014：4.

化不同因素影响，出现了"北方"和"南方"两个源头。"北方源头"是1983年北京大栅栏"综合包户"志愿服务，1989年天津朝阳社区志愿服务队。北京奥运会之后，率先提出并研究志愿服务的"北京模式"的陆士桢、张晓红、郭新保在《北京志愿服务模式研究》一书中提出："本书中的北京志愿服务模式研究及案例均来自现实生活。……最终选取发起主体、筹资方式、组织管理、服务形式、价值取向等五个方面作为研究重点，提炼出不同模式。"[①]"南方源头"是1987年广州志愿者服务热线，1990年深圳依法注册义工联。谭建光教授提出："志愿服务珠江模式是以助人自助为理念，以公民参与为途径，以多元融合为特色，以灵活创新为持续生命力的义务性社会服务模式。"[②]本章着重对"南方源头"的"珠江特色"志愿服务进行梳理和分析，丰富志愿服务的理论宝库。

第二节　志愿服务发展的"珠江特色"

伴随中国志愿服务的实践发展，构建志愿服务体系成为时代的要求。笔者结合珠江三角洲地区志愿服务发展的实际情况，选取"价值体系、组织体系、项目体系、保障体系"4个要素进行深入分析，力求探寻"珠江特色"的核心内涵。

一、价值体系——敢为人先

珠江三角洲地区志愿服务的发展，在社会价值层面，最核心的是遵循党的宗旨、核心价值观、中华优秀文化，并且传承"学雷锋、做好事"以及"友善互助""乐于助人"等社会风尚。同时，处于沿海地区、改革开放前沿的志愿服务发展，具有特定的价值观念元素，最突出的就是"敢为人先、先行一步、先行先试"的价值追求。在珠江三角洲，志愿者和志愿组织受到改革开放先行的影响，敢闯敢干、想闯想干就成为其思想价值的组成部分。"敢为人先"就是率先改革、率先开放，主动了解海外及我国港澳信息，争取较多的

---

① 陆士桢，张晓红，郭新保. 北京志愿服务模式研究［M］. 北京：北京出版社，2009：6.
② 谭建光. 志愿服务：理念与行动［M］. 北京：人民出版社，2014：308.

机会进行接触和尝试。"先行一步"就是在最初接触新事物、新思潮的时候，主动消除顾虑、大胆探索，如率先注册成立志愿服务社团或组织等。"先行先试"就是对一些缺乏先例、无法证实的做法，敢于"做了再说""先做后说"，包括率先认定"五星级"志愿者，率先举办志愿服务交流会等。调查发现，珠江三角洲地区志愿者的特色价值观念，不仅成为改革开放以来志愿服务"珠江特色"的一种基础，也不断丰富中国特色的志愿服务。

二、组织体系——一体多元

调查发现，来自广州、深圳、佛山、珠海、中山等地的志愿服务组织的发展之所以引起国内的关注和重视，就是由于这些地区自觉或不自觉地探索新的组织发展特色，即不是"一体单元"的组织发展，而是"一体多元"的组织发展。所谓"一体单元"的志愿服务组织发展，就是"从上到下"基本一致的组织模式。如中国青年志愿者协会成立之后，各省、市、县都成立相应的组织；中国志愿服务联合会成立之后，各省、市、县也成立相应的组织。珠江三角洲地区也按照要求成立了省、市、县相应的志愿服务组织，与此同时也鼓励成立其他社会化、民间性的志愿服务组织。这些独立注册或备案、自主发展与壮大的社工机构、志愿组织，在总方向、总方针上遵循志愿者联合会、青年志愿者协会等的要求，但是在社团宗旨、服务取向等方面具有自己的特色。因此，珠江三角洲地区志愿组织发展的"一体多元"，通常理解为两个层面的含义：一是在共产党的领导下，志愿组织灵活多样发展，实现"一体多元、多元共治"；二是在志愿者联合会、青年志愿者协会的统筹下，各类社会化志愿组织自主发展、相互合作，实现共建共享。

三、项目体系——灵活创新

珠江三角洲在市场营销、市场竞争中的创新活跃意识，也影响到志愿服务项目的灵活发展。早期的项目存在"散、弱、小"的状况，需要专业支持和资源支持。相比之下，在公益慈善和志愿服务的发展中，上海、浙江、江苏是较早探索"项目化"运作的地区。在借鉴我国港澳经验和华东经验的基础上，大胆创新、勇于实践，形成活跃的局面。佛山市早在 2005 年考察学习华东经验之后，争取市委、市政府支持，获得 150 万元专项资金开展"志愿服务项目竞投"，支持面向社区、农村的民生服务项目。这种探索被共青团中央、中国青年志愿者协会专题调研，总结经验上报。随后，珠江三角洲各市县都借鉴佛山的做法，探索不同形式的志愿服务项目评审、项目比赛、项目创投等。在这些不同尝试的基础上，广州市以亚运会志愿服务为契机，创造了志愿服务交流会暨项目大赛的做法。后来，广州志愿服务交流会逐渐在全国推广，在 2014 年升格为中国志愿服务交流会暨项目大赛，成为国家级通过志愿服务项目竞赛交流，汇聚资源和力量，推动事业发展、促进社会文明的重要途径。据调查了解，志愿服务交流会暨项目大赛的起源，并不是有规划、有步骤的安排，而是在广州亚运会启发之下，志愿者灵活创新的举措。研究发现，志愿服务的项目创新是一个重要抓手，逐渐实现"项目－组织－体系"的构建。即通过支持适应民生改善需求，策划与实施志愿服务项目，带动志愿服务组织发展和人才成长，进一步推动志愿服务发展体系的建设和完善。

四、保障体系——社会聚合

珠江三角洲作为市场经济发展较快、社会化服务力量活跃的地区，政府与社会共同构建志愿服务发展的保障机制。广州、深圳、佛山、东莞等市县，最初发展志愿服务的时候，大多数是由共青团组织支持或社区机构支持，社会热心人士自主建立社团、开展服务。深圳市从 1989 年开通"义工热线"，1990 年依法注册义工联，一直到 1994 年都是依靠团委支持、自筹经费，开展爱心服务。1994 年转变为政府提供编制岗位。这是珠江三角洲地区非常特殊的政府支持保障，其他地区仍然长期是团委支持、志愿组织自筹经费开展服务。2006 年，广东省委省政府提出"修订法规、出台政策、成立联合会、建立基金会、开展省级表彰、做好媒体宣传"等 6 个方面的工作。2007 年 6 月成立了广东省志愿者事业发展基金会，首批由该省青年企业家捐赠的 3000 万元善款已作为创始资金注入基金会。在社会筹资的同时，经省政府办公会议审议通过，省财政每年注入 500 万元到"广东省志愿者事业发展基金会"，构建了财政支持与社会资助相结合的资源保障机制。珠江三角洲地区的各市县参照省里的做法，陆续成立志愿者事业基金会或者专项基金，为志愿组织和志愿服务提供保障。随后，为了进一步构建法律、政策、资源、措施等综合性的保障机制，"2011 年，深圳市以举办大运会为契机，在全国率先出台《关于建设'志愿者之城'的意见》（深发〔2011〕24 号），规划用五年时间建设'志愿者之城'。"①这样，以市委、市政府牵头建立"深圳市'志愿者之城'建设领导小组"，其中对志愿服务工作者配置、志愿服务事业资金保障、志愿服务场所和资源支持等提出一系列的要求。随后，广州、佛山、惠州、东莞等都提出"志愿者之城"建设目标，制定政策措施。这些不同类型、不同层次的探索创新，为珠江三角洲地区志愿服务的持续发展构建了逐渐健全的保障体系。

第三节　珠江三角洲地区志愿服务的"双构建"

笔者在深入珠江三角洲地区调查分析志愿服务的发展状况时发现，"双"字成为特别值得关注的文字。这是地理环境和群体心态影响下的志愿服务发展特点。一方面，珠江三角洲地区作为中国共产党领导下的改革开放"试验区"，从社会主义市场经济发展到中国特色志愿服务发展，都坚持正确的政治方向、弘扬核心价值观、传承优秀中华文化，成为革命和建设事业的组成部分。另一方面，珠江三角洲地区作为沿海地带和开放前沿，又率先吸收和借鉴外国经验和港澳地区经验，在经济发展和志愿服务中不断融合，形成具有区域特色的创新元素。这样的"双向影响""双向吸收""双重构建""双重发展"使珠江三角洲地区作为中国内地志愿服务的"试验田"和"转化器"，不断借鉴和吸收外来公益慈善、志愿服务的元素，经过消化与融合，供各省市参考借鉴。

一、"双源泉"：中华源泉与海外源泉

当代中国的改革开放，广东省及珠江三角洲地区扮演"急先锋"和"桥头堡"的角色，志愿服务发展也探索中外交流融合的路径。一方面，率先探索发展志愿服务的青年，大多数是年轻党员或共青团员；另一方面，这些志愿者骨干了解学习我国香港义工工作。因此，在珠三角率先诞生志愿服务的时候，就有内地的"学雷锋"源泉和境外的"助人自助"源泉。笔者跟踪了

① 中国志愿服务联合会. 中国志愿服务发展报告（2017）[M]. 北京：社会科学文献出版社，2017：257.

解"双源泉"志愿服务发展进程的时候发现，"主流价值"的影响和"境外时尚"的影响具有此起彼伏的关系。在珠江三角洲地区志愿服务发展的初期，"雷锋精神"主要发挥支撑的作用，具体经验和做法更多是吸收和学习外国及我国港澳地区的元素。珠江三角洲地区志愿服务发展到新的阶段，伴随着内地志愿服务的发展繁荣，以及通过北京奥运会、上海世博会、广州亚运会等大型志愿服务的锻炼，还有社区与农村志愿服务的持续发展，就越来越注重借鉴内地省市的经验，特别是学习借鉴北京、上海、浙江、江苏、四川等地区的创新经验。"双源泉"中的内地元素影响越来越大，发挥的积极作用也越来越明显。

二、"双模式"：志愿服务与义务工作

广东省珠江三角洲是最先流行志愿服务与义务工作两种模式的地区。其实，在英文原文是一个词 Volunteer service，到了中文的语境之中，出现了不同的翻译。我国台湾地区较多翻译为"志工"、我国香港地区较多翻译为"义工"，其他省（自治区、直辖市）多用"志愿者"。例如，深圳团市委支持和推动的义工联，采用"义工"的称谓；广州市团委支持和推动的青年志愿者，采用"志愿者"的称谓。笔者在珠江三角洲地区调查的时候，各市县阐述采用"志愿者"或"义工"称谓的理由多种多样，大体上来说，采用"志愿者"称谓的除了强调无偿奉献，就特别强调"志向"即推动社会进步、帮助他人改善生活的愿望；采用"义工"称谓的也强调无偿奉献，同时特别强调"义务性""自愿性"等。此外，在组织运行和项目发展上，"志愿服务"模式较多强调统一管理、规范发展，"义务工作"模式较多强调自发自主、灵活适应。因此，"志愿服务"与"义务工作"等"双模式"的并存，恰恰体现了改革开放以来，人们的思想解放、观念活跃，敢于在大方向、大原则正确的前提下，坚持自己的理念和选择。如今，"双模式"之间的争执越来越少，互补与融合成为新的趋势。在坚持一种理念的同时，也吸收和融合另外的理念，而不是排斥、冲突。"和而不同""求同存异"就是珠江三角洲地区志愿服务发展不同模式互动影响的特点。

三、"双力量"：政府力量与社会力量

作为沿海地带和开放前沿，珠江三角洲地区经济发展和社会转型中，政

府力量与社会力量都发挥了极大的作用。珠江三角洲地区的城市大多数地方志愿服务的发展，都经历了"民间发起—政府支持—政社合作—全民参与"等阶段。第一阶段是"民间发起"，广州市从"手拉手"志愿服务热线到"启智""松柏"志愿服务团队，都是民间热心人士发起组织；第二阶段是"政府支持"，即由民间发起的组织挂靠在团市委及青年志愿者协会，以"半官方"（"戴红帽"）的方式发展壮大；第三阶段是"政社合作"，在社会组织大发展的机遇下，注册"启智社会工作服务中心""齐志社会工作服务中心"等社会服务机构，为公益慈善、志愿服务注入专业力量；第四阶段是"全民参与"，截至 2024 年 10 月上旬，"广东志愿者网"的 i 志愿系统公布的数据显示，全省注册志愿者达到 1873 万人，拥有登记注册的志愿服务组织与团体 15 万个。一方面，各市县党政部门推动下成立的志愿者联合会、青年志愿者协会等发挥统筹作用；另一方面，自主成立和依法注册的数万个志愿服务组织广泛发挥活跃性，成为社会公益服务的有生力量。

四、"双专业"：社会工作与志愿服务

珠江三角洲不是内地最早发展社会工作专业教育的地区，却是社会工作实践创新的"试验场""孵化场""辐射场"。20 世纪 80 年代中期在雷洁琼等老一辈社会学家的倡导和推动及民政部等的支持下，北京大学、南开大学、中国青年政治学院等率先设置社会工作专业。在广东的中山大学、华南农业大学等高校则是 1999 年开始陆续设置社会工作专业。但是，当代中国的社会工作实践，包括专家学者的探索，以及早期社会工作专业毕业生的探索，从20 世纪 90 年代后期在北京推动，到 2005 年在上海推动，都仅仅是小范围的试验，无法广泛推广和普及。直至 2007 年在深圳市全面建立"社区服务中心（社工服务中心）"，招募专业社工承接政府购买服务，为社区居民和流动人口提供专业性服务，开启了社会工作大规模发展的进程。如今，中国社会工作联合会等将 2007 年（深圳推广）作为"中国社会工作"启动年份，在 2017 年举办"社会工作十周年"系列活动。随后，广州推广"家庭综合服务中心"，佛山、东莞、中山等推广"社区服务中心"，珠海、江门、惠州等探索专业社工机构发展，广东省进一步启动面向粤东西北的"双百计划"。因此，在志愿服务的影响和社工人才的培育下，珠江三角洲地区就具备了建立"社工＋志愿者"联动机制、推动合作服务发展的基础。"2012 年 12 月 5 日，是第 27 个

国际志愿者日，第二届广东公益志愿文化节暨第二届志愿服务广州交流会在广州开幕。在开幕式上，广东省社工与志愿者合作促进会揭牌成立，这也是中国首个省级社工与志愿者合作促进会。"①同时，广东省文明办、民政厅、团省委等联合印发《关于推进社会工作者与志愿者联动工作的实施意见》，指导各市县的社工机构与志愿组织加强合作、提升服务水平。珠江三角洲地区的社工与志愿者从最初的互不了解、互相戒备、互相指责，到逐渐在服务实践中探索建立相互信任、共同服务的新机制。

五、"双资源"：财政支持与社会资助

珠三角作为改革开放前沿、经济发达地区，志愿服务发展的资源保障机制，不同于传统的"财政单一保障"，而是积极探索"财政支持"与"社会资助"的双重机制。从各市县的发展历程看，都经历了"社会资助—财政支持—社会资助与财政支持并行"的发展过程。广州最早在1987年的"手拉手"志愿服务热线，团委提供场地和电话经费的支持，志愿者争取企业和社会资助开展服务；到1995年成立广州市青年志愿者协会的时候，从团的工作经费挤出一部分支持志愿服务，到2008年筹备亚运会志愿服务的时候，开始获得政府专项资金支持志愿服务；与此同时，来自企业和社会的资助一直持续不断，成为志愿服务发展的良好基础。深圳市在1990年成立"义工联"之后，较早在1994年开始获得政府财政资金支持和事业岗位编制支持，但是大量服务活动仍然是通过企业资助、社会捐助获得实施。珠三角其他市县的志愿服务发展，社会资助从20世纪90年代初期就开始，延续至今；政府的财政支持大多是从2008年前后开始提供，随后不断增加，推动志愿服务队伍发展壮大。特别是2018年启动新时代文明实践中心试点工作之后，试点县区政府的财政支持明显加大力度，发挥积极的作用。这种"双资源"支持志愿服务发展繁荣的机制，成为珠江三角洲地区志愿组织运行的常态，也逐渐进入良性循环。

---

① 中国首个省级社工与志愿者合作促进会在广东成立［EB/OL］.（2012-12-05）［2024-11-04］. https://www.chinanews.com.cn/gn/2012/12-05/4385229.shtml.

第四节 志愿服务"珠江特色"的脉络

笔者通过回顾改革开放以来志愿服务的发展历程，整理和分析珠三角志愿服务的体系要素和特殊机制，获得几点有益的启示。

一、改革开放催生当代志愿服务

中国志愿服务的发展，既有传统志愿精神的孕育，也有新中国成立后"学雷锋、做好事"的基础，但是催生当代志愿服务的直接原因就是改革开放，这是值得深入探讨和研究的。一方面，改革开放激发"解放思想、实事求是"的精神，将包括公益、慈善、社工、志愿等对社会有积极价值的元素激活，成为社会发展和社会生活的组成部分；另一方面，改革开放启动中国与世界各国的交流沟通，对现代公益事业和志愿服务的发展趋势进行了解、借鉴、吸收、融合。中国面对经济全球化的浪潮，积极参与合作，在志愿服务等领域不断探寻合作发展路径，为处于前沿地带的珠江三角洲带来志愿服务的生机活力，提供创新发展的机遇。

二、区域文化孕育志愿服务"珠江特色"

珠江三角洲地区区域文化培育了当地群众敢闯敢干的禀赋，改革开放以来，中外交流合作孕育出富有特色的珠三角志愿服务，其间经历了3个阶段，即"拿来主义"、"融合发展"与"中外传播"。第一个阶段是"拿来主义"。改革开放初期，公益慈善和志愿服务转型发展急需探索和"破题"。广州、深圳的热心人士主动了解外国以及我国港澳地区的经验，将社工、义工的做法引进来，尝试和借鉴，就率先诞生了"珠江特色"的志愿服务。第二个阶段是"融合发展"，进入20世纪90年代就不仅仅是单纯"学习"和"借鉴"外国经验，而是积极主动吸取"学雷锋、做好事"的宝贵经验，积极传承中华友善互助习俗，逐渐实现"主流价值、中华文化、国际时尚"在志愿服务中的融合，创造具有中国特色以及珠江特色的新经验。第三个阶段是"中外传播"。伴随着改革开放进程、社会经济发展，珠江三角洲地区志愿服务逐渐形成鲜明特色、具有成功经验，遂与其他省市的经验结合，成为中国特色志愿服务的元素，面向世界传播交流，赢得国际关注和重视。这样，改革开放实践中逐渐形成志愿服务的"珠江特色"，逐渐释放志愿服务的"珠江魅力"。

三、"珠江特色"激发全民主动积极参与

珠江三角洲地区的志愿服务具有很多特点，其中最突出的就是社会化，即吸引和激励公众参与，具有社会活力。党政部门推进经济改革和社会创新的时候，鼓励社会力量探索试验。不论是广州开通志愿服务热线，还是深圳成立志愿服务社团，都是在党政部门提供的"宽松"环境中，社会热心人士的主动积极探索，孕育社会新生力量。随后，20世纪90年代共青团组织推动青年志愿服务，民政部门推进社区志愿服务，在珠江三角洲地区都较多鼓励社会化、民间性的团队参与服务、发展壮大。近年来，宣传部、文明办统筹和牵头，推进志愿服务事业发展，同样按照"一核多元""多元共治"的思路，与民政、团委等联合，鼓励社会组织响应党的号召，开展关爱服务、参与社会治理，发挥志愿者的力量作出贡献。因此，珠江三角洲地区的城乡居民、流动人口参与志愿服务成为常态，充分发挥公众的力量推进社会治理形成机制，全民志愿服务的发展具有良好的基础。

四、新时代"珠江特色"具有持续创新活力

志愿服务的"珠江特色"是伴随改革开放诞生的，特别是改革先行、开放前沿促使"珠江特色"的各种元素逐渐形成和发展。经过40多年，进入中国特色社会主义新时代，志愿服务"珠江特色"是否仍然具有生命力、影响力，就是社会各界思考的问题。笔者调查发现：一是从经济改革的"先行一步"到社会创新的"先行先试"，志愿服务"珠江特色"不断丰富内涵，为国家治理体系建设和城乡治理创新提供探索经验和支持，不断被赋予新的价值。二是从"关爱扶助"到"美好生活"，志愿服务"珠江特色"不断拓宽领域。随着社会经济发展，人民群众对美好生活的向往成为党的奋斗目标，解决"不平衡"与"不充分"的新矛盾需要志愿服务不断探索创新。三是从"吸收海外经验"到"中外合作发展"，志愿服务"珠江特色"提供率先探索的经验。如果说改革开放初期的志愿服务"珠江特色"，较多是引进和吸收外国经验；那么，伴随着中国社会经济发展和志愿服务繁荣，就创造出许多富有民族特色的经验，通过珠江三角洲地区的交流合作，面向海外传播推广，展示中国

文化和中国形象，为构建人类命运共同体作出贡献。在世界各国志愿服务中，中国特色志愿服务不断探索创新和发展壮大，为社会经济发展和城乡民生改善作出了积极的贡献，其中，志愿服务"珠江特色"作为改革先行、开放前沿地区的一种类型，具有特殊的发展起源、发展轨迹、发展特点、发展价值，需要进行深入的研究。

第十四章　中国青年发展型城市与志愿服务

　　青年是城市发展的动力和未来发展的希望。随着中国城镇化的不断推进，越来越多的青年聚集于城市。数据显示，2020年，外出农民工总数近1.7亿人，其中多数为青年；青年常住人口城镇化率达71.1%，比10年前增加15.3%，高于整体常住人口城镇化率7.2%，更多青年通过城乡之间的发展流动融入城市生活，实现发展跃迁。[①]城市因为青年的聚集充满创新、活力，同时也为青年提供了更为充足的就业、教育、医疗、社会保障等公共服务资源。2022年4月1日，中央宣传部、共青团中央等17部门联合印发《关于开展青年发展型城市建设试点的意见》提出："青年发展型城市是指扎实推进以人为核心的新型城镇化战略，积极践行青年优先发展理念，更好满足青年多样化、多层次发展需求的政策环境和社会环境不断优化，青年创新创造活力与城市创新创造活力相互激荡、青年高质量发展和城市高质量发展相互促进的城市发展方式。"[②]青年是城市志愿服务的主力，并通过志愿服务融入城市发展；同时，志愿服务也有利于青年重建社会资本，借此，以血缘、亲缘为核心的社会网络逐步演变为以业缘、趣缘为主的新型社会资本。[③]目前，全国很多城市为了更广泛、更充分调动社会力量参与现代化国际化城市建设，相继出台了建设志愿之城的意见或规划。青年发展型城市和志愿之城虽然建设目标、路径不同，但它们共同具有青年和志愿服务基因，在为青年提供友好发展环境

---

　　①　中华人民共和国新闻办公室．新时代的中国青年［EB/OL］．（2022-04-21）［2024-11-04］．https://www.gov.cn/zhengce/2022-04/21/content_5686435.htm.

　　②　关于开展青年发展型城市建设试点的意见［EB/OL］．（2022-04-01）［2024-11-04］．https://www.gqt.org.cn/documents/zqlf/202204/P020220401411480953310.pdf.

　　③　王桂新，胡健．城乡：区域双重分割下的城市流动人口社会距离研究［J］．中国人口科学，2018（6）．

的同时，也为青年搭建了创新、参与、共建的舞台。在青年发展型城市建设中，志愿服务的繁荣发展和青年志愿者事业的发展壮大，都具有非常重要的价值和作用。《中长期青年发展规划（2016—2025年）》提出："坚持以社区为主阵地，广泛开展青年学雷锋志愿服务活动。"[1]许多青年发展型城市建设试点，积极开展青年志愿者进社区、建设青年志愿服务示范社区等活动，极大地推动了青年发展型城市和志愿之城的有效结合。本章力求把握"双城"（即同时作为志愿之城建设试点和青年发展型城市建设试点的城市）建设的叠加效应，为"双城"建设提供理论参考。

第一节　青年发展型城市与志愿之城建设的叠加效应

青年发展型城市建设试点要"激发青年开风气之先作用，引导青年热心支持慈善事业、机制化普遍性参与志愿服务，在服务社会中获取精神力量，成为城市文化软实力的贡献者和传播者"[2]。这就使青年发展型城市与志愿之城之间有了天然的联系，更有互动的空间。深圳市率先提出"双城"概念，充分体现了青年发展型城市和志愿之城之间天然的联系和互动。深圳改革开放的成就有青年的贡献与付出。有一种形象的说法：特区的奇迹是以百万打工青年的青春创造的，特区村镇经济起飞是由大批打工青年的劳动支撑的。[3]同时，志愿者也为转型期的深圳青年提供了劳动保护和城市发展适应服务，为深圳速度提供了人文支持，让更多外来青年切实体会到"来了就是深圳人"的温度。作为改革开放先行区，深圳也最早成为青年工作改革的先行地区和志愿服务崛起的先行地区。例如，第一个非公组织团建、第一个青年"大家乐"、第一个流动"团员证"、第一个"义工联"、第一个"青年驿站"、第一个"鹏城青年勋章"、第一个志愿服务"市长奖"等，无不体现了"青年"与"志愿服务"的双重基因。"双城"建设的叠加效应，对深圳的现代化、国际化创新型城市建设起到推动作用，为全国各地提供了探索创新的经验。

---

① 本书编写组. 中长期青年发展规划（2016—2025年）[M]. 北京：人民出版社，2017：37.

② 关于开展青年发展型城市建设试点的意见[EB/OL].（2022-04-01）[2024-11-04]. https://www.gqt.org.cn/documents/zqlf/202204/P020220401411480953310.pdf.

③ 谭建光. 跨世纪特区村镇青少年的发展与教育[J]. 青年探索，1998（3）.

一、青年与志愿之城的探索实践

改革开放以来，中国志愿服务的诞生和发展成为社会文明进步的重要标志，也成为社会创新发展的动力。受 2008 年北京奥运会志愿服务的影响，志愿服务得到更为广泛的宣传和普及，"志愿北京""志愿上海""志愿广东"等口号的提出反映了各地党委、政府对志愿服务的认可与推进，为志愿之城的探索营造了政策环境和社会氛围。2011 年，深圳以举办大运会为契机，在全国率先出台《关于建设"志愿者之城"的意见》，深圳市志愿服务逐步探索出了社会化、制度化、项目化、信息化、社区化、国际化的发展路径。[①]青年深入开展志愿服务的意愿是推动深圳市志愿者之城建设的一个重要原因。作为改革开放以来最先发起和推动志愿服务的城市，深圳本地青年和外来青年都是志愿服务的主体力量。2011 年世界大运会不仅为全世界大学生运动员提供了集中展示的机会，也成为深圳青年志愿者集中展示的窗口。在充满青春活力、富有青春热情的大运会志愿服务中，很多青年提出："能不能将大运会志愿服务的热情和风采延续下去，能不能让志愿服务成为城市的亮丽风景？"在广大青年和志愿者的推动下，深圳团市委、文明办积极回应青年志愿者们的诉求，向市委、市政府提出了建设志愿者之城的建议，引起市委、市政府主要领导的重视和支持，志愿者之城建设顺利高效开展。从 2011 年至今，志愿者之城建设经历"1.0"阶段、"2.0"阶段并进入"3.0""4.0"阶段，都体现了深圳高位推动和青年志愿者全力推进的"双向合力"。可以说，深圳志愿者之城既是团员青年的创造，也是青年志愿者的创造，青年成就了志愿者之城，推动了城市志愿服务的深化和发展，为志愿之城建设提供先锋力量、创新力量、活跃力量。

二、青年与青年发展型城市的探索实践

青年因城市而聚，城市因青年而兴。党的二十大报告提出，"人才是第一资源、创新是第一动力"，各个城市为了发展都积极招揽各类人才，而青年作为创新的主要力量，是城市之间竞争的重要资源。《中长期青年发展规划

---

① 中国志愿服务联合会. 中国志愿服务发展报告（2017）[M]. 北京：社会科学文献出版社，2017：257+263.

（2016—2025年）》颁布以来，许多城市积极探索青年发展的有效方式和特色路径，关于青年友好型城市、青年创新型城市、青年发展型城市的构思越来越多。分析发现，"青年友好型城市"借鉴了联合国"儿童友好型"社区建设的部分理念，结合中国国情以及青年发展需求，以友善、友好为特色建构城市品质。"青年创新型城市"适应国家创新发展战略，充分发挥青年创新创造的优势，构建城市发展核心要素。"青年发展型城市"紧扣党管青年和青年优先发展原则，构建促进青年全面发展的城市环境。城市为了发展，主动探索"青年发展型城市"建设路径，以此为青年创造更适合成长、生活、工作、创新的社会环境，这是中国式现代化过程中青年现代化的必然要求，也是城市良性发展的根本所在。

三、"双城"叠加发展的特征

青年发展型城市与志愿之城是两条建设路径，但是"双城"具有越来越多的契合之处和互动空间，叠加发展特征明显，产生了"1+1>2"的效应。一是共青团引领青年树立社会文明新风尚。"一方面，青年是社会最活跃，最有探索精神的群体；另一方面，共青团是党的助手和后备军，勇于为党和国家政府探索社会建设、公共服务的新途径是团的任务。志愿服务虽然需要各种年龄人群参与，但是首先需要具有热情与活力的青年率先发起，需要充满生机活力的共青团组织倡导推广。"① 二是志愿之城建设为青年创设良好发展条件。青年优先发展和志愿服务发展都是社会文明进步的标志，也是城市内涵和品质提升的关键。青年的成长需求、生活需求、尊重需求、认可需求等都在志愿之城的友善、友好环境中获得更多的理解、支持、关心和帮助。志愿之城的友善、友好氛围，吸引了更多的青年居住和创业发展，增添了城市的生机活力。三是城市与青年双向成就。青年发展型城市的建设让青年获得更多更好机会的同时，也让青年更加愿意回馈社会、回馈城市，壮大了青年志愿者的力量。四是共同打造城市软实力。青年发展型城市与志愿之城都是对外宣传的城市品牌，有利于增强城市发展的软实力和竞争力。"双城"建设相互融合、相互支持，叠加发展，探索其成功的经验可以为更多地方提供借鉴和参考。

---

① 谭建光. 志愿服务：理念与行动［M］. 北京：人民出版社，2014：300.

第二节　志愿之城建设让城市对青年更友好

青年发展型城市建设的一个主要目的是"城市对青年更友好"。志愿之城建设积极营造团结友爱的社会风尚，使"城市对青年更友好"体现得更加充分和具体。与此同时，志愿之城建设也将党对青年的关心和关怀、鼓励和支持细化到各方面的工作之中，融入社会文化的方方面面，让青年在包容与和谐的环境中成长成才、创新创造。

一、志愿之城建设有利于践行"青年优先发展"理念

志愿之城建设，不论是政策文件的制定，还是具体措施的落实，都把促进青少年成长、解决青少年难题作为重要的内容。志愿者和志愿组织遵循习近平总书记的叮嘱："要紧扣服务青年的工作生命线，履行巩固和扩大党执政的青年群众基础这一政治责任，既把青年的温度如实告诉党，也把党的温暖充分传递给青年。"[①] 因此，推进志愿之城建设的城市或志愿服务发展好的城市对"青年优先发展"理念都有深刻领会和具体实践。一是充分认识到青年的健康发展、成长成才是城市发展的前提，是城市创新的基础，是城市竞争的力量。二是扶持青年乐业创业。三是推动青年更好融入城市发展。在党和政府制定政策、推进措施的同时，志愿组织发挥社会力量、发动社会资源，对青年需求提供多方面的帮助，从文化融入到生活解忧，将青年优先发展理念体现在许多细节之中，有利于青年解除"后顾之忧"，更好"轻装上阵"，在城市转型发展和社区治理创新中作出贡献。

二、志愿之城建设有利于促进"青年平等发展"

在青年发展型城市建设中，共青团组织推动政府制定了很多支持和促进青年成长成才、创造贡献的政策。然而，由于政策的制定和实施受到较多因素的制约，很难做到对青年的"无差别"覆盖。如，青年人才引进政策中有职称、学历、技能等要求；青年住房保障中有人才层次、工作年限、社保缴

---

① 习近平. 论党的青年工作［M］. 北京：中央文献出版社，2022：9.

纳、贡献奖励等要求。很多普通青年、边缘青年在参与城市发展过程中缺少政策支持，面临较多困难。这时候，志愿者和志愿组织的"无差别"服务就能很好地弥补政策的不足，促进青年平等发展。在青年发展型城市建设过程中，支持和帮助青年的政策措施要考虑非常多的因素，包括政策的公平性、规范性、合理性、持续性等，一时难以覆盖所有青年群体。因此，积极支持和鼓励志愿组织为青年提供"无差别"和周到细致的服务是青年发展型城市重要的评价指标，通过志愿服务对不同类型、不同境况的青年群体进行帮助，协助解决青年的操心事、烦心事，引导他们走出困境、更好发展，让青年在城市更有获得感、幸福感和安全感。

三、志愿之城建设有利于鼓励"青年互助发展"

青年发展型城市倡导对青年的关心和关爱，也鼓励和引导青年关心关爱社会。志愿之城建设特别突出构建关心、关怀、关爱的社会氛围。如，深圳市率先倡导"关爱行动"，佛山市桂城街道提出"关爱桂城"建设。这些关爱行动针对流动人口多、青年人群多、创业就业者多等特点，在帮扶困难群体、推动志愿者事业发展、弘扬关爱精神、引领社会风尚、建设爱心城市等方面发挥了重要作用，是城市精神文明建设的重要品牌。深圳将青年发展型城市、志愿者之城、关爱行动、文明城市等"正能量"元素不断叠加，产生社会爱心的裂变和传播，有利于促进青年成长和发展、创造和贡献。北京、上海、浙江、江苏、山东、四川等省市的试点城市、试点县区也在通过志愿服务营造浓厚的社会"关爱"氛围，为青年发展提供多方面的支持和帮助。一是提高志愿服务关爱青年的专业性，更加精准地解决青年困难和发展需求。二是增强志愿服务关爱青年的创意性，让青年更有兴趣，增强信心。志愿之城建设越深入，志愿组织越发达，志愿者专业能力越强，对青年的帮助和支持就越多样化、越有效益。"关爱"成为志愿之城的特色，也成为促进青年发展的有效资源。

四、志愿之城建设有利于助力"青年全面发展"

在青年发展型城市建设中，要充分尊重和满足青年的多层次、多类型需求。志愿之城的服务拓展，有利于为青年提供多样化、系列化的支持。在城市，青年需求多样化趋势非常明显。从最低谋生到文化炫耀，从物质生活到精神品质，从安全保障到冒险刺激，各种需求不计其数。在获得相对稳定的生活和工作之后，完善、提高、发展自我将成为青年的迫切需求。"'四高青年'（高学历、高职称、高职务、高收入青年）逐渐增多，需求层次明显提高，对青年社会问题的引导和解决步入了良性运作阶段。"[①] 为此，志愿组织针对青年的分类联系、分类服务就能够产生很好的效果。一是支持普通青年的就业谋生。二是支持青年大学生在城市过渡或落脚。三是针对高端青年人才提供心理支持和成长发展的渠道。同时，鼓励高端青年人才参与志愿服务，为志愿组织提供智慧服务，为建设友善、友好的社会贡献力量，为其融入城市、顺利发展创造机会。在党和政府为青年发展提供政策支持的同时，志愿组织提供的社会化支持也具有重要的作用，成为青年发展型城市软实力的重要支撑。

第三节　青年发展推动志愿之城高质量发展

青年发展不仅是个人的成长成才，更能引领社会价值和文化的发展。在青年发展型城市与志愿之城的互动关系中，青年一代对志愿服务的发展繁荣具有非常积极、重要的作用。青年志愿服务成为我国社会公共服务事业的重要组成部分。[②] 共青团组织以实践育人为重要目标，大力倡导志愿服务，积极推动团员青年参与志愿服务，弘扬志愿精神，以实际行动践行社会主义核心价值观，在服务社会和人民的同时实现自我锻炼成长。当前，越来越多不同职业、不同民族、不同年龄的人积极参与志愿服务，但是青年志愿者一直是其中的先锋力量、创新力量和活跃力量。

一、青年发展有利于提升志愿之城的活跃度

无论是志愿服务发展好的城市，还是志愿服务刚刚起步的城市，共同面临的问题就是"活跃度不足"，即政府发文之后，缺乏积极、持久的响应行动。

---

① 中国青少年研究中心. 深圳共青团工作社会化发展之路［M］. 北京：中国青年出版社，1997：11.

② 张良驯. 中国青年发展报告 NO.2：中国青少年权益保护的发展进步［M］. 北京：社会科学文献出版社，2018：107.

而青年群体参与的志愿服务或以青年为对象开展的志愿服务往往十分受欢迎，氛围较为活跃，成为志愿之城建设中引人注目的现象。青年作为社会上最活跃、最灵动的群体，在城市中展现出多种状态。一种是自发无序的活跃，即当青年难以获得主流关注和支持的时候，他们按照自己的兴趣爱好探索创新，具有活力，但是与城市发展未能有机结合。另一种是积极主动的活跃，就是围绕青年追求、群众需求和城市目标，发挥青年的创新创造特色，形成各种活跃的思维、活跃的行动。青年志愿服务就是积极主动的活跃的体现，青年在志愿服务中激发思想活力、丰富感情活力、体现创造活力，为社会和他人作出贡献，并不断锻炼和提升自己的素质。这样，青年志愿作为城市活跃的力量，让志愿之城更有生机和活力，衍生出很多新灵感、新做法，促进城市的友善和温馨。

二、青年发展有利于增强志愿之城的创新力

志愿之城的建设，在营造城市友善和谐氛围的同时，也通过志愿服务活力、公益创业活力的发挥，促进城市的创新活力不断增强。一是志愿之城的建设，营造了人与人之间信任和谐的社会氛围，让各种类型的青年来到城市创业就业、谋生发展的时候，有更多的信心和勇气，减少顾虑和担忧。如深圳市的"青年驿站"志愿服务、工业园区志愿服务、社区志愿服务等，关爱和帮助的对象大多数是青年群体。不论是务工青年，还是科技青年或创业青年，都在志愿之城建设中感受到温暖，他们在友爱的氛围中可以全力以赴创新创造、进取发展。二是青年作为志愿之城建设的主要力量，让城市环境和城市氛围更加富有生机活力。例如，北京市西城区、上海市金山区以及深圳市、广州市、杭州市等都是志愿服务非常活跃的地方。青年在参与志愿服务的过程中，创造性获得激励和激发，运用不同特长和能力帮助他人、回报社会，增强了创新热情，提高了创新能力。

三、青年发展有利于提升志愿之城的包容性

不论是杭州还是深圳，不论是广州还是苏州，青年发展都促进了志愿之城的包容融合，凝聚了创新创造的新元素、新力量。一是青年促进志愿之城不同阶层人群的包容和文化融合。不论是大中城市，还是沿海城镇，都呈现出社会阶层多样化的态势。新时代青年以更加包容的心态看待阶层差异，促

进阶层交流。特别是以志愿服务的方式让不同阶层人员平等相处、包容理解。二是青年促进不同地区人群之间的生活包容和文化融合。在志愿之城建设中，青年积极推动不同地区人员的沟通理解，既尊重和理解其他地方人员的生活习惯，也在不影响他人的情形下保持自己的生活习惯。特别是很多青年参加志愿服务，在互相关心、互相帮助的同时，能够更加深刻地理解和体谅其他地区人们的生活习俗。因此，青年参与有利于各地区青年之间的生活包容与文化融合，有利于构建和谐的城市生活发展环境。

四、青年发展有利于打造志愿之城的国际性

近年来，率先探索志愿之城建设以及率先推进青年发展型城市建设的地区，有不少也在探索国际性城市的建设模式，推进志愿服务的国际交流与合作，推动青年的国际参与和发展，对城市文化、城市品质产生了极大的影响。在"双城"建设的过程中，国际性获得多方面的促进和发展。青年是最擅长接纳和尝试新事物的群体，不论是在工作生活中，还是在志愿服务中，都愿意主动了解和吸收世界各国的经验。深圳市青年是最早参与"世界青年服务日"的，与很多国家的青年志愿者共同开展关爱、帮助有需要人群的服务，共同分享服务中的体验和感悟。志愿之城和青年发展型城市都会在国际志愿者日举办庆祝、交流、展示、研讨活动，既可以吸收国际元素，丰富城市志愿服务内容，也可以将青年志愿者风采面向国际传播推广。"国际范"是当今中国青年喜欢的热词之一，志愿之城的国际化发展体现了青年面向世界开放和交流的心态，展现了青年面向世界展示城市志愿者风貌和青年发展风貌的自信。

第四节　青年志愿者在青年发展型城市建设中的时代担当

青年志愿者既是志愿之城建设的创新力量，也是青年发展型城市建设的活跃力量。在"奉献、友爱、互助、进步"志愿精神的引领下，青年志愿者"怀抱梦想又脚踏实地，敢想敢为又善作善成"，用具体的志愿服务满足社会和群众需求，为城市和社区的美好作出贡献，也使个人在服务中不断发展成长。

一、打造城市软实力，培育青年做有理想的志愿者

新时代城市软实力发展，需要城市注重精神气质和文化品质的发展。青年志愿者作为城市建设的参与者、城市关爱的行动者，用自己的一言一行为城市铸魂。习近平总书记指出："新时代中国青年对先辈最好的告慰、对历史最大的负责，就是坚定走好新时代的长征路。"①青年志愿者正是牢记习近平总书记的嘱托，"坚持与祖国同行、为人民奉献，以青春梦想、用实际行动为实现中国梦作出新的更大贡献"。②因此，在"双城"建设中，青年志愿者以理想、爱心、热情，为城市增添魅力和活力，让城市具有更高的发展境界和更丰富的发展内涵。

二、让城市更有温度，培育青年做有爱心的志愿者

在青年发展型城市建设与志愿之城建设中，青年志愿者要发挥爱心与热情、创意和特长，在各个领域的服务中发挥作用、作出贡献。一方面，可以针对青年发展型城市的创新发展需要，为各类创业人才、科技人才、管理人才、文创人才等提供更好融入城市、更好体现价值的支持和帮助；另一方面，更好地为遇到困难、面临困境的群众提供关爱和帮助。"志愿服务主要以社会弱势群体为服务目标，积极推动社会福利发展，缓解社会冲突。"③青年志愿者对困难人士、弱势群体的关爱服务，不仅仅是帮助服务对象解决困难、摆脱困境；也是为社会、为城市排忧解难，创造和谐稳定的发展环境。

三、建设创新型城市，培育青年做有创造活力的志愿者

新时代的城市发展需要创造动力和创新活力。习近平总书记指出："青年是社会中最有生气、最有闯劲、最少保守思想的群体，蕴含着改造客观世界、推动社会进步的无穷力量。"④所以，青年志愿者要在青年发展型城市的建设中主动作为、积极有为，运用创新思维、创造活力，为城市各类人群提供新颖、时尚、有益、有效的志愿服务，让城市充满生机活力，让青少年充满憧憬和希望。

---

① 习近平. 论党的青年工作［M］. 北京：中央文献出版社，2022：241.
② 习近平给华中农业大学"本禹志愿服务队"回信［N］. 人民日报，2013-12-06.
③ 陆士桢. 中国特色志愿服务概论［M］. 北京：新华出版社，2017：125.
④ 习近平. 论党的青年工作［M］. 北京：中央文献出版社，2022：8.

四、提升城市韧性，培育青年做有韧性的志愿者

新时代的城市发展，既需要青年的热情活力，也需要青年的理性和韧性。青年志愿者作为城市发展的中坚力量与活跃力量，既要在关心和服务城市、关爱和服务群众的过程中，推动城市稳健有序地发展；也要在城市面临冲击与挫折的时候，以志愿服务帮助群众渡过难关，凝聚力量持续发展。只有这样，青年发展型城市与志愿之城的建设目标才能够顺利实现。

第四篇

青年志愿服务

第十五章　中国式现代化与青年志愿服务的创新

习近平同志指出："只有回看走过的路、比较别人的路、远眺前行的路，弄清楚我们从哪儿来、往哪儿去，很多问题才能看得深、把得准。"①党的十八大以来，在以习近平同志为核心的党中央带领下，全党全国人民围绕"新时代、再出发"的使命，不断探索创新，交出一份份答卷。为此，共青团组织也应努力再出发、再奋斗、再奉献，其中包括对青年志愿者事业的总结和反思，促进创新和发展。在过去一段时间里，我们对青年志愿服务发展的历程，回顾不够完整、认识不够深刻，提供的调查研究和理论创新成果不够丰富。这样，导致一些人产生青年志愿服务"是改革开放后才出现的""是引进西方国家经验发展的"等狭隘的观念。现在，经过历史资料的整理和分析，可以发现共产党人的"志愿服务"具有悠久的历史。从建党初期就获得发展，历经百年不断发扬光大。建党百年之际，中央宣传部主管的中国志愿服务联合会，在其主办的《中国志愿》杂志 2021 年第 3 期刊登《永远高扬为人民服务的旗帜——中国共产党人百年"志愿服务"启示录》，提出："中国共产党人的'志愿服务'精神不是凭空产生的，也不是一蹴而就、朝夕形成的。它是在党的远大理想引领下，在党的崇高宗旨激励下，经过几代共产党人坚持不懈实践和传承，逐步形成的伟大精神。"②这就为我们重新认识志愿服务的发展起源和历史意义，提供了指导和启迪。同样，青年志愿服务从建党和建团时期就已发端，伴随革命和建设事业发展而不断发扬光大。回顾百年历程，在不同的历史阶段，团组织引领青年志愿者响应党的号召、贴近群众需求，奉

---

① 习近平．习近平谈治国理政：第三卷［M］．北京：外文出版社，2020：70.

② 本刊编辑部．永远高扬为人民服务的旗帜：中国共产党人百年"志愿服务"启示录［J］．中国志愿，2021（3）：4.

献青春热情、坚持为人民服务。现结合建党建团百年的视野,对青年志愿服务进行纵深的研究分析,总结经验教训、提出理论观点。

第一节 中国青年志愿服务"源与流"

习近平总书记在纪念五四运动 100 周年大会上的讲话指出:"新时代中国青年要继续发扬五四精神,以实现中华民族伟大复兴为己任,不辜负党的期望、人民期待、民族重托,不辜负我们这个伟大时代。"[①]这也是对青年志愿者和青年志愿组织的嘱托。在百年历史的关键时刻,特别需要就建党建团以来对青年志愿服务的推动和发展,梳理"源与流"的踪迹,为开创未来、再创辉煌提供理论启迪。

一、新民主主义革命时期青年的志愿精神体现在为劳苦大众的翻身解放而努力奋斗

自五四运动以来,在共产党的领导下,在新民主主义革命进程中,共青团都发挥了先锋队的积极作用,青年志愿服务也成为先锋队、生力军的组成部分,以关心和帮助劳苦大众的方式,传播党的宗旨,传递团的理念。这时候,共产党人的"志愿服务"与青年团员的"志愿服务"都带有鲜明的民族感情和阶级感情,为受压迫的中国人民服务,为做牛做马的劳苦大众服务。1923 年 8 月,中国社会主义青年团第二次全国代表会议"从为青年特殊利益奋斗出发进一步提出要通过有效的工作引导青年工人加入工会,在农村创办农会,同时要求青年团员为青年工人、农民举办义务教育,引导学生关心社会、服务社会,带领青年妇女参加争取男女平等、婚姻自由的斗争"[②]。从第一次大革命时期青年团员跟随毛泽东、蔡和森等深入工厂、农村,办工人夜校、农民夜校,义务向群众传授文化知识,为群众减轻生活压力和痛苦提供帮助,这些都体现了志愿服务的精神。在土地革命时期,青年战士跟随朱德等为井冈山根据地的农民耕地、播种,关心群众疾苦,也是志愿服务的体

---

① 习近平.习近平谈治国理政:第三卷[M].北京:外文出版社,2020:333.

② 李玉琦.中国共青团史稿[M].北京:中国青年出版社,2010:57.

现。抗日战争和解放战争时期，共青团组织、青年救国会、青年抗日组织等都在坚持抗日、坚持斗争的同时，将热情服务群众、激励发动群众作为重要的任务，以不同形式的志愿服务为共产党赢得民心，有力支持了民族解放事业和人民革命斗争的进程。因此，在新民主主义革命年代，共产党领导、共青团引领的青年志愿服务，就是与千千万万青年一道，以青年先锋队的面貌出现在革命斗争和服务群众的第一线，发挥积极的作用，作出积极的贡献。

二、新中国建设时期青年的志愿精神体现在积极参与国家发展和民生改善的义务奉献

中华人民共和国成立以后，共青团组织引领的青年志愿服务主要任务转变为参加社会主义建设、改变国家的落后面貌、改善人民群众的贫苦生活。为配合城市的工厂建设和工业发展，各地共青团纷纷建立"青年突击队"，与此同时，发动城市青年志愿到农村、边疆开展义务劳动，"青年垦荒队"成为志愿服务的新形式。陆士桢教授分析："青年志愿垦荒队虽然带有很强烈的行政色彩，但其组建的基本原则、秉承的基本理念，应该说与现代志愿服务精神有着高度的同质性，其行为主体的青年特征，也成为日后中国志愿服务发展的重要特色。"[1]"把一切献给党""为党的事业奋斗终身"是这一时期青年志愿服务的鲜明时代特点，特别是"向雷锋同志学习""学雷锋、做好事"进一步将青年志愿服务升华，成为一个时代的典型标志。"1963年初，由共青团组织发起，经中共中央领导人的倡导和推动，在全国范围内掀起了学习雷锋活动的热潮。从此，这项活动成为当代共青团历史上的一次持续时间最长、涉及面最广、影响最为深远的活动。"[2]从学雷锋活动的发展历程看，共青团组织发挥了极大的作用，青年志愿者作出了极大的贡献。一是团员青年最先响应团中央的号召，开展了"学雷锋、做好事"的活动，将雷锋同志一心为公、乐于助人的精神传遍全国。二是在毛泽东同志题词"向雷锋同志学习"之后，团员青年进一步提高对学雷锋的思想认识，不仅仅是作为社会文明进步的行动，而且是作为自己世界观、价值观、人生观塑造的宝贵资源，成为青少年

---

① 陆士桢. 中国特色志愿服务概论［M］. 北京：新华出版社，2017：150.
② 李玉琦. 中国共青团史稿［M］. 北京：中国青年出版社，2010：249.

成长的指路明灯。三是团员青年伴随时代的变化不断丰富学雷锋的内容。"几十年来，雷锋同志在广大青年心中的形象，经历了'好战士、好榜样、好公民'的内涵丰富过程。"① 也就是说，从"以阶级斗争为纲"转向"以经济建设为中心"，再进入"把人民对美好生活的向往作为奋斗目标"，雷锋精神成为志愿服务发展的强大动力。

三、改革开放新时期青年的志愿精神体现在为人民群众的利益需求提供爱心帮助

从 1978 年开始，我国进入"以经济建设为中心"的改革开放时代，此时，共青团组织在党的领导下倡导社会新风，掀起了青年志愿服务的新热潮。1980 年，共青团组织率先重新发起"学雷锋、做好事"活动，端正社会风气、抵制歪风邪气，逐渐延伸为全国风行的"五讲四美三热爱"。在共青团组织和团员青年探索的基础上，党中央推进社会主义精神文明建设，开创了市场经济条件下社会文明的新形态。当代中国最早诞生的志愿服务组织和志愿服务项目，包括北京大栅栏的"综合包户"志愿服务项目，广州"手拉手"志愿者服务热线，深圳依法注册"义工联"，都是由共青团组织发起和推动的，团员青年在其中成为主体和骨干，带动全社会的响应和参与。1994 年，共青团中央成立中国青年志愿者协会，获得党和国家领导人的重视和支持。江泽民同志为"中国青年志愿者"题词。胡锦涛同志在致中国青年志愿者协会成立大会的贺信中指出，"青年志愿者行动是适应时代呼唤和社会需要应运而生的。它作为共青团'跨世纪青年文明工程'和'跨世纪青年人才工程'的重要组成部分，是动员和带领广大青年投身两个文明建设的可贵尝试和新的创造。"② 在改革开放历程中，团组织推动的青年志愿者事业，成为引领社会新风尚的重要力量。一是共青团适应建设社会主义文明的需要，率先丰富和拓展青年志愿服务的内容，提出"奉献、友爱、互助、进步"的志愿精神，成为"时代最强音""最亮风景线"，对全社会的风尚转变产生了积极作用。二是团员青年作为志愿者，突出关爱群众、帮扶群众，尤其是对特殊群体、困难群体

---

① 谭建光. 中国式青春：从青年突击队到青年志愿者：中华人民共和国成立 70 年来青年群体的变迁［J］. 中国青年研究，2019（3）：38.

② 共青团中央宣传部，中国青年志愿者协会秘书处. 中国青年志愿者［M］. 北京：大众文艺出版社，1999：118.

的服务，弘扬党的为人民服务宗旨，彰显社会主义大家庭的温暖。共青团中央《1995年青年志愿者行动安排意见》要求："青年志愿者行动要着力抓好重点活动和机制建设，紧紧围绕党的中心任务和人民群众最基本的生活需求推进。"①三是在青年志愿者的影响和带动下，公职人员志愿者、专业人士志愿者、巾帼志愿者等不断涌现，掀起了全社会的志愿服务热潮。尤其是2008年"汶川特大地震"灾后志愿服务热潮和"北京奥运会"志愿服务热潮，以青年为主体，吸引社会各阶层参与，构建了社会关爱、社会互助的新体系、新机制，为社会和谐与发展提供有力的支持。

四、中国特色社会主义新时代青年的志愿精神体现在为人民群众的共同富裕贡献力量

中国特色社会主义新时代，共产党为着人民对美好生活的向往而奋斗，青年志愿者也围绕全体人民共同富裕的追求而努力奉献。习近平同志指出："我们说的共同富裕是全体人民共同富裕，是人民群众物质生活和精神生活都富裕，不是少数人的富裕，也不是整齐划一的平均主义。"②在脱贫攻坚进程中，广大青年志愿者响应党中央的号召，提供农村产业发展技术支持志愿服务、农村留守儿童关爱成长服务、农村困难家庭结对帮扶服务等，作出积极的贡献。与此同时，全党面向广大县区和镇村开展新时代文明实践工作，并且明确要求以志愿服务为主要活动形式，为此，共青团带领青年志愿者积极奉献爱心、勇于探索实践，一步一步建设美好生活、实现共同富裕。这既不是单纯传承历史习俗，也不是简单照搬外国经验，而是在中国共产党领导下的伟大实践，是中国人民的伟大创造，也是青年志愿者努力下的丰硕成果。"探讨慈善公益、志愿服务时，不仅要借鉴国外经验，更重要是以习近平新时代中国特色社会主义思想为指引，坚持中国特色、共同富裕，探寻符合中国志愿服务实际的发展路径和社会功能。"③一方面，青年志愿者为劳动创造、勤奋致富的广大群众提供智力支持、资源支持等帮助，促进越来越多的群众走上共同富裕之路。另一方面，青年志愿者为在共同富裕进程中遇到困难、面

---

① 共青团中央宣传部，中国青年志愿者协会秘书处.中国青年志愿者［M］.北京：大众文艺出版社，1999：217.

② 习近平.扎实推动共同富裕［J］.求是，2021（20）：4.

③ 谭建光.第三次分配与志愿服务发展新契机［J］.中国志愿服务研究，2021（2）：11.

临问题的群众提供关爱和帮助，通过献爱心、送温暖，让共同富裕的道路上"一个都不能少"。这样，在实现党的"两个一百年"奋斗目标，促进人民群众对美好生活的追求，实现全体人民共同富裕的进程中，共青团引领的青年志愿服务更有作为和贡献。

回顾和分析建党百年、建团百年的青年志愿服务发展历程，就可以逐渐梳理出"源"与"流"的关系。近年来，伴随对中国志愿服务研究的深入，学术界提出中国特色志愿服务的源泉包括多方面的要素，如中华传统友善互助、党的为人民服务宗旨、学雷锋做好事风尚等。据陆士桢教授分析，革命战争年代"中国共产党领导下的人民革命运动风起云涌，党领导的公益事业也不断发展，其中不乏志愿者队伍和志愿者的身影"①。同样，伴随中国革命事业和建设事业发展起来的青年志愿服务也有"源"与"流"：其"源"既有党的为人民服务宗旨的引领，也有雷锋精神"乐于助人"的影响，还有团员青年热情奉献的特质；其"流"就是伴随不同时代体现出来的志愿服务内容变化，如革命战争年代是帮助劳苦大众，从了解群众疾苦到推动翻身解放，在和平建设年代是关爱帮助群众，从友善互助到爱心扶助等。因此，进入中国特色社会主义新时代，青年志愿服务在做好传承的基础上，更要适应时代变迁和需求变化，不断创新发展，发挥更大功能。

第二节　新时代青年志愿服务的"四个如何跟上"

中国特色社会主义新时代，对共青团工作、青年发展、青年志愿服务都提出新的要求。习近平同志指出："只要青年都勇挑重担、勇克难关、勇斗风险，中国特色社会主义就能充满活力、充满后劲、充满希望。"②共青团引领的青年志愿者事业也是新时代的活跃力量，也要为实现党的第二个百年奋斗目标作出贡献。"当代中国的志愿服务，从最初一些地区爱心人士的探索，到青年志愿者行动的发展，再到社会各界参与志愿服务，成为党和政府高度重视

---

① 陆士桢.中国特色志愿服务概论［M］.北京：新华出版社，2017：149.
② 习近平.习近平谈治国理政：第三卷［M］.北京：外文出版社，2020：335.

的事业，并且将志愿服务纳入国家发展的新战略。"①青年志愿服务就要在实现党和国家的战略部署，推进社会经济发展、社会治理创新、城乡民生改善、生态环保建设等方面作出新贡献，但目前青年志愿者和青年志愿组织中存在"四个如何跟上"的问题。一方面是习惯原有的"活动式"服务，缺乏不断深化服务、持续拓展服务的能力；另一方面是局限于微观的服务思维，未能确立"围绕大局、服务群众"的宏观思维。这样就制约了青年志愿服务在新时代的主动作为和积极贡献。

一、思想认识如何跟上：青年志愿者如何服务伟大复兴

中国共青团引领的青年志愿服务事业，从一开始就与中国人民的解放事业、新中国的建设事业紧密相连、息息相关。进入新时代，青年志愿服务如何围绕大局、配合中心、服务群众、成就青年是一个值得思考的问题。《习近平致中国志愿服务联合会第二届会员代表大会的贺信》要求："推进志愿服务制度化常态化，凝聚广大人民群众共同为实现'两个一百年'奋斗目标、实现中华民族伟大复兴的中国梦贡献力量。"②这是对志愿服务事业发展提出更高的目标、更大的寄托。然而，一些地方团组织和青年志愿组织对此认识不足、思想准备不足，青年志愿服务的社会作用逐渐减弱，甚至出现"边缘化""附属化"的状况。特别是进入21世纪之后，党中央高度重视、精心部署，形成文明委统筹、文明办牵头，民政行政管理，共青团协助推进，各部门、各机构协同发展的志愿服务新格局。这样一来，过去团组织在发展志愿服务方面"一家独大""一枝独秀"的状况改变了，成为"百花齐放""各领风骚"的新形势。这时候，有些团干部和青年志愿者骨干便认为青年志愿服务"不受重视""影响减弱"，缺乏继续积极创新、积极推动的热情，有些地方甚至让青年志愿服务"自生自灭""无所作为"。这样，既不利于青年志愿服务配合党和国家的发展要求，在中华民族的伟大复兴中作出优异贡献；也不利于青年志愿服务作为共青团"围绕大局、服务群众"的有效抓手，在群团改革和青年发展中发挥更大作用。笔者认为，新时代青年志愿服务事业要按照党的

---

① 谭建光. 中国志愿服务：从青年到社会：改革开放40年青年志愿服务的价值分析［J］. 中国青年研究，2018（4）：32.
② 习近平致中国志愿服务联合会第二届会员代表大会的贺信［EB/OL］.（2019-07-24）［2024-11-04］. https://www.xinhuanet.com//politics/2019-07/24/c_1124792815.htm.

要求、团的指导，在全社会志愿服务发展中更好地体现先锋作用、创新作用、活跃作用，充分发挥团员青年的思想敏锐、敢闯敢干特点，为中国特色志愿服务率先探索、做出佳绩。

二、组织发展如何跟上：青年志愿者协会如何内强外活

改革开放以来的一段时期，各地共青团组织从主动成立青年志愿者协会到积极推动成立志愿者联合会，逐渐凝聚起全社会的志愿者和志愿组织。团委同时主管志愿者联合会与青年志愿者协会，开展两个秘书处的工作，常常是"两块牌子、一套人马"。如今越来越多地方的党委社会工作部建立"志愿服务促进中心（发展中心）"，将志愿服务联合会（志愿者联合会）收归主管并开展秘书处的工作。因此，共青团就留下青年志愿者协会，并且开展青年志愿服务的推广普及工作。这种情况下，部分地方团组织不重视青年志愿者协会的建设与发展，甚至认为青年志愿者协会"可有可无""聊胜于无"。调查发现，某些地方的县区青年志愿者协会"三缺"，即缺专职人员、缺专门经费、缺专有场地，无法有效开展服务活动。另外，现在出现了非常多的新兴青年群体，他们有各种各样的思想动态，也有各种各样的热情冲动，但青年志愿组织缺乏有效的途径与机制吸引这些新兴青年，未能有效引导他们成为志愿服务的活跃力量，未能很好地完成党要求的共青团广泛凝聚青年群体的任务。一些团干部没有认识到青年志愿组织的重要价值和积极作用。从新时代的发展环境看，一方面青年志愿组织能通过组织青年开展志愿服务，为国家发展作出贡献、为群众幸福提供服务；另一方面青年志愿服务组织是共青团联系青年、凝聚青年的有效纽带，能够汇聚更加广泛的青年群体。所以，在新时代不仅不能削弱青年志愿者协会的作用，反而要不断加强建设和发展，拓展组织内涵、丰富组织形式、活跃组织成员，让青年志愿服务组织发展壮大、更有作为。

三、项目创新如何跟上：青年志愿服务项目如何既新又好

中国特色社会主义新时代，面临解决"不平衡"与"不充分"矛盾的需要，适应人民对美好生活的向往，就要求共青团引领青年志愿服务组织不断创造丰富项目、不断深化细化服务。但一些地区的团组织仍简单将青年志愿服务作为"自留地"，将服务项目局限在配合团工作的任务，完成团工作的业

绩，而没有真正从社会发展需要、群众生活需求的角度来推进青年志愿服务项目的创新。一方面，有些青年志愿服务组织的项目仍然是简单化、肤浅化的；往往是节假日就想到去老人院探望，到社区关心慰问，或者应付任务"站站马路""扫扫大街"。另一方面，有些青年志愿服务项目是主观随意、"想当然"的，往往是一些青年志愿者到社区服务不到 2 个小时，就到附近游玩很长时间；或者简单通过网络、微信浏览项目，不了解社区、农村实际需要就进行实施，结果是"蜻蜓点水""水过鸭背"，没有留下良好的服务效果。还有就是一些青年志愿者和青年志愿组织低估社区、农村群众的需求，以为老人、妇女只有简单需求，蜂拥而来"唱唱歌""跳跳舞"就以为群众很满意。其实，现在的社区、农村有很多老人与妇女都用手机、上网络，接触不少新事物，对青年志愿者过于浅显的表演和服务并不满意，期望更有水平的表演、更有质量的服务。因此，在新时代如何设计志愿服务的项目，既有丰富内涵、也有新颖活力，是值得思考的问题。

四、文化传播如何跟上：青年志愿服务文化如何引领时尚

共青团引领的青年志愿者行动，在关爱社会、服务群众的同时，也成为倡导社会文明、弘扬社会风尚的重要力量。1994 年，时任团中央第一书记的李克强同志在《希望更多的青年朋友走进志愿者行列》中指出："通过扎实有效的志愿服务，树立起志愿精神，向社会昭示，让青年懂得：一个民族、一个社会、一个国家的进步，既离不开物质文明的支撑，也离不开精神文明的保障。"[①] 从新民主主义革命年代，青年团员就"开风气之先"。然而，近年来，网络发达、信息丰富，青年志愿服务引领社会风尚的功能有所削弱，积极作用未能充分发挥。一方面是有些地方的团组织、青年志愿服务组织只满足于做简单"送温暖、做慰问"活动，没有认真感悟新时代的文明生活、文化风尚需要，没有积极营造青年志愿服务的文化特色。另一方面是一些团干部、青年志愿者跟不上时代，对网络信息技术了解少、使用少，缺少在网络上进行正能量"发声""发光"的主动性。有些地方的青年团员、青年志愿者没有主动占领网络文化和文明传播的阵地，网络就被不法分子利用，制造谣

---

① 共青团中央宣传部，中国青年志愿者协会秘书处. 中国青年志愿者［M］. 北京：大众文艺出版社，1999：136.

言，危及社会文明风尚，造成社会不良影响。为此，面对中国特色社会主义新时代的要求，共青团要引领青年志愿组织积极传播志愿精神、积极培养志愿文化，推动社会文明风尚的发展。

第十六章　中国青年志愿服务的发展方向

中华人民共和国成立 75 年以来的青年志愿服务发展，体现了青年响应社会文明与人民生活的需要而作出的友爱奉献；又反映出青年发挥热情和创造性而不断有所作为、有所成就；也促使青年在服务和奉献中获得个性完善和能力提升。中华人民共和国建立初期，适应社会主义革命和建设的需要，诞生了"青年突击队""学雷锋青年"等奉献社会、服务他人的群体。这些群体的服务具有无偿奉献的特性，也具有社会强力推动、集体意识强烈的特点。改革开放后，受到国外及我国港澳地区的影响，从沿海到内地、从城市到农村逐渐诞生了"青年志愿者""青年公益人"等群体，他们将个人兴趣爱好与志愿服务相结合，带动社会形成助人为乐的新风尚。1993 年共青团中央实施"中国青年志愿者行动"，1994 年"中国青年志愿者协会"正式成立。数十年来，中国志愿服务经历"从青年争先到全民参与""从青年创新到社会繁荣"的过程，逐渐成为"凝聚人心、温暖人心、激励人心、引导人心"，同心协力建设美丽富强中国、创造人民美好生活的重要载体。进入中国特色社会主义新时代，青年志愿服务成为助力人民实现美好生活的有效载体，通过促进社会发展、民生改善、治理创新、文化复兴等，在社会各个领域奉献爱心、帮助他人，赢得广泛的认可和赞誉。为此，我们从青年服务社会与服务人民的视角，对志愿服务的源流和轨迹进行深入研究，分析青年志愿服务的过去、现在和未来，科学把握新时代青年志愿服务的发展方向，为中华民族伟大复兴的事业作出贡献。

第一节　新中国青年志愿服务的溯源

中华人民共和国的成立，为青年一代践行"为人民服务"宗旨提供了强大的动力。在新中国成立初期，广大青年学生积极参加"土改工作队"，深入农村为老百姓争取"分田分地"、争取"翻身权利"，该行动包含了志愿服务的精髓。1950年，中国人民志愿军"跨过鸭绿江"，保家卫国、奉献青春，也具有志愿服务的特点，因此，一些专家研究中华人民共和国成立以来志愿服务的发展便是从"志愿军"的源头开始。"中国人民志愿军……之所以命名为志愿军并使用了完全不同的番号和编制，是为了表示中国不是跟美国宣战，是人民志愿支援朝鲜。"①可以说，志愿精神存在于中华人民共和国成立以来各种青年发展事业之中。我们结合国家建设和人民生活需要，分析新中国青年奉献和青年服务的代表性群体，以及他们与志愿服务的联系，可以获得较多的启示。

一、"青年突击队"

20世纪50年代初期"百废待兴"，"青年突击队"组织青年不计报酬、不讲条件，发挥无私奉献精神，为社会主义建设提供大力支持，包括在各种建设工地"加班加点"，还有在企业生产中主动承担"急难重"任务，在农业生产中积极探索种植养殖新技术等。这些志愿奉献、勇于创造的"突击队"，为国家建设和人民生活提供了许多帮助，成为志愿服务的萌芽。

二、青年义务劳动

20世纪50年代后期，全国掀起"义务劳动"热潮，青年成为其中最积极、最活跃的力量。青年在学习和工作之外，奉献自己的业余时间为建设水库、堤坝、梯田、公园、纪念场馆等提供人力支持，保障社会主义建设任务的顺利完成，为党和国家作出了极大的贡献。这种从苏联引入的"义务劳动"观念，具有无偿奉献、无私劳动的志愿服务特点，但是更多强调为了国家和集体的利益，具有较强的政治动员性和纪律约束性。

三、"青年学雷锋活动"

进入20世纪60年代，在社会主义建设新的阶段，千百万青年被雷锋同

---

① 北京志愿服务发展研究会. 中国志愿服务大辞典［M］. 北京：中国大百科全书出版社，2014：475.

志"无私奉献""助人为乐"的精神感染。"1963年3月5日，毛泽东发出了'向雷锋同志学习'的伟大号召。……雷锋精神的时代内涵，集中体现在为人民服务、助人为乐的奉献精神，干一行爱一行、专一行精一行的敬业精神，锐意进取、自强不息的创新精神，艰苦奋斗、勤俭节约的创业精神。"[1]广大团员青年向雷锋同志学习是方方面面的，既有思想道德的学习，也有热爱工作的学习，还有热心助人的学习。其中，"学雷锋、做好事"成为全国青少年的时尚，青少年在帮助他人、奉献社会的过程中，体现自己的人生价值，感受自己的生活快乐。

回顾新中国青年志愿服务的源头可以发现，青年中蕴含着巨大的热情和创造力量，通过志愿服务为国家重点建设作贡献，为改善城市农村人民生活作贡献，成为特殊时代的先锋群体。

第二节　新时期青年志愿服务的崛起

党的十一届三中全会开启了改革开放进程，不仅促成从"阶级斗争"向"经济建设"的转变，也促成从"愚昧落后"向"社会文明"的转变，青年志愿服务获得发展的新条件。

一、改革开放催生青年志愿服务

改革之后，"睁眼看世界"的青年一代，不仅看到外国的经济发达和文化繁荣，也看到外国的文明礼仪和博爱助人，特别对从欧美国家传播到世界各地的现代志愿服务产生了兴趣。青年一代在与我国港澳同胞交往中了解和学习"义工精神"，1987年催生了广州市"手拉手"志愿者服务热线，1990年催生了深圳市依法注册"义工联"，开始推进"爱心奉献、助人自助"的志愿服务文化。与此同时，伴随改革开放而进入中国的国际机构和组织，带来了现代公益、志愿服务的理念和经验。联合国开发计划署、联合国志愿人员组织1980年与中国政府合作，在北京建立办事处，开始介绍国际志愿者进入中

---

① 张仲国，聂鑫，刘淑艳. 雷锋精神与志愿者行动［M］. 北京：中国财政经济出版社，2013：1-2.

国开展服务，也招募中国志愿者到外国提供服务，引起青年对志愿服务的关注。1983年北京大栅栏在继承"学雷锋"的基础上，结合现代志愿精神，创造了"综合包户"志愿服务；1989年天津市朝阳社区结合现代转型创办"社区志愿服务团队"。这样，中国社会的友善互助与现代世界的志愿服务有机结合，成为新时期青年志愿服务诞生和发展的基础。

二、社会文明滋养青年志愿服务

20世纪90年代，中国处于社会转型期，在经济发展的同时，如何避免"道德滑坡""世风日下"成为必须重视的问题。青年在学雷锋的基础上，开展"五讲四美三热爱"活动，大胆借鉴欧美国家志愿服务的发展经验，通过组织化、持续化的服务，倡导社会的新文明、新时尚。1993年共青团中央发起青年志愿者行动，在铁路系统率先推广青年志愿服务，1994年成立的中国青年志愿者协会，成为第一个全国性的志愿服务社团。青年志愿者倡导的"奉献、友爱、互助、进步"精神，引起全社会共鸣，获得广泛传播。30年来，青年志愿服务创造的众多品牌，如"扶贫接力志愿服务""西部计划志愿服务""阳光助残志愿服务""关爱行动志愿服务""暖冬行动志愿服务""保护母亲河志愿服务"等，得到社会的广泛响应，产生了非常好的社会效果。

三、国家振兴壮大青年志愿服务

进入21世纪后，为适应国家振兴发展的需要，更好地弘扬党的宗旨，传承中华文化，中央宣传部、中央文明办提出"学雷锋志愿服务"的发展方向，青年志愿服务纳入这一范畴，并且在其中发挥积极作用。2008年"汶川特大地震"灾后志愿服务激发广大青年的爱心，2008年北京奥运会志愿服务展示广大青年的热情和周到，2010年上海世博会志愿服务、广州亚运会志愿服务让"一起来、更精彩"成为广大青年的自豪和骄傲，2014年启动的"中国志愿服务交流会暨青年志愿服务项目大赛"激励广大青年发挥聪明才智、大胆探索创新，为人民群众提供新颖活泼、富有实效的服务项目。在这种参与社会发展进步的过程中，青年志愿者事业不断发展壮大，成为文明进步和民生改善的重要力量。

第三节　新时代青年志愿服务的发展方向

中国特色社会主义进入新时代，党的十九大提出"推进诚信建设和志愿服务制度化，强化社会责任意识、规则意识、奉献意识"[①]，将志愿服务纳入实现党的"两个一百年"战略的统一部署，纳入共建共治共享的社会治理新格局，这对青年志愿者进一步服务社会、群众，在志愿服务中锻炼成长，具有重要意义。为此，我们要认真研究新时代青年志愿服务的发展方向，引导青年志愿者把握机遇，服务社会、帮助他人，在爱心奉献中获得自己的成长成才。

一、党的宗旨引领青年志愿服务的方向

中国青年志愿者行动，是新时期共青团组织在党的领导下，适应社会需要和青年需求的创新举措。青年志愿者和青年志愿组织要深刻回应时代需要，切实把握党和国家的要求，将党的宗旨作为引领志愿服务发展的方向，努力在关爱和帮助人民群众的服务中传递党的温暖，扩大党的号召力和影响力。第一，青年志愿者弘扬：为人民服务宗旨与友善互助精神。中国共产党的宗旨是全心全意为人民服务，志愿服务具有一脉相承的精神源泉。青年志愿者积极帮助和服务人民群众，也激励城乡群众发挥友爱互助精神。基层群众在参与志愿服务的过程中，不断丰富对"为人民服务"的理解，既获得党组织的关怀和帮助，也获得群众之间的互相关心、互相帮助。第二，青年志愿者倡导：以人民为中心理念与主人翁精神。志愿服务激励群众以志愿者的身份加入社会服务、自我服务的行列，在新形势下发挥主人翁精神。青年志愿者在党和国家的各项事业发展中发挥聪明才智，参与和奉献，获得青春的发光、人生的精彩。第三，青年志愿者追求：人民美好生活与共同奋斗。党的十九大提出人民对美好生活的向往就是我们党的奋斗目标，激发青少年对美好生活的寄托和愿景。青年志愿者是当代中国奋斗和奉献的突出群体代表，在奉献中影响更多人共同参与美好生活的建设；志愿者在服务中也激发自身对生活的更多追求和渴望，不断创造新生活、新前途。"美好生活是奋斗出来的"

---

① 本书编写组. 党的十九大报告学习辅导百问 [M]. 北京：党建读物出版社，2017：34.

新理念通过志愿者的传播和实践，逐渐成为社会共识、社会时尚，成为未来中国的崭新元素。

二、青年传播志愿精神营造社会新风尚

中国青年志愿者是文明创建、文明实践的活跃力量，在社会转型发展中发挥重要的作用。陆士桢教授分析："奉献精神是志愿服务的本质体现""友爱精神是现代志愿服务精神的情感特征""互助精神是现代志愿服务精神的核心支撑""进步精神是现代志愿服务的巨大动力"，并且论述："在志愿服务中，奉献是指志愿者在不计报酬、不求名利、不要特权的情况下参与推动人类发展、促进社会进步的活动，是志愿服务精神的精髓，更是现代志愿服务精神的价值核心。"[①]我们在此基础上不断延伸新的理解和认识。第一，青年志愿者发挥奉献精神是一种内在动机。改革开放以来人们不满足于简单划一的付出，而是思考奉献精神与个人动机的相互关系。所以，从人的本性及其动机，考察青年志愿者奉献精神的心理基础，再逐渐提升到"向雷锋同志学习"，为国家、社会和他人作出奉献，在奉献中自豪自信、自觉成长。第二，青年志愿者发挥友爱精神是一种情感支撑。志愿服务的"友爱"建立在"同理心"基础上。"同理心"强调不能"居高临下"、不要"怜悯施舍"，而是要尊重服务对象，在平等的基础上开展服务。新时代青年志愿者友爱精神的发扬，就是要针对不同阶层和群体的需求，建立亲近、信任的关系，在关爱和互助中促进广大群众的生活改善，促进困难群众的境遇改变。第三，青年志愿者发挥互助精神是一种生活需求。互助精神是人类存续与发展的基础，也是中华民族文化的精髓。青年志愿者在为社会和他人提供帮助时，也感觉自己被需要和受到尊重，自己的生活更加充实和美好。同时，社区邻里守望、农村邻里互助，让每一个人的生活都获得其他人的关心和帮助，更坚定内心、踏实生活。第四，青年志愿者发挥进步精神是一种群体愿望。青年是社会中最有活跃性、最有创造精神的群体，通过志愿服务为国家和民族带来不断发展进步和创新动力的同时，不断拓宽社会视野、增强社会责任感，作出贡献，体现价值。在新时代不断充实和丰富的"奉献、友爱、互助、进步"志愿精神，包含青年成长和发展的需求，也包含青年回馈社会、报效国家的情怀，更包

---

① 陆士桢.中国特色志愿服务概论［M］.北京：新华出版社，2017：273.

含青年贴近民生、关爱群众的友善热情。这是国家和民族生生不息的源泉，也是一代代人发展进步的动力。

三、青年志愿服务传播和推广中华文化

中国青年志愿者通过国际赛会服务和国际交往服务，传播中华友好文化、传递中国友善声音。第一，青年志愿者展示中国友善。随着社会快速发展，改革开放逐步深入，新的国际困惑和挑战也随之而来。青年志愿者要围绕"构建人类命运共同体"的愿景，开展国际合作的志愿服务，在服务中传递中国友善的呼吁，展示中国友善的形象，以"民心相交""民心相通"为中国的国际发展创造条件。第二，青年志愿者传播中国技术。青年志愿者围绕"一带一路"共建国家开展志愿服务，参与国际"无国界医生""无国界社工"等服务项目，为受到战争创伤、灾害袭击的国家和地区提供专业服务，既开展救死扶伤的服务，也开展灾后生产恢复和生活改善的服务。青年志愿者对外传播生产、科技、文化、生活等领域的丰富专业知识，为国际社会发展作出了极大的贡献。第三，青年志愿者讲述中国故事。青年志愿者通过国际赛会、论坛，或通过援外志愿服务的实践，逐渐学会讲述中国故事、中国文化。北京"惠泽人"、杭州"公羊会"等公益志愿组织，主动走向欧美、亚太、拉美国家、非洲国家，对中华传统文化、民俗故事的新形式、新内容进行传播，赢得各国人民的理解和认同，为中国国际交往合作营造了良好的民间氛围。第四，青年志愿者塑造中国形象。青年志愿者在国际交流与服务中，塑造中国新时代友好、热情的形象。中国特色社会主义新时代，青年志愿者积极探索和创造传播中国文化、塑造中国形象的有效方式，为中国在国际社会发挥更大作用，构建人类命运共同体提供支持和保障。

四、青年志愿服务为民生改善作出贡献

新时代的青年志愿服务要为社会发展和民生改善作出贡献。党的十九大之后，提出了防范化解重大风险、脱贫攻坚、污染防治等"三大攻坚战"。这些领域都需要青年志愿者参与其中、发挥作用。一方面，青年志愿者要围绕这些重点工作探索和创新，推出切合实际、富有实效的服务项目；另一方面，青年志愿者也要适应人民对美好生活的向往，针对"不平衡"和"不充分"的矛盾探寻拓展志愿服务、满足民生需求的有效途径。这些点滴、细微的志

愿服务项目，由于贴近群众日常生活关注的焦点，受到社会的赞赏，获得极大的支持。这样，青年志愿者环保生态服务逐渐发展壮大，成为新时代一种非常有影响力的力量。

第四节　青年志愿服务"双主线"：助人与育人

回顾中华人民共和国成立 75 年以来青年志愿服务的发展历程，可以发现"助人"和"育人"是并行发展的"双主线"。最重要的就是将青年服务社会，与青年在服务中成长相结合，从而达到"服务与育人"的双向效果。

一、青年在志愿服务中坚定理想信念

青年一代都是在改革开放后成长起来的，对革命战争和新中国成立初期的环境了解不多、感受不深。在父辈创造经济发展、社会繁荣的局面之后，年轻人容易松懈、耽于享受。此时，吸引青年参与志愿服务，可以让其在服务实践中了解党的为人民服务宗旨，在服务实践中体会国家和民众的需要，在服务实践中贴近社会发展趋势。2018 年，中央深改委第三次会议审议通过《关于建设新时代文明实践中心试点工作的指导意见》，提出要求文明实践基地以志愿服务为主要抓手，建立志愿服务总队并由党政主要领导担任总队长。青年志愿者在配合党和政府，推进文明实践的发展，推进志愿服务普及的过程中，获得思想认识的提高，不断坚定社会主义的理想和信念。

二、青年在志愿服务中培养道德情操

青年志愿者在关爱和帮助他人的过程中，提高道德修养，不断培养自己的道德情操。从教育发展的经验看，道德情操的培养不仅是通过知识传播，更重要是通过实践体验。志愿服务活动，一方面让青年在关心社会他人、帮助困难群体的时候，既感受服务对象的坚强意志，也感觉助人的舒心和愉悦；另一方面让青年在志愿团队交往中，感受其他志愿者的高尚道德，树立自己道德发展的榜样。从调查的案例看，既有"从'古惑仔'到志愿者"的赵广军，也有"从小员工到志愿领袖"的李森，他们的成长经历给广大青年示范和激励，引导青年在个人奋斗、生活追求的同时，也乐于助人为乐、提

升道德水平。

三、青年在志愿服务中锻炼能力素质

许多青年在参与志愿服务的初期，只是简单地"奉献爱心""增长见识"，但是在服务实践中逐渐提高了自己的素质能力。一方面是认知社会的能力。原来局限在小家庭、小圈子之中，对社会和他人的认知狭隘，对很多事情不理解、不宽容。但通过志愿服务与他人接触交往，对人性需求有更多的了解和感受，提高了自己的认识水平，遇事更能理性认知和判断。另一方面是解决问题的能力。要如何帮助他人，很多志愿者最初一筹莫展，但后来逐渐学会向团队和有关部门和机构寻求支持，不断创造资源和条件，达到解决服务对象困难、改善服务对象生活状况的目的。这个过程中，青年志愿者学习如何去分析问题、探寻路径、链接资源、倡导改变等，掌握越来越多样化的能力，走向成熟。还有一方面是团队合作的能力。这一代青年大多数是独生子女或在少子女家庭中成长，在家庭生活与学校生活中缺乏团队沟通合作的意识。然而，参与志愿服务需要青年志愿者之间相互支持合作、共同解决问题。每位志愿者需要理解其他志愿者的想法，以团队成员乐于接受的方式进行沟通，合作完成目标。这个过程中，青年志愿者学会将个体力量融入团队的力量、组织的力量，依靠集体做成有益于社会的事情。

四、青年在志愿服务中激励创新创造

青年是中国特色社会主义的创造力量，青年志愿者是创造新时代美好生活的活跃群体。要不断拓展志愿服务的领域，在坚持以扶贫助困为重点的同时，面向创业就业、科技创新、文化复兴、社区营造、乡村振兴等，探索青年志愿服务的新途径和新方式。一方面，按照中国共产党为人民美好生活而奋斗的目标要求，志愿者要围绕群众的生活需求，不断提供多样化、有实效的服务。另一方面，按照联合国志愿人员组织"国际志愿者年"提出的"志愿服务促进社会发展"的要求，青年志愿者在创造公平公正、平等发展的新社会的过程中不断创新，贡献自己的力量。如青年志愿者在建设"美丽中国"的过程中，为环境保护、生态建设贡献聪明才智。青年志愿者不断探索和拓展志愿服务的领域，不断丰富和充实志愿服务的内容，在社会发展、人民生活的各个领域发挥积极作用，成为新时代中国特色社会主义建设的贡献者。

第十七章　中国青年志愿服务巩固党的执政基础

习近平同志在党的二十大报告中提出："中国式现代化，是中国共产党领导的社会主义现代化，既有各国现代化的共同特征，更有基于自己国情的中国特色。"① 随后，中共中央、国务院印发《党和国家机构改革方案》提出："中央社会工作部……划入中央精神文明建设指导委员会办公室的全国志愿服务工作的统筹规划、协调指导、督促检查等职责。"② 这是又一次调整志愿服务的统筹协调，力求发挥更大更好的作用。中央社会工作部部长吴汉圣、副部长赵世堂一行在调研的时候指出："要以创新增动力，加强志愿服务内容、载体和方式创新，结合各地实际和地域差异，有针对性地设计项目，在志愿服务融入基层党的建设，整合凝聚行业协会商会、'两企三新'资源力量参与和支持志愿服务等方面持续探索创新，推动老品牌有新亮点、新项目有实内容。"③ 青年志愿者，是当代中国志愿服务的发起者和倡导者。共青团中央最早成立全国性志愿服务组织——中国青年志愿者协会，率先开展扶贫接力志愿服务、西部计划志愿服务、援外志愿服务、大型赛会志愿服务等，为我国志愿服务事业作出有益的探索和贡献。1994 年，时任中共中央政治局常委的胡锦涛同志代表党中央为中国青年志愿者协会成立大会致贺信指出，青年志愿者行动"是动员和带领广大青年投身两个文明建设的可贵尝试和新的创造"④。因

---

① 习近平．习近平著作选读：第一卷［M］．北京：人民出版社，2023：18.

② 中共中央　国务院印发《党和国家机构改革方案》［EB/OL］．（2023-03-16）［2024-11-04］. https://www.ccps.gov.cn/xtt/202303/t20230316_157275.shtml.

③ 中央社会工作部部长吴汉圣调研志愿服务工作［EB/OL］．（2023-08-25）［2024-11-04］. https://www.cvsf.org.cn/news/institution/16953457701426.html.

④ 共青团中央宣传部，中国青年志愿者协会秘书处．中国青年志愿者［M］．北京：大众文艺出版社，1999：118.

此，在全面建设社会主义现代化国家的新阶段，青年志愿服务要在促进社会文明进步和巩固党的执政基础等方面进一步探索创新，作出更大的贡献。

第一节　党领导的青年志愿服务发展规律

中国青年志愿服务与世界上其他国家和地区志愿服务最重要的区别就体现在党的领导和支持。这项由共青团员、优秀青年探索出来的关爱帮助社会人群奉献爱心热情、奉献时间精力的崇高事业，从诞生之日起就获得党的高度关心和重视。党的历任领导人为青年志愿服务题词、致辞和写信，发表重要讲话，指明方向、勉励发展。江泽民同志为"中国青年志愿者"题词，胡锦涛同志为中国青年志愿者协会致辞，习近平同志多次为青年志愿者回信，对弘扬雷锋精神、发展志愿服务事业作出一系列重要指示。在党的领导下，青年志愿者围绕大局、服务群众，不断探索和创新，取得可喜的成绩。在全面建设社会主义现代化国家的新阶段，青年志愿服务更要响应党中央的号召，凝聚志愿者的力量，在社会发展、文明进步、民生改善、生态环保等领域作出更大的贡献。

一、坚持为人民服务宗旨

党领导的青年志愿服务，在深入城市和农村、社区和乡村开展关爱互助的时候，最重要的就是坚持弘扬党的全心全意为人民服务宗旨。毛泽东同志指出："我们这个队伍完全是为着解放人民的，是彻底地为人民的利益工作的。"[1] 习近平同志勉励青年："要立志报效祖国、服务人民，这是大德，养大德者方可成大业。"[2] 这些都需要青年在日常工作学习和长期志愿服务中体现出来、传播开来。陆士桢教授提出："志愿服务与全心全意为人民服务都是基于内心的自觉、自愿的行动。"[3] 青年志愿服务只有与党的宗旨相结合，只有在服务实践中体现党的宗旨，才能够凸显出社会价值。从根本上说，党的全心

---

[1] 毛泽东. 毛泽东选集：第三卷［M］. 北京：人民出版社，1991：1004.

[2] 习近平. 论党的青年工作［M］. 北京：中央文献出版社，2022：77.

[3] 陆士桢. 中国特色志愿服务概论［M］. 北京：新华出版社，2017：221.

全意为人民服务的宗旨,是引导共产党员开展一切工作、做好一切事情的指引,也是引导青年志愿者做好服务、突出实效的指引。青年志愿服务要传承和弘扬党的为人民服务宗旨,就是要将志愿服务建立在赢得广大人民群众拥护和支持,切实满足人民群众生活与发展需求的基础之上,做好事、解忧困,为城乡群众克服困难、摆脱困境提供帮助,在中国式现代化建设中发挥积极作用。不论是青年志愿者参与"西部计划""支教团"服务,还是青年志愿者走进社区、贴近邻里,开展基层治理服务,这些一点一滴、琐琐碎碎的服务,虽然事情很小,但是意义很大,就是将党的为人民服务宗旨传播到社区农村,传递到群众心中,成为新时代社会发展进步的基石。

二、坚持社会主义方向

党领导的青年志愿服务,要在关心和帮助群众的过程中宣传中国特色社会主义,激励广大群众树立理想信念、坚定发展信心。习近平同志给华中农业大学"本禹志愿服务队"的回信中说:"希望你们弘扬奉献、友爱、互助、进步的志愿精神,坚持与祖国同行、为人民奉献,以青春梦想、用实际行动为实现中国梦作出新的更大贡献。"① 中国"不论怎么改革、怎么开放,都要始终坚持中国特色社会主义道路、中国特色社会主义理论体系、中国特色社会主义制度、中国特色社会主义文化"②。通过青年志愿服务传播和普及中国特色社会主义,并且将理论与实践应用有机结合,具有非常重要的作用。在青年深入社区和农村开展服务的时候,一方面是使党领导中国人民"站起来""富起来""强起来"的历史进程为广大群众了解和熟悉,让更多的人了解社会主义发展带来的可喜变化,对社会主义现代化建设充满信心,从而激励广大群众珍惜今日、奋进未来。另一方面是青年在宣传与服务的过程中增长见识、获得体验,也能够丰富自己对社会主义发展的认识,坚定自己对社会主义现代化的信心,从而推动中国特色社会主义新时代获得更好的发展。

---

① 习近平. 论党的青年工作 [M]. 北京: 中央文献出版社, 2022: 51.
② 中共中央宣传部. 习近平新时代中国特色社会主义思想三十讲 [M]. 北京: 学习出版社, 2018: 27.

三、坚持实事求是原则

党领导的青年志愿服务要坚持实事求是的原则，要在深入了解社会需要、青年需求的前提下开展服务、做好服务。毛泽东同志在《反对本本主义》中呼吁"到群众中作实际调查去"①。从毛泽东同志开展寻乌调查、兴国调查，到习近平同志在正定县、宁德地区、浙江省、上海市工作期间重视实事求是的调查，再到新时代反复强调党的工作、群众工作、志愿服务等要坚持实事求是的原则，都为青年志愿者和志愿组织指明了方向。中共中央办公厅印发《关于在全党大兴调查研究的工作方案》，提出："在全党大兴调查研究，必须坚持党的群众路线，从群众中来、到群众中去，增进同人民群众的感情，真诚倾听群众呼声、真实反映群众愿望、真情关心群众疾苦，自觉向群众学习、向实践学习，从人民的创造性实践中获得正确认识，把党的正确主张变为群众的自觉行动。"②同样地，青年志愿者和志愿组织在面向社区农村、深入人民群众开展服务的时候，要力戒形式主义、主观武断，必须踏踏实实走近群众、了解实情，在掌握困难问题、把准切实需求之后，再开展有针对性、有实效性的服务。

四、坚持与时俱进发展

伴随中国的发展和社会的变化，群众生活的发展和利益需求的变化，青年志愿服务不是一成不变的，而是与时俱进、发展创新的。既要传承优良作风，保持朴素的服务本色，也要根据国际交往、网络社会的新趋势，体现青年志愿服务的时尚和魅力。习近平同志在给"南京青奥会志愿者"的回信中说："希望你们弘扬奥林匹克精神和志愿服务精神，热情参与、真情奉献，提供细致周到的服务，积极传播中华文化、讲好中国故事，用青春的激情打造最美的'中国名片'。"③与时俱进需要对历史文化的了解、熟悉、传承、弘扬；更需要对时代变迁的感悟、领悟、把握、创新。青年志愿者深入乡村社区的服务过程，既是对科学理论加以应用、实践检验的过程；也是收集和整理新

---

① 毛泽东．毛泽东农村调查文集［M］．北京：人民出版社，1982：9.
② 中共中央办公厅印发《关于在全党大兴调查研究的工作方案》［EB/OL］．（2023-03-19）［2024-11-04］．https：//www.news.cn/2023-03/19/c_1129444703.htm.
③ 习近平．论党的青年工作［M］．北京：中央文献出版社，2022：55.

时代的社会现象、社会事实，不断提炼创新理论的过程。新时代青年志愿者要响应党的号召，具有新的理念、新的思路、新的方法、新的项目。从近年青年志愿服务的发展看，增加了国际志愿服务合作交流、网络志愿服务传播推广、新媒体志愿服务创意发展以及针对"数字码农"、快递小哥、网络主播等的关爱服务和引导提升，具有与时俱进的新特色，也产生了良好的国际国内社会反响。

五、坚持助人育人功能

党领导的青年志愿服务事业具有"双功能"，即关爱帮助群众的功能与青年服务成长的功能。从助人的功能看，青年志愿者响应党的号召，为有困难、有需求的群众提供关心和服务，解决困难问题。与此同时，青年志愿者在服务中还能接受体验教育，获得素质发展和能力成长。张晓红教授分析："志愿服务教育的个体价值主要体现在三个方面：一是志愿服务教育能够培养受教育者良好的共鸣意识，实现道德人格的塑造；二是志愿服务教育能够培养受教育者的参与能力，锻炼参与者的行为能力；三是志愿服务教育能够培养受教育者的交际、表达、团队合作等各项能力，有效地提高受教育者的综合素质和专业技能。"[1]正是在志愿服务的实践和体验中，青年获得对国家与人民的新认识，拓宽对城市与农村的新视野，从而增强作为社会主义事业接班人的责任感与自豪感，更加认真地努力学习、立志成才，为强国复兴作出贡献。

第二节　青年志愿服务促进巩固党的执政基础

我们在分析党领导的青年志愿服务发展规律后，就要分析青年志愿服务在巩固党的执政基础方面，发挥哪些具体的作用，具有哪些具体的功能。这样，才能更好地领会党对志愿服务事业的重视，更好地领会党对青年志愿者的鼓励，也能够更好地把握青年志愿服务在全面建设社会主义现代化国家进程中的价值。

---

①　张晓红.论志愿服务教育［M］.北京：人民出版社，2017：74.

一、为党引导广大青年

志愿服务是实践中引导青年提高思想认识、提升道德水平的有效途径。中共中央、国务院印发的《中长期青年发展规划（2016—2025年）》提出，"引导青年树立共产主义远大理想和中国特色社会主义共同理想。"[①] 这种思想教育，不能单纯依靠课堂教育和理论灌输，还需要丰富多样的社会实践和自我体验才能"入脑""入心"。"入脑"就是对党的创新理论、社会主义核心价值观等，用形式多样的方式进行宣讲宣传，让青年吸收和理解；"入心"就是引导青年将党的理论、方针、政策、措施与自己的生活相联系，有切身的感受，有深刻的领会。其中，青年志愿服务就是最有效的自我实践、自我体验、自我教育的方式。一是青年在志愿服务过程中走进社区、走进农村，了解中华人民共和国成立以来，改革开放以来，还有新时代以来的发展变化，对党领导的社会主义进程有切身的感受，有利于坚定理想信念、激发奋斗精神。二是青年志愿者在关爱帮助城乡群众的过程中更加深刻领会党的宗旨，更加深刻领会为人民服务的意义，自觉成为弘扬者和践行者。三是青年在志愿服务中获得基层党组织和基层干部的支持，在党员干部身上学习领会为人民服务、以人民为中心的精神，逐渐增强自己的政治素质、道德素质。"青年志愿者精神引领着当下青年人的精神时尚，青年志愿者群体成为社会建设的中坚力量，而青年志愿者行动作为联结青年志愿者和社会经济建设的关键纽带也在蓬勃发展。"[②] 志愿服务引导青年跟党走，就是通过实践体验的方式提高青年志愿者的思想觉悟，使其逐渐成为社会主义事业接班人。

二、为党帮助人民群众

中国特色社会主义新时代，青年志愿服务是党关心和帮助人民群众的一种有效途径和形式。陆士桢教授提出："在志愿服务的项目组织、服务运行、总结评估、成果转化等诸多环节，坚持把人民的正当需求是否得到满足、人民是否满意作为重要的依据和原则。"[③] 这样，青年志愿者将党所提倡的人民中

---

① 本书编写组. 中长期青年发展规划（2016—2025年）[M]. 北京：人民出版社，2017：5.

② 陈光金. 中国青年发展报告NO.1：社会融入与社会参与[M]. 北京：社会科学文献出版社，2018：184.

③ 陆士桢. 中国特色志愿服务概论[M]. 北京：新华出版社，2017：221.

心、人民至上理念，融入志愿服务的实际行动中，为广大人民群众提供切切实实的关爱和帮助。一是真情帮助最迫切需要帮助的特殊困难群体。青年志愿者开展的"阳光助残"关爱残疾人服务、"关爱行动"帮助农民工子女服务等，都是按照党要求的小康路上"一个都不能少"、共同富裕"一个都不能掉队"，为这些特殊群体提供"一对一""多对一"的帮助。为残疾人提供生活关心和出行帮助，提供就业帮扶和创业支持等；为农民工子女提供学业帮扶、亲情陪伴、安全教育等服务，让这些特殊的孩子享受城市的阳光、爱心的温暖。二是青年志愿者帮助广大群众改善生活和增加幸福感。在乡村振兴志愿服务、共同富裕志愿服务领域，青年志愿者提供智慧服务和技能服务，让山区农民、边疆牧民获得知识和技术，从而赢得更好的生产条件、更多的经济收入，不断创造美好生活。青年志愿者身上充分体现了党有号召，青年有行动；群众有需求，志愿者有服务。青年志愿者成为为群众带来爱和幸福的"光明使者"。

三、为党传递友爱温暖

党领导的青年志愿服务事业，是倡导奉献友爱和热情助人的一股暖流。我们曾经听一群青年志愿者说："在缺乏理想的时代，我们创造理想；在缺少热情的时代，我们创造热情。"改革开放后有一段时期在追求利益、讲究竞争的思潮冲击下，人与人之间的关系冷漠了，人与人之间的信任减弱了，带来种种的心理困惑和社会问题。志愿服务弘扬的雷锋精神，有利于人与人之间友爱互助关系的重建。为此，青年志愿者争当学雷锋的先锋，传承助人为乐的精神，在城乡群众之间传递温暖关怀，让"人人身边有雷锋"成为社会新时尚。青年志愿者行动的兴起，与学雷锋志愿服务相互促进、融合一体，通过志愿者的关爱服务，让社会重现温馨和友好。另外，青年志愿者为市场经济中受到冲击、遭受挫折的人提供关爱帮助，让城乡群众重拾信心、重新生活。在市场经济发展、市场竞争冲击之下，有下岗失业者、有就业受挫者、有创业失败者、有投资失败者等。当他们万念俱灰、丧失信心的时候，青年志愿者的关心和激励，让这些人理性看待社会变化和人生成败，理性处理人生挫折和积极寻找转折机遇，逐渐走出困境，获得新生。党领导的中国式现代化建设，非常需要青年志愿服务促进社会团结、消除社会分裂，营造温暖关怀、互助友善的社会氛围，让社会主义大家庭充满温馨和希望。

四、为党促进基层治理

中国特色社会主义新时代，党加大力度推进国家治理体系建设和基层治理创新，激发全社会的参与活力，共建共治共享和谐社会。志愿服务是公众参与社会治理的有效形式，青年志愿者是治理创新的先锋力量与活跃力量。谭建光教授提出："中国社会创新的'一体两翼'（党政统筹支持、社会组织运作、志愿服务普及）格局，关键是要形成协同发展、资源共享的机制。"① 首先，青年志愿者在党的引领下投身社区治理、乡村治理，发挥智慧和知识的优势，为构建社区农村新的治理机制作出贡献。特别是近年来，广东省等地区设立"山区计划"的"乡村振兴行动"基层治理专项，招募大学应届毕业生做志愿者，到社区、农村协助村居管理、创新基层治理，从宣传法规政策到改善村居关系，从化解纠纷矛盾到做好禁毒戒毒等，促进乡村社区的新环境和新风尚。其次，青年志愿者推动基层公众参与治理队伍的建立和发展。有些乡村社区因为长时期的封闭和保守，治理创新陷入"一潭死水"的困境，既缺乏中青年力量的活跃，也缺乏创新项目的激励。青年志愿者深入村居，带来全国各地治理创新的思路和方法，鼓励村居的老人、妇女等尝试开展民主议事、协商自治等，并且逐渐建立有效运行的居民议事会、村民议事会，形成全过程人民民主的格局。

五、为党传播先进文化

近年来全国广泛开展的新时代文明实践，青年志愿者和志愿组织是主要的参与力量，为传播新思想、引领新风尚作出了贡献。"建设新时代文明实践中心，是深入学习习近平新时代中国特色社会主义思想的一个重要载体，要着眼于凝聚群众、引导群众、以文化人、成风化俗。"② 从调查的情况看，青年志愿者成为新时代文明实践中最活跃、最创新的力量。一是专业志愿者和大学生志愿者组建文明实践服务队伍，深入乡村社区开展宣讲宣传、墙绘宣传等服务，以丰富多彩的形式弘扬新时代的精神力量。二是农村外出就业创业的青年也成为支持家乡文明实践的志愿者力量，或者节假日回乡参与倡导文

---

① 谭建光. 志愿服务：理念与行动［M］. 北京：人民出版社，2014：5.
② 张翼. 中国志愿服务发展报告（2021—2022）［M］. 北京：社会科学文献出版社，2022：2.

明风尚的服务活动，或者提供资源和信息支持乡村文明实践站点建设。三是各类青年志愿者结对乡村社区的文明实践志愿服务队伍，传递专业服务和项目创新的知识技巧，提高村居志愿组织的能力。这样，青年志愿者参与的多种宣传和服务形式，让党的创新理论"飞入寻常百姓家"，让新时代新思想激励广大群众奋发进取、建功立业。

六、为党凝聚群众力量

党的二十大之后，在党和国家机构改革方案中，增设中央社会工作部，就是要面向社会各领域更好地开展工作，凝聚群众和赢得群众，为实现中华民族伟大复兴的中国梦汇聚力量。我们党一直坚持群众路线，相信群众、依靠群众。在中国特色社会主义新时代，青年志愿服务是凝聚群众、赢得群众的有效途径。习近平总书记强调："各级党委和政府要为志愿服务搭建更多平台，给予更多支持，推进志愿服务制度化常态化，凝聚广大人民群众共同为实现'两个一百年'奋斗目标、实现中华民族伟大复兴的中国梦贡献力量。"[①]青年志愿者响应党的号召，在服务群众、凝聚群众、引导群众、激励群众等方面探索创新、作出贡献。首先，青年志愿者深入乡村社区，走近城乡群众，要做群众的"贴心人"，倾听群众的呼声、了解群众的需求，并且积极向党和政府反馈，作为科学决策的参考。其次，青年志愿者向乡村社区的群众讲故事、说道理，吸引广大群众了解党的政策措施，吸引广大群众了解新时代的发展变化，从而增强其对党的认同和信赖。最后，青年志愿者关爱和帮助特殊困难群体，传递党和社会主义的温暖，让乡村社区的群众更加拥戴党和政府，拥护党的方针政策。这样，通过志愿服务的发展和青年志愿者的努力，越来越多的城乡群众凝聚在党组织的周围，成为社会主义现代化建设的巨大力量。

本章通过梳理文献、整理相关调查资料，研究党领导的青年志愿服务的发展规律，分析青年志愿服务巩固党的执政基础的新功能，探讨青年志愿服务为党的事业发展作出贡献的路径，从中获得几点启示。

---

① 习近平致中国志愿服务联合会第二届会员代表大会的贺信［EB/OL］.（2019–07–24）［2024–11–04］. https://www.xinhuanet.com/politics/2019-07/24/c_1124792815.htm.

（一）青年志愿服务是党的事业发展的一个组成部分

从 1983 年北京诞生"综合包户"志愿服务到 1990 年深圳诞生全国第一个正式注册的志愿服务社团"义工联"，一南一北两个青年志愿服务发展的特殊事件，表明在社会主义改革开放时期、社会主义市场经济阶段，也需要志愿服务的奉献友爱、友善互助。当前，中国特色社会主义新时代，深入发展志愿服务事业，更加凸显党对志愿服务领导的重要性，更加凸显党对青年志愿者行动领导的重要性。青年志愿服务成为党的事业发展的一个组成部分，既发挥传递爱心、帮助群众的积极作用，也发挥弘扬党的宗旨、为党凝聚群众的积极作用。

（二）青年志愿组织为基层党建培养新生力量

青年志愿组织在党的领导下，开展关爱社会人群、推动社会进步的服务，在这一过程中让青年志愿者了解党的宗旨理念、党的政策措施，增强对党的认同感和信赖感，积极向党组织靠拢。在为人民服务宗旨的号召下，优秀青年志愿者努力提升政治素质，也进一步加深了对党的认识，自觉接受党组织的培养、教育和考察，争取加入中国共产党，逐渐成为基层党的建设者，为基层党组织的发展壮大作出贡献。

（三）青年志愿服务项目密切党和群众的关系

青年志愿服务不断扩大影响，受到城乡群众欢迎，最重要的是实施丰富多样、富有实效的服务项目，为关心帮助群众、改善社会环境作出积极的贡献。从青年志愿者扶贫接力计划、"西部计划"、援外服务、关爱行动、阳光助残、暖冬行动等项目实施，到中国青年志愿服务项目大赛催生众多优秀项目，都是围绕社会发展服务群众的需求。这些项目的实施，将党对人民群众的关心和爱护传递到乡村、社区，传递到每家每户；也让城乡群众在获得帮助、改善生活的同时更加信赖党组织、更加拥护共产党。

（四）党领导青年志愿服务事业高质量发展

中国特色社会主义新时代，党领导的各项事业都要高质量发展，都要发挥更大更好的作用。青年志愿服务也在党的领导下走向新阶段、走向高质量发展。

第一，完善青年志愿服务体系，从领导统筹到政策制度，从组织建设到支持保障，都要适应全面建设社会主义现代化国家的要求，构建具有生机活力的体系和机制。

第二，推动青年志愿服务专业化发展，提高满足人民群众对美好生活向往的能力。在广泛发动青年参与志愿服务的同时，更要发掘青年中的各类人才，开发针对性强、实效性强的专业服务项目，为不同类型、不同需求的群众提供帮助。

第三，进一步发展网络志愿服务，通过新媒体、自媒体的志愿服务创新，运用新技术、新手段扩大青年志愿服务的辐射面和影响力，为党在网络空间的工作发展提供探索创新。

第四，进一步做好青年志愿服务文化传播，在涌现大量优秀志愿服务项目的同时，也激励涌现更多更好的志愿服务文艺作品、文化产品，让青年志愿服务家喻户晓、人人崇尚。

第十八章　中国共青团与青年志愿服务

1993 年 12 月 17 日，中国青年志愿者行动拉开序幕；1994 年 12 月 5 日，中国青年志愿者协会在北京正式成立。这两个重要时间、重要事件，标志着共青团组织引领的全国性青年志愿服务事业应运而生。青年志愿者成为改革开放新时期的重要力量，成为中国特色社会主义新时代的重要力量。我们通过收集文献资料，整理调查材料，专门分析共青团对青年志愿服务的引领作用，展望未来的发展路径。

第一节　共青团对青年志愿服务的引领作用

30 年来，党和国家都在关心、支持青年志愿服务的发展，为青年志愿服务提供坚强有力的领导。江泽民同志为"中国青年志愿者"题词，胡锦涛同志为中国青年志愿者协会成立大会致贺信，习近平同志多次为青年志愿服务专门写信、发表重要讲话，都带给青年志愿者和志愿组织温暖和激励。30 年来，共青团组织都在引导和推动青年志愿服务的发展壮大，从思想引领、组织引领到行动引领、保障引领等，确保青年志愿服务发展的正确方向，确保青年志愿服务的发展活力。这样，广大青年志愿者正是在党的领导下、在团的引领下不断发展，越做越好。

一、思想引领：提升青年志愿者境界

中国青年志愿服务在弘扬奉献、友爱、互助、进步的志愿精神，为广大群众提供关爱帮助的同时，提高青年志愿者的思想觉悟，增强志愿服务对象对党和国家的认同感，从而为社会主义现代化发展奠定思想基础、道德基

础。志愿服务是青年在实践中领悟党的宗旨、感受社会主义、理解新时代新思想的最佳途径。"青年志愿者行动是'跨世纪青年文明工程'首先推出的项目……青年文明工程的兴办，使得共青团的思想、道德、文化方面的工作形成了一个体系，把改革开放以来共青团各条战线的相关工作融成一个整体。"①应该说，思想道德水平和能力素质的提升，是青年在志愿服务过程中的最大收获。我们在调查中发现，有相当一部分的青年，刚刚参加志愿服务的时候，并没有很高的觉悟和很深的认识，有些是"随大流"参加一下，有些是"好奇"体验一下，有些是"为了认识人"参加进来，有些是"学分需要"被动参加。但是，在深入乡村社区关爱和帮助群众、解决困难问题、促进民生改善的时候，青年志愿者逐渐加深对党的全心全意为人民服务宗旨的理解，逐渐加深对人民至上理念的理解，更加坚定共产党的领导，更加坚定社会主义道路，从迷迷糊糊的认识走向清晰坚定的认识，成为青年马克思主义者。

二、组织引领：增强青年志愿组织能力

中国青年志愿服务发展的30年来，青年志愿组织经历了从初创到成熟，从松散到坚强的发展过程。这期间，各级共青团组织对青年志愿组织的引领和推动，发挥了极大的作用。"在充分发挥共青团组织优势的同时，要不断推进青年志愿者行动的社会化进程，努力使志愿服务成为广大青年自觉参与的社会行为，进而成为一项社会事业，形成具有中国特色的青年志愿服务体系，在我国经济和社会发展中发挥特有的作用。"②这说明，从青年志愿者行动发展的初期和青年志愿者协会成立的初期，共青团中央就具有两个明确的组织引领路径。一个是加强各级共青团对青年志愿服务的统筹和推动，既保证青年志愿服务发展的"围绕大局、服务群众"正确方向，也解决青年志愿服务组织发展中面临的困难、遇到的问题，促使其不断发展壮大、更好发挥作用；另一个是推动青年志愿者行动的社会化、青年志愿服务组织发展的社会化，即形成不同于行政体制、行政运作，具有生机活力的、社会和青年自主发展的、富有正能量和创造力的新体系。迄今为止，一代又一代的青年志愿

---

① 李玉琦. 中国共青团史稿［M］. 北京：中国青年出版社，2010：350+355.
② 共青团中央宣传部，中国青年志愿者协会秘书处. 中国青年志愿者［M］. 北京：大众文艺出版社，1999：137.

者，就是在共青团的引领和推动下参与这项崇高的事业，用爱心和热情为社会作出贡献；与此同时，一个又一个青年志愿服务组织在共青团的引领和推动下逐渐完善体系、健全机制、强化凝聚力、增强创造力，成为中国特色社会主义新时代的风气引领者、时尚创造者。

三、行动引领：丰富青年志愿服务项目

中国青年志愿者行动的活动、项目、品牌在全社会影响最大，发挥了关键作用，这些是构成组织发展、体系建设的基础。因为，如果没有关心社会、关爱群众的志愿服务活动，组织发展就无从谈起。可见，"青年志愿者行动体现了传统美德与现代文明的完美结合，寓精神文明建设于办实事、解忧愁、献爱心之中，增强了社会的亲和度和凝聚力。"[①]具体来说，青年志愿者行动的活动、项目、品牌等各有价值，不断丰富和提升。活动既包括一两次关心和帮助身边人的行为，如探访老人、扶助残疾人等，也包括一两项专门的服务，如夏令营志愿服务等。项目是对一些具有持续发展价值的志愿服务活动进行策划和设计，构建机制和流程，保障逐渐提高水平、深化效果的志愿服务，如持续的助老、助残、助学志愿服务项目等。品牌是在活动、项目开展的基础上提高社会美誉度，获得社会广泛传播，成为广大群众认可和支持、不断发展壮大的志愿服务。2014 年，共青团中央联动中央和国家有关部门启动的中国青年志愿服务项目大赛暨志愿服务交流会，就是通过以赛会促交流、以赛会促培训、以赛会促发展等，引导青年志愿服务走向项目化运作，获得可持续发展机制的有效探索。2023 年 12 月，共青团中央书记处第一书记阿东指出："志交会也日益成为集志愿服务项目展示、组织交流、资源对接、文化引领于一体的全国性综合服务平台。"[②]共青团引领的青年志愿服务活动丰富、项目持续、品牌塑造，不仅为青年志愿服务的发展壮大提供了支持，而且为新时代中国志愿服务的发展繁荣提供了参考借鉴与支持帮助，具有特殊的社会作用。

---

① 安国启. 志愿行动在中国：中国青年志愿者行动研究［M］. 北京：中央文献出版社，2002：86.

② 第七届中国青年志愿服务项目大赛暨二○二三年志愿服务交流会在汕头举办［EB/OL］.（2023-12-04）［2024-11-04］. https://baijiahao.baidu.com/s?id=1784301795817142775&wfr=spider&for=pc.

四、保障引领：充实青年志愿服务基础

中国青年志愿者行动 30 年的发展，经历了人们认识的发展变化。在最初的时候，很多人包括部门单位、地方政府负责人都认为志愿服务仅仅是"做好事""做善行"，是临时性、随意性的行为，缺乏支持和保障的观念意识。这时候，共青团组织通过对国内外发展经验的分析，通过对社会经济发展、社会治理创新对志愿服务需求的分析，及时联合相关部门、各类单位、社会机构构建支持和保障机制。以大学生志愿服务西部计划的实施为例，共青团中央、教育部、财政部、人事部印发的《关于实施大学生志愿服务西部计划的通知》（2003）要求："各服务县要成立县领导小组，县团委、教育局及有关部门要联合成立县项目管理办公室，主要负责协调指导服务单位工作和对志愿者进行日常管理。服务单位负责落实工作单位，提供免费住宿等相关保障，并对志愿者的工作进行业务管理。"[①]从共青团中央、教育部联合进行总体规划和指导推进，到团省市区委、教育厅联合进行协调组织，再到各高校的具体落实和保障，以及各服务县的日常管理和保障支持，都有详细的制度化要求。30 年来，在共青团组织的推动下，为各级青年志愿服务组织提供行动保险、培训提升、项目实施、传播推广等方面的资金、资源保障，有效促进这项事业的发展壮大。

第二节　新时代青年志愿服务的发展趋势

中国青年志愿者行动在党的领导下和团的引领下获得长足的发展，为社会文明进步和治理创新、民生改善作出重要的贡献。但是，面对全面建设社会主义现代化国家的新要求，人民群众追求美好生活的新需求，青年志愿服务仍然存在不少困难和问题，概括起来主要是体现在"五个不够"。

第一，各级重视不够。这种重视不够的情况，主要表现在两个方面：一是有些地方的党团组织、地方政府仍然仅仅关注经济发展指标，对社会服务

---

① 青春在西部闪光：大学生志愿服务西部计划实施五周年报告［M］．北京：中国青年出版社，2008：215．

重视不足，对青年志愿服务就更加缺少关注和重视了。二是有些地方团组织，在原来共青团参与统筹推进全社会志愿服务的时候非常重视，推出的举措较多。然而，当统筹志愿服务职能划归中央宣传部，如今又划归中央社会工作部之后，团组织就认为青年志愿服务的单一领域很难有大作为、大贡献，重视程度明显减弱、支持力度明显减小。第二，社会支持不够。与青年志愿服务对社会发展和稳定作出的贡献相比较，社会各界对青年志愿服务的支持和保障仍然不足，尤其体现在两个方面：一是仅提供青年志愿者服务基本的人身保险、交通成本等最低限度的支持，对于培训、传播等提升水平、提高质量的支持不足。二是沿海发达地区团组织争取党政、企业和社会对青年志愿服务的资金资源扶持多一些，内陆地区和偏远地区的资源支持非常稀少。"我国除少数沿海发达省份有探索政府购买社会服务的尝试，相当多的地方政府对志愿服务的支持和扶持基本停留在口头上，实质性扶持很少或者没有。扶持不到位，使很多志愿服务组织自生自灭、发展受限，志愿服务的社会供给明显不足。"①这种状况不利于青年志愿组织夯实基础、提升能力，更好地服务社会大局和群众需求。第三，全域覆盖不够。从调查的情况看，青年志愿服务明显存在"三多三少"的区域差别，即大中城市多、山区农村少；沿海地区多、内陆地区少；平原地区多、偏远地区少等。因此，出现"越是需要青年志愿服务的山区农村、偏远地区，志愿者和志愿组织就越少，服务缺位"的状况。第四，基层创新不够。目前，青年志愿服务出现了创新创造的热潮，但主要是城市青年志愿服务组织、高校青年志愿服务组织、社会专业青年志愿服务组织的创新动力强、力量大；到了县区、乡镇、村居的青年志愿组织，创新创造的认识少、动力弱、资源缺、启动难。第五，素质提升不够。如今，全国志愿服务发展快，参与人数多，中国志愿服务网 2024 年 10 月上旬公布的数据显示，全国实名志愿者总数 2.37 亿人，14～35 岁的注册志愿者已超过 9000 万人。但是，很多志愿者以及青年志愿者仅是开展一般性、大众化的服务活动，缺乏专业化、精准性的服务知识和技能，不能适应社会转型发展和人民发展变化的需求。其中最大量的群体是大学生，如专家分析："大学生志愿者自身能力不足会导致高校志愿服务的有效供应不足，最终结果就

---

① 王婕，蒲清平 . 新时代中国青年志愿服务理论与实践［M］. 北京：人民出版社，2022：175-176.

是社会需要大量志愿者、大量志愿者渴望为社会提供服务，但是志愿者的能力与社会志愿服务的需求不匹配，志愿者不能很好地完成志愿服务。"①这种青年志愿者素质不足、能力不强的状况，制约了更好地拓展志愿服务领域，更好地提升志愿服务质量，更加有效地满足社会需求和群众需求。

我们在面向全面建设社会主义现代化国家的要求，面向走向全体人民共同富裕、创造人民群众美好生活的要求时，就要在党的领导下、在共青团的引领下进一步创新青年志愿服务的机制，推动青年志愿服务高质量的发展。具体来说，我们提出"六化"的发展趋势。

一、主流化：更加明确方向

通常论述志愿服务的特征是自愿性、无偿性、公益性和组织性等②，然而在中国特色社会主义新时代，青年志愿服务还具有主流性的元素。"在全面建设社会主义现代化国家的新阶段，青年志愿服务要在促进社会文明进步和巩固党的执政基础等方面进一步探索创新，作出更大的贡献。"③具体来说，青年志愿服务的主流性元素包含体现党的宗旨理念、弘扬社会主义核心价值观、传播新时代新思想等。一方面，作为党和团引领下发展壮大的青年志愿服务，融入主流化大潮，能够更好地发展，发挥更大作用，也能够让青年在参与志愿服务过程中提高思想道德水平；另一方面，青年志愿服务主流化的发展也是抵御敌对势力、境外势力等侵袭的要求。从调查中发现，伴随我国志愿服务的发展繁荣，也出现了一些敌对势力、境外势力借助志愿服务、帮助群众的方式，向群众传输西方价值观等，与共产党争夺群众、与共青团争夺青年。为此，青年志愿组织要旗帜鲜明地将体现党的宗旨理念、弘扬社会主义核心价值观、传播新时代新思想作为开展服务的指导思想，作为在服务过程中向城乡群众宣传推广的内容，从而为中国特色社会主义发展作出贡献。

二、社会化：实现多元参与

从中国青年志愿者行动发展初期就提出，"青年志愿者行动的社会化就是

① 共青团中央青年志愿者行动指导中心，等. 高校志愿服务发展报告［M］. 北京：中国青年出版社，2017：156.
② 魏娜. 志愿服务概论［M］. 北京：中国人民大学出版社，2018：14-15.
③ 谭建光. 论青年志愿服务巩固党的执政基础的新功能［J］. 广东青年研究，2023（4）：106.

指青年志愿者行动由共青团的组织行为发展成为社会成员的一种社会行为，进而成为全社会的一项社会事业，真正成为社会保障和社会服务体系的组成部分。"①随着时代的发展、机制的调整，如今青年志愿服务的社会化具有新的含义、新的趋势。即全社会的志愿服务发展引起党中央的高度重视，专门由中央社会工作部统筹协调。青年志愿服务的社会化发展，是指进一步推动青年志愿组织吸纳社会更广泛的青年参与，构建在团引领下的更加灵活自主的发展机制，面向社会多样化需求创新服务项目，实现社会多元支持保障网络等。目前，仍然有不少地方的青年志愿服务在"组织化"与"社会化"之间徘徊。强调组织化的时候就完全纳入团的管理运行机制，缺乏灵活性与自主性；强调社会化的时候就提出"剥离""脱钩"而忽视引领和支持。我们认为应该探索新时代有效的组织化与社会化相结合的路径，既保证党对青年志愿服务的领导，保证共青团对青年志愿服务的引领，也充分发挥青年志愿组织作为社会团体的主动性、自主性和灵活性，构建社会广泛参与、吸收社会资源、面向社会发展、做好社会服务的体系。

三、专业化：推动做实做细

我们发现青年志愿服务的社会化与专业化，也是一对矛盾统一的关系。社会化是吸引和吸纳更多人参与志愿服务，专业化是提高志愿服务的水平和质量。当初大家认为要让更多的人，更多的青年参与志愿服务，不宜提出专业化，以免"设置门槛"。然而，为满足人民对美好生活的向往，需要青年志愿服务不断提高水平与质量，专业化又是必由之路。我们经过深入的调查研究，发现可以就青年志愿服务的社会化与专业化构建互相补充、共同发展的关系。即通过社会化广泛吸引更多类型的青年志愿者参与其中，以便能够发掘更具有智慧、知识、技能的人才。专业化是策划和实施更多类型的志愿服务项目，其中既有专业志愿者开展的核心服务，也需要大量普通志愿者开展的延伸服务，增加广大青年参与服务的机会。在中国特色社会主义新时代，开展专业培训和督导，是提高青年志愿者素质和能力的有效途径。中国青年志愿者协会等发布的《中国志愿服务培训大纲》提出："以志愿服务岗位能力

---

① 共青团中央宣传部，中国青年志愿者协会秘书处．中国青年志愿者［M］．北京：大众文艺出版社，1999：87.

需求为导向，将培训分为通用培训和分领域专项培训两类。通用培训旨在为具备不同服务时数及服务水平的志愿者群体提供通识性、基础性能力培训；分领域专项培训旨在为从事某一领域志愿服务的人员提供针对性、专业性技能培训。"[①]这样，既有为普通志愿者提供的知识技能培训，也有为专门志愿者提供的分类服务、高水平服务的知识技能培训，更加适应新时代人民群众多样化、多变化的生活需求，更加有利于解决社会问题、促进社会进步。与此同时，青年志愿服务的专业化还有很多新途径、新方式，包括吸纳专业人才加入青年志愿组织，促进青年社工与青年志愿者的合作，支持青年志愿者骨干掌握专业知识，鼓励青年工人在志愿服务中发挥技能特长，充分发挥青年志愿者的兴趣爱好等，都有利于提高青年志愿服务的水平和质量，更好地满足社会发展和民生改善的需求。

四、信息化：智慧助力创新

网络改变世界、网络改变生活。这个预言在 21 世纪成为现实，也成为影响广大青年志愿者、广大群众的重要因素。为此，青年志愿服务的发展要更好更快地适应网络时代、进入信息社会，实现探索创新。一是进一步完善青年志愿服务信息管理系统，将规范管理与项目对接做得更好，成为各类青年志愿组织有效开展服务、有效运行管理的"智慧帮手"。二是进一步拓展网络青年志愿服务，既包括在网络空间开展健康有益的志愿服务，抵制网络低俗内容的影响；也包括借助网络技术创新服务内容和方式，不断丰富青年志愿服务的类型。三是重点利用游戏、动漫、抖音、快手等网络途径宣传青年志愿服务文化，以新颖、活泼、时尚、亮丽的风格吸引广大青年，赢得社会广泛关注。目前，社会上涌现出一大批网络达人、网络先锋，其中绝大多数是青年，也成为新业态的代表人物。为此，要积极吸引他们加入青年志愿服务，在正确思想和价值观的引导下，发挥特殊才能丰富服务项目，开辟青年志愿服务的新空间、新天地。

---

①　中国青年志愿者协会．中国志愿服务培训大纲［M］．天津：天津社会科学院出版社，2017：3．

五、国际化：全球合作发展

中国青年志愿者协会一直是探索志愿服务国际合作的先行者，经过努力成为联合国国际志愿服务协调委员会（CCIVS）联席会员，获得联合国经济及社会理事会（ECOSOC）特别咨商地位。在北京奥运会、北京冬奥会以及广州亚运会、杭州亚运会、深圳大运会、成都大运会等国际赛会，还有上海世博会、G20杭州峰会、上海APEC会议等会议期间，青年志愿者都以热情、微笑和周到的服务，赢得世界各国宾客的赞誉，传递了中国友好，塑造了中国形象。中国青年志愿者海外服务计划以及联合国机构项目，为青年参与联合国服务、国际服务提供了多样化的渠道。未来要鼓励各级青年志愿组织深化这些国际合作项目，同时拓展新渠道、新项目，让青年志愿服务为构建人类命运共同体、推进"一带一路"国家合作发展作出新的贡献。当今世界面临文化冲突、区域战争、自然灾害、经济困境等问题，更需要全球各国各民族的合作，保持和平与发展的趋势，促进各国各民族的和谐相处，共建共享美好世界。青年志愿服务的国际合作有利于推动文明进步、有利促进团结发展、营造共创未来的机会。

六、法治化：保障可持续发展

中国特色社会主义新时代的志愿服务事业，要走在规范发展的轨道上，通过依法保障、依法治理获得健康的发展环境。青年志愿者、青年志愿组织要积极参与推动全国志愿服务的立法，促使志愿服务获得法治保障的社会环境。"可以预见，未来的国家立法也会大量使用提倡性规范，对志愿者的志愿服务行为赋予肯定式的法律后果，充分体现了法律的引导与激励功能。"[①] 一是积极参与全国人大志愿服务立法进程。《中华人民共和国志愿服务法》的制定已纳入本届人大立法的重点项目，陆续开展调查研究、起草制定、审议通过等流程。这一过程大量的工作需要青年志愿者的参与和支持，这也是青年参政议政的一个通道。二是推动各类青年志愿组织自觉依法守法、规范发展，做法治化的表率。志愿服务发展已经从"草莽"阶段进入新的"正规"阶段，不仅仅要有爱心、有热情，还要有法律意识、规范意识，在遵循社会法规和

---

① 毛立红. 中国志愿服务法治化研究［M］. 北京：中国人民大学出版社，2013：113–114.

道德准则的前提下"将好事做好"。青年志愿者要率先学习和掌握法律规范，运用在组织运行和服务开展的全过程，成为法治化发展的先行者。三是提高青年志愿者的法治观念和规范意识。不仅在志愿服务过程中遵循法律规章，而且把法治观念带到生活与发展的各个领域，让青年成为新时代遵规守法、维护法治的模范。中国特色社会主义法治需要诚信意识、规则意识，青年志愿者在依法服务、依法发展的过程中获得素质提升。

中国青年志愿者行动发展30年，中国青年志愿者协会成立30年，在中国志愿服务发展历程中具有里程碑式的意义，在我国社会建设历程中也具有重要意义。我们通过回顾历史、展望未来，对共青团引领青年志愿服务发展，以及青年志愿服务的社会价值等进行深入分析，也探讨青年志愿服务的未来发展趋势，供社会各界交流分享。在全面建设社会主义现代化国家的新阶段，青年志愿服务要面向未来、锐意创新，探索更多有效的发展路径，探索更多有效的服务方式，为中华民族伟大复兴、全体人民的共同富裕、人民群众的美好生活作出更大贡献。

第十九章　中国新时代的志愿服务与青年发展

《中长期青年发展规划（2016—2025年）》提出："把青年发展摆在党和国家工作全局中更加重要的战略位置，整体思考、科学规划、全面推进，努力形成青年人人都能成才、人人皆可出彩的生动局面。"[①] 在此指导下，各部门、各地区对青年发展越来越关注和重视，迄今为止许多省市出台了青年发展规划，部分县区也出台青年发展规划，并且建立起青年发展联席会议制度，具体将青年发展纳入国家与地方规划、重要发展战略。与此同时，将贯彻和落实《中长期青年发展规划（2016—2025年）》的精神，融入各行各业工作、各个领域事务，具有非常重要的价值。在推动青年发展纳入国家"十四五"规划的时机，笔者尝试从"志愿服务与青年发展"的视角，分析其相互促进、共同发展的关系。习近平同志在党的十九大报告中指出："中国特色社会主义进入新时代，我国社会主要矛盾已经转化为人民日益增长的美好生活需要和不平衡不充分的发展之间的矛盾。"[②] 在党领导下，各部门、各行业为人民对美好生活的向往而努力的进程中，志愿服务成为非常突出的一个领域，发挥了不可替代的积极作用。为此，我们收集文献资料、整理理论观点，探寻志愿服务促进青年发展的路径。2020年4月，广东省社工与志愿者合作促进会开展"中国志愿者发展状况网络问卷调查"，总共回收有效问卷40551份，其中青少年问卷14949份。青少年调查问卷的数据中：政治面貌是中共党员的占15.15%，共青团员占52.04%，群众占32.80%；职业身份是机关与单位青年的占31.12%，大中学校学生占45.90%，其他是社会组织成员、自由职业者、农

[①]　本书编写组. 中长期青年发展规划（2016—2025年）[M]. 北京：人民出版社，2017：4.

[②]　习近平. 决胜全面建成小康社会 夺取新时代中国特色社会主义伟大胜利 [M]//党的十九大报告学习辅导百问. 北京：党建读物出版社，2017：9.

民或农民工的占 22.98%。我们运用问卷调查的数据，探寻青年志愿者在参与服务、奉献社会的过程中获得发展和成才的路径。

第一节　志愿服务促进青年发展的重要价值

中国志愿服务网 2024 年 10 月上旬公布的数据显示，全国实名志愿者总数 2.37 亿人、志愿队伍总数 135 万个，志愿项目总数 1257 万个，服务时间总数 53.26 亿小时。青年是志愿服务的生力军和先锋力量，从实施《中长期青年发展规划（2016—2025 年）》的视角，我们深入分析志愿服务对青年发展的促进作用，发现其具有增强主体性、优先性、实践性、创造性等积极功能。

一、增强青年发展的主体性

实施《中长期青年发展规划（2016—2025 年）》时如何处理好青年的"主体性与客体性""主动性与被动性"等关系，是值得深入思考、科学把握的问题。鉴于青少年处于世界观的形成过程，对社会事物和社会思潮的把握存在偏差等问题，需要有一定程度的理论灌输教育。然而，青年又处于走向独立、成熟的阶段，渴望自主性、独立性地理解社会和接受教育。青年主体性既是一个哲学概念，也是一个实践概念，都强调以青年的自主性和主动性为重点。为此，做好青年思想道德教育，培养青年正确世界观、价值观的同时，就要探寻激励青年参与并发挥青年主体作用的有效途径。张良驯研究员分析："'青年首先发展'战略思想提升了青年的光荣感和责任感，是对青年很强的正向的激励，这有利于引导青年勤奋学习、勇于实践、积极奉献，在改革开放和现代化建设中施展才华、实现价值、成就人生。"[①]从我们调查的情况看，青年主动参与并发挥主体性的有效途径之一就是志愿服务，即青年在参与志愿服务过程中发挥主体力量、体现主动精神。教育部门颁发文件激励大中学生参与志愿服务，并且纳入学分管理；各地区也纷纷出台激励和支持青年参与志愿服务的措施。在这一背景下，青年发挥自己的兴趣爱好、特长优势，在志愿服务中体现主动性、能动性。我们深入社区、学校等进行访谈的时候

---

① 张良驯. 中国青年政策的价值分析［J］. 青年探索，2014（4）：10.

发现，过去较多时间是青年应付上级的要求，被动参与志愿服务活动，出现"扎堆、作秀、应付、消极"等情况。现在，青年通过"中国志愿""志愿中国""志愿汇""i志愿"等平台和系统，选择自己乐意参与的志愿服务活动，发挥特长并快乐充实，增强主动性、呈现主体性，在志愿服务中获得自豪感与成就感。

二、增强青年发展的优先性

自《中长期青年发展规划（2016—2025年）》印发和实施以来，"青年优先发展"就逐渐成为热门话题。周晓燕教授分析："《规划》着眼促进青年全面发展，分领域提出了具体的发展目标和任务，将青年优先发展的理念转化为针对性、可操作性强的具体举措，充分照顾到了不同青年群体的发展特点，切实回应了当代青年的普遍关切。"[①]"青年优先发展"不仅是理念的倡导，而且要贯彻到各项工作、各类行动之中，通过青年在发展中激发潜能、在发展中发挥活力，从而为社会经济发展作出更多的贡献。志愿服务是促进青年优先发展的一个有效途径。一是青年在志愿服务组织中不用"论资排辈""卑微压抑"，而是发挥年轻人特有的思维活跃、敢于探索等特点，通过志愿服务为社会人群作出的贡献，证明自己的价值。二是青年在志愿服务中获得多样化的锻炼和提升机会，在没有"权威"压抑的条件下不断尝试新领域、培养新能力，从而获得素质发展。三是青年在志愿服务中有更多的渠道发声，表达自己对社会进步、人类发展的看法，通过交流沟通，不断形成自己的新观念，汇聚成为推动社会发展的活跃力量。"青年优先发展"既需要政策制度的保障，也需要实践行动的支持，志愿服务是促进青年优先发展，培育青年能力素质的重要渠道。

三、增强青年发展的实践性

新时代青年发展具有不同于传统社会的特征，玛格丽特等学者指出社会从"前喻"、"并喻"到"后喻"的发展，青年一代通过媒体信息、网络信息，获得比前辈更多的启迪和熏陶，正在逐渐掌握社会发展的主动权。但是，青年从简单感知社会到深入理解社会，再到推动社会发展、社会变革，需要大

---

① 周晓燕．国家视角下的青年发展［J］．青年发展论坛，2017（3）：9.

量社会实践的锻炼、启迪，并且与知识传承相互补充和充实。志愿服务成为青年获得实践感知、实践体验、实践教育、实践成长的方式，成为青年发展的重要途径。

从调查数据看，目前青年参与较多的仅仅是"体能型服务"，这也是青年自己较不满意、希冀改变的。他们正在探索实现"技能型服务""智能型服务"，充分发挥智慧、知识、技术、技能等，在社会服务领域更好地帮助社会人群，更好地体现青年价值。2020 年，中国经历"突如其来"的新冠疫情扩散，对人们包括青少年的身体健康、生命安全造成极大的威胁。这时候，团员青年特别是青年志愿者率先站出来，通过志愿服务促进防控疫情工作的顺利推进，保障城乡群众的健康安全，发挥了非常重要的作用。与此同时，青年在防疫志愿服务实践中锻炼和成长，不仅培养了胆识和勇气，而且培养了科学思维和生活智慧，成为积淀青年发展的重要基础。

表 19-1　你平时参与最多的志愿服务类型［单选题］

选项	小计	比例
A. 体能型服务	7000	46.83%
B. 技能型服务	470	3.14%
C. 关爱型服务	3435	22.98%
D. 智能型服务	859	5.75%
E. 捐助型服务	2587	17.31%
F. 其他	598	4.00%
本题有效填写人次	14949	

四、增强青年发展的创造性

青年是最富有创造精神、创新活力的，在实施《中长期青年发展规划（2016—2025 年）》的时候，如何消除束缚和制约，营造鼓励和支持青年创新创造的社会环境，非常值得探讨。志愿服务是增强青年创造特性，激励青年发展活力的一种渠道。首先，志愿服务是激发灵活性、激励创新性的活动。志愿服务是适应不同需求开展多样性服务的活动；不像单位、企业有既定程序和工作步骤，没有习以为常、习惯使然的约束，而是需要青年志愿者灵活探索、创新实践。这样，青年在志愿服务中获得的创新活力，对青年发展的其他方面具有积极的影响。其次，青年在志愿服务团队中相互鼓励和发挥创造性。志愿组织较多是青年自愿组成、自主运行，较少有正式机构的机械性和制约性。为此，志愿服务团队成员之间，非正式关系的建立较为轻松，有利于互相激励创造发挥。从调查情况看，不论是大学生志愿者团队，还是社会志愿者团队，青年志愿者都感觉交往愉快和轻松，有利于发挥想象力，创造新服务与新活动。最后，青年在志愿服务中培育和保护创造基因。很多青少年在自发创造时，常常被家长和教师制止，被认为是"不务正业""缺乏规矩"。但在志愿服务中没有太多的前人经验和固定模式，青年能够按照自己的想法和意愿去探索实践。既有北京"夕阳再晨"项目，运用网络技术促进助老服务、社区治理；也有扬州大学志愿者在贵州省创造性利用传统习俗，开启"马背上的第二课堂"山区助学服务模式。志愿服务提供许多机会和途径，让青年发挥创造性、获得成就感，让自己的人生打开多扇窗户，获得阳光快乐。

实施《中长期青年发展规划（2016—2025 年）》的时候，要充分发挥志愿服务的积极作用，为青年发展提供支持和促进机制，从而拓展发展空间、增添发展机遇，在中国特色社会主义新时代成长成才、建功立业。

第二节 志愿服务促进青年发展的类型分析

新时代的志愿服务发展迅速、领域广泛，其中文明实践志愿服务、乡村振兴志愿服务、社区治理志愿服务、扶贫济困志愿服务、文化复兴志愿服务、生态环保志愿服务、网络空间志愿服务等是青年参与较多，并且对青年发展具有较大促进作用的类型，值得重视和研究。

一、文明实践志愿服务促进青年发展

新时代文明实践中心的建设适应时代需求、具有重要意义。"建设新时代文明实践中心，是深入宣传习近平新时代中国特色社会主义思想的一个重要载体，要着眼于凝聚群众、引导群众，以文化人、成风化俗"[①]。按照要求，

---

① 习近平主持召开中央全面深化改革委员会第三次会议［EB/OL］.（2018-07-06）［2024-11-04］. https://www.gov.cn/xinwen/2018-07/06/content_5304188.htm.

"新时代文明实践中心（所、站）的主体力量是志愿者，主要活动方式是志愿服务。"团员青年成为文明实践志愿服务的活跃力量、先锋力量。一方面，青年在新时代文明实践中心发挥思想活跃、兴趣广泛的特点，运用新颖生动的方式做好"传播新思想、弘扬新风尚"的工作，让党的科学理论、科学政策贴近社会和群众，发挥越来越大的影响力。另一方面，青年在文明实践志愿服务中受到感染和熏陶，开阔视野、转变观念，越来越善于把握乡村社区的发展机遇，促进自身素质提升和成长成才。

从调查数据看，青年认为文明实践志愿服务在"传播新时代新思想""倡导文明生活习惯"等方面具有非常突出的作用。青年既是新时代文明实践的推动者，也是文明实践志愿服务的受益者。从我们到试点县区的调查情况看，虽然乡村社区较多的是老人志愿者、妇女志愿者参与活动，但是许多文明实践站点挑选青年志愿者作为管理协调人员，联系和组织各类志愿服务活动；同时，来自县区、镇街的青年志愿者队伍，与乡村老年志愿者队伍、妇女志愿者队伍合作，帮助乡村力量创新项目、丰富服务，发挥特别重要的作用。调查发现，青年在文明实践志愿服务中领会习近平新时代中国特色社会主义思想的精髓，理解新时代党的理论和政策的价值，作为指导自己人生成长、前途发展的启迪，获得思想认识的提高、素质能力的提升。

表 19-2　据你了解，你认为文明实践志愿服务的主要内容有哪些 [多选题]

选项	小计	比例
A. 传播新时代新思想	10956	73.29%
B. 宣传党的方针政策	5749	38.46%
C. 倡导文明生活习惯	8861	59.27%
D. 做好扶贫助困服务	4877	32.62%
E. 丰富基层文化生活	3926	26.26%
F. 建设生态美丽家园	5345	35.75%
G. 其他	133	0.89%
本题有效填写人次	14949	

二、乡村振兴志愿服务促进青年发展

党的十八大以来，国家实施乡村振兴战略、制定乡村振兴规划，将志愿服务作为推动乡村振兴的重要形式。广大青年在参与乡村振兴志愿服务、推动乡村振兴战略进程的时候，获得青年自身发展的新机遇。首先是广大农村的团员青年，在参与乡村振兴志愿服务过程中，不断接触党政部门和社会网络，不断获得慈善公益的支持和帮助，自己的社会视野不断拓宽，志向目标不断发展，逐渐成为具有创造力的"乡村能人""乡村精英"。从我们调查的情况看，农村党团组织骨干、乡村振兴能人、志愿服务骨干、热心新乡贤等身份往往聚集一身，成为优秀青年发展成才的有效路径。其次是"新上山下乡青年"及来自城市的青年志愿者，在乡村帮助农民发展产业、拓展市场。最初是自愿无偿帮助农民，然后逐渐走向公益创业之路获得发展基础，后来开拓出农村社会经济发展、农民经济生活改善的重要途径。最后是青年科技志愿者、大学生志愿者参与乡村振兴志愿服务，将所学知识技能传授给山区群众，帮助他们跨越"知识鸿沟""信息鸿沟"，寻找产学研合作、城乡合作拓展农产品市场，开发农村生态旅游的新路子。青年在参与乡村振兴志愿服务中，帮助农民脱贫致富、改善生活的同时，让自己的人生轨迹发生改变，产生崭新的生活期望、生活追求，获得发展的新机遇和新路径。

三、社区治理志愿服务促进青年发展

中国改革开放，从发展社会主义市场经济到推动社会建设、推进社会治理，从构建国家治理体系到促进社区治理创新，为志愿服务提供了广阔的空间。青年是社区治理的生力军和活跃力量，往往以志愿服务的方式参与社区民主、促进社区发展。"志愿者面向居民、公民等宣传公民意识、提高公民素质，引导人们认识公民权利与义务的统一，追求自己合法权益的同时理解和兼顾公共利益。"[①]党的十八大以来，一方面推进社区治理创新，激励群众包括青年积极参与社区事务、协商治理；另一方面发展邻里守望志愿服务，构建人与人之间相互关怀、互相帮助的社会关系。青年一代成为社区治理创新的活跃力量，既传承中华传统美德，也引入协商治理原则；既维护公共生活秩序，也尊重个人生活权利；既奉献爱心助人为乐，也鼓励自强自立创造生活。社区生活中青年一代成为创新者与改变者，不断为社区治理带来生机活力，也营造自己生活与发展的新型空间。青年在社区治理志愿服务中进行实践和

---

① 谭建光．志愿服务理念与行动［M］．北京：人民出版社，2014：95．

锻炼，积累知识和技能，提升能力与素质，为参与和推动国家治理体系建设提供良好基础，有利于发挥特长、作出贡献。

四、扶贫济困志愿服务促进青年发展

扶贫济困志愿服务是中华民族自古以来的传统，在新时代发挥着越来越重要的作用。团员青年参与扶贫济困志愿服务，能够在志愿服务中感知社会、深化认识，推动自己建立坚实的发展基础。目前，青年参与扶贫济困志愿服务主要有几个类型：一是农村脱贫攻坚志愿服务。青年志愿者通过"西部计划""支教行动""美丽乡村志愿服务""乡村健康志愿服务""农村科技志愿服务"等，前往山区农村献爱心、作贡献。与此同时，青年志愿者逐渐了解农村、农业、农民，加深对中国国情特殊性的理解，为将来进入社会开展工作提供科学思考的基础。二是关爱农民工青年、农民工子女的志愿服务。青年志愿者为进入大中城市和沿海地区谋生的农民工群体提供文化融合、就业咨询等方面的关心和帮助。青年通过这些服务和交往，对城市社会有更多的了解，对流动人口有更切身的感受，从而让自己的社会认知不断丰富，生活与发展的想法发生变化。三是关心和帮助特殊人群，包括孤寡老人、残疾人群、困难家庭等。作为志愿者，他们接触特殊困难群体之后，一方面为服务对象的生活艰难所震动，另一方面为服务对象顽强的生活意志所感动。"他们这么艰难都追求更好一些的生活，我们这么好条件还怨天尤人，太不应该了。"这是很多青年参与扶贫济困志愿服务之后提到的感受。所以，青年在参与扶贫济困志愿服务之后历练人生意志、更新生活观念、树立发展志向，促使青年发展具有更高更好的追求。

五、文化复兴志愿服务促进青年发展

青年志愿服务发展以来，弘扬中华优秀文化、民族习俗成为其中非常重要的内容。青年志愿者一方面深入农村和山区，发掘传统民俗中富有生命力与影响力的因素，进行整理和提炼，成为新时代展现中国特色的重要元素。不论是"青年华服志愿服务团体"还是"青年民俗风情志愿服务团体"，都在面向乡村、面向农民的服务交流中有收获、有启示，让来自"最基层"，具有"泥土味"的民族瑰宝焕发生机活力，赢得世界关注。另一方面"回归国学""回归典故"，通过"去伪存真""去粗存精"，整理对当今和未来发展具有启迪的思想，让中国思想和中国文化产生更加鲜活的生命力。调查发现，团员青年就是在寻找和整理中国文化、中华民俗优秀元素的时候，增强了对国家和民族的自豪感，也增强了自身发展的自信心和自强精神，不断调整自己的发展志向、发展目标，追求为国家作出更大贡献、为世界作出更大贡献。

六、生态环保志愿服务促进青年发展

改革开放以来，人们对生态环保重要性的认识不断加强，追求逐渐强烈。近年来，"绿水青山就是金山银山"的理念广泛传播，赢得城乡群众特别是青少年的认同和拥戴。与此同时，生态环保志愿服务迅速发展，种类多样，也吸引众多团员青年参与。一方面，青年志愿者率先发起参与防治污染、支持环境监测的服务，通过"志愿河长""河小青""河小二"等志愿者行动，为城市生态环境改善提供帮助。特别是处于经济发达地区的深圳市建立"志愿河长学院"，邀请院士、博导、教授为环保志愿者授课、辅导，提高青年在生态环保服务中的专业水平。另一方面，一批批青年志愿者深入山区、边疆，到长江、黄河发源地、深山老林、国家森林等进行志愿服务活动，做好生态保护。调查发现，青年参与生态环保志愿服务的时候，也获得青年发展的新启示、新机遇。一些青年掌握生态环保知识之后，改变生活方式，追求健康生活，促进身心健康；一些青年从环保志愿服务走向环保公益创业，创办社会企业，获得创新创业的新路径；一些青年在提高环保专业知识水平的同时，推进专业化服务，逐渐建立环保教育和传播的机构，拓展社会服务的领域。生态环保成为新时代的生活时尚，不仅带来志愿服务的新内容，也带来工作生活发展的新领域，成为青年发展的新空间。

七、网络空间志愿服务促进青年发展

随着网络技术的发展成熟，网络空间志愿服务逐渐进入人们的视野。青年积极参与网络志愿服务，一方面可以利用网络技术提高志愿服务的创新性，发挥更大更好的作用；另一方面建设"晴朗网络"，为广大民众特别是青少年提供健康有益的网络空间。

值得注意的是"后浪"群体即"90后""00后"青年，运用网络开展志愿服务、传播志愿文化，具有更加新颖的特点，达到意想不到的效果。田丰研究员分析2020年防控新冠疫情志愿服务中的"饭圈女孩"案例时，提到

"在'饭圈女孩'身上，能看到互联网的平台作用完全可以作为社会治理创新的重要途径。一方面是平台能够实现多元主体共建共治共享，避免了单一参与主体对社会治理资源、信息的垄断；另一方面平台能够为分工协作提供基础，基于社会分工引入各方参与力量"①。特别是将防疫服务中的"饭圈女孩"群体与传统慈善公益组织（如湖北省红十字会）比较，呈现出青年公益慈善与志愿服务的创新趋势，更加受到社会大众的信赖和支持。与此同时，青年在网络资源服务的发展中，更快获得社会空间拓展，更快获得社会资源聚合，也为青年发展开拓出特色不同、富有新意的路径。

中国新时代诞生了种类多样、富有活力的志愿服务，吸引青年参与、发挥青年作用。同时，青年也在各种类型的志愿服务中获得锻炼与成长，获得发展机遇，创造不同的人生道路。

第三节　青年发展对志愿服务的推动作用

新时代的志愿服务发展壮大，为实施《中长期青年发展规划（2016—2025年）》和青年一代成长成才提供了有效途径；同时，青年的广泛参与和生机活力，也为志愿服务的不断创新提供了动力。

一、青年全面理解志愿服务精神

新时代的团员青年，站在新的历史角度，重新认识和理解志愿精神。习近平在给华中农业大学"本禹志愿服务队"的回信中勉励青年志愿者，"希望你们弘扬奉献、友爱、互助、进步的志愿精神，坚持与祖国同行、为人民奉献，以青春梦想、用实际行动为实现中国梦作出新的更大贡献。"②过去一段时期，青年对志愿精神的认识仅是无偿奉献、帮助社群。如今通过学习和领会习近平同志的回信，对志愿精神具有更加丰富的认识，成为人生发展和社会贡献的科学指导。

---

① 田丰. 网络时代社会治理的反思与对策：以抗击疫情的"饭圈女孩"为例［J］. 青年探索，2020（2）：19.

② 习近平给华中农业大学"本禹志愿服务队"回信［N］. 人民日报，2013-12-06.

从调查数据看，青年参与志愿服务的动机，既有利他的动机，也有利己的动机，但是在志愿服务中逐渐做到利他与利己相融合，通过奉献友爱精神的弘扬，带动"利己""小我"的转化和升华。恰恰是青年一代对志愿服务理解的丰富性、多样性，让志愿服务具有更加贴近社会、贴近群众的特性，更加具有吸引全民关注、全民参与的魅力，成为新时代的社会生活时尚。

表 19-3 你参与志愿服务的原因倾向于：_____［多选题］

选项	小计	比例
A. 帮助有需要的人	11376	76.10%
B. 为社会、国家作贡献	7123	47.65%
C. 实现个人价值	5779	38.66%
D. 锻炼自己的能力	6353	42.50%
E. 增加社会见闻，获得和丰富自己的经验	3755	25.12%
F. 多结识些朋友，增进交流	1333	8.92%
G. 追求成就感、自豪感和荣誉感	317	2.12%
H. 为了消磨、打发时间	155	1.04%
I. 单位 / 学校等任务	1561	10.44%
J. 其他	115	0.77%
本题有效填写人次	14949	

二、青年全面激活志愿服务组织

改革开放以来志愿服务组织的发展变化，离不开青年活跃性与创新作用的发挥。一方面，中国青年志愿者协会以及各级各类青年志愿服务组织，勇于探索、大胆创新，激励团员青年不断拓展服务领域、关爱社会人群，为中国志愿服务组织的创新发展、领域拓展作出贡献。另一方面，在各级各类志愿服务联合会中，青年志愿者都是生力军和先锋力量，为志愿服务组织带来生机活力。特别是青年志愿者与老年志愿者合作、与妇女志愿者合作、与专业志愿者合作，以青春活力带来志愿服务组织的旺盛生机，产生良好的效果。中国特色社会主义新时代，志愿服务组织需要更多的创新、更多的发展，恰恰需要团员青年发挥思维活跃、敢于创造的特点，为志愿服务组织探索新机制、激发新活力，奠定不断改革、不断发展的良好基础。

三、青年全面创新志愿服务项目

新时代志愿服务的发展特别需要创新项目、丰富项目，团员青年成为推动志愿服务项目创新发展的主要力量。2010 年广州亚运会举办之后，大批青年志愿者促进赛会志愿服务力量向日常化、持续化发展。策划和实施了"广州志愿服务交流会暨项目大赛"，经过 2011—2013 年的探索和实践，从 2014 年开始，共青团中央、中央文明办、民政部、文化部、水利部、中国残联、中国志愿服务联合会等共同举办，启动中国志愿服务交流会（以下简称"志交会"）暨青年志愿服务项目大赛，"通过赛会，将逐步建立起志愿服务项目全国竞赛机制和体系，推动各级共青团和青年志愿者协会组织建立志愿服务项目库、承担政府购买公共服务项目、吸纳孵化公益服务类青年社会组织、整合对接各类社会资源，不断推进市县青年志愿者协会规范化建设。"① 目前，在全国"志交会"的影响下，带动各省市区开展 30 多个省级赛会，数百个市县级赛会，让来自乡村社区、企业学校的青年志愿服务项目获得展示交流机会和评审奖励机会，为基层志愿者和志愿服务组织开展关爱和服务提供有力的支持，带动城乡志愿服务更有新意和实效。

四、青年全面繁荣志愿服务事业

新时代志愿服务事业的发展，需要坚持党的领导，也需要广大人民群众的参与和创造。青年作为社会上最活跃的力量，在促进志愿服务事业发展，构建和谐美好社会中作出越来越大的贡献。陆士桢教授提出："在国家发展的全面建设中，中国特色志愿服务起到的正是这种连接自我与他人、个体与民族、公民与社会、百姓与国家的积极作用。"② 正是由于志愿服务在政府服务、市场服务之外，作为联结人与人关系、沟通人与人心灵，提供关爱温暖和解决社会问题的重要辅助途径，其才受到各级党政部门重视，受到城乡广大群众关注。目前，志愿服务成为新时代中国特色社会主义事业的重要组成部分。青年作为志愿服务的中坚力量和先锋力量，为志愿服务事业的发展繁荣提供

---

① 志愿服务广州交流会暨首届中国青年志愿服务项目大赛举行［N］. 中国青年报, 2014-12-05.

② 陆士桢. 中国特色志愿服务概论［M］. 北京：新华出版社, 2017：190.

创造活力、旺盛生机。与此同时，青年在推动志愿服务事业发展过程中，获得自身的快乐、充实、成长，开拓出青年发展的新路径。

《中长期青年发展规划（2016—2025年）》的贯彻与实施，既要通过联席会议、制度措施、指标指数等机制的建设，不断贴近青年需求、不断融入社会发展；也要与志愿服务、治理创新、文化复兴、生态环保等有机结合，探寻青年发展的多样化机遇、多样化路径。

附　录

中国式现代化与小镇青年发展

——以广东省中山市小榄镇"青榄社"为例

谭建光　　张苏娜 ①

以中国式现代化全面推进中华民族伟大复兴，是新时代的中心任务，也是全党和全国人民奋斗的目标。在这一过程中，特色小镇、强镇兴村、乡村振兴、"百千万工程"等发挥了非常重要的作用。为此，关注和重视小镇青年的生存、发展、公益、志愿等，具有特别的意义。广东省中山市小榄镇是改革开放以来经济发展较快、社会力量活跃的乡镇，从 20 世纪八九十年代就以乐百氏、榄菊、华帝等企业闻名于世，制锁行业、五金行业产品畅销全国。后来，小榄镇在社会治理、公益慈善、志愿服务等领域也积极探索、不断创新，从 2012 年开始举办"创益菊城"公益志愿服务项目大赛，汇聚优秀项目、提供资助辅导，促进项目质量提升、更好服务群众需求。然而，近年来伴随国际国内经济环境变化、新冠疫情蔓延冲击、实体经济受到挤压等情况，小榄镇的社会经济发展也面临严峻挑战，遇到各种困难与问题。在这种情况下，小镇青年的发展前途如何把握，小镇青年的创业就业如何抉择，小镇青年的公益热情如何激发，小镇青年的志愿服务如何持续等，都值得思考。在这种背景下，小榄镇从 2020 年开始探索"青榄社"这一新形式，凝聚和激励青年探索发展，走出一条新路，取得明显成效。为此，我们对"青榄社"进行调查分析，提供一些观点和材料，供大家分享交流。

---

① 谭建光，教授，中国青年志愿者协会原副会长，广东省志愿者联合会原副会长，广东省社工与志愿者合作促进会荣誉会长；张苏娜，社会工作师，华南理工大学社会工作硕士。

一、中国式现代化背景下的"青榄社"

小榄镇从改革开放伊始就非常重视和支持青年发展。最早从农业生产向工商业生产经营转型时，小榄镇的党委政府就鼓励青年率先发展村庄经济，率先创办民营企业，率先创造自主品牌，一大批中青年成长为全国知名的青年企业家、青年岗位能手、青年致富带头人等。进入21世纪初，小榄镇针对青年创业就业的需要，率先在镇政府设立"创业就业办公室"，为大中专学校毕业生的谋生发展提供支持和帮助。当时，笔者就曾经为小榄镇青年创业就业培训班授课，为小榄镇大学生回乡发展座谈会演讲，感受到镇党委、镇政府对青年的热情关心支持，感受到青年的创业就业热情。2012年"创益菊城"公益志愿服务大赛启动之后，小榄镇成立"菊城公益服务中心"，推动青年的参与和发展。2020年，在党政部门、爱心企业、公益组织的支持下，小榄镇组建"青榄社"小镇青年社团，开始专注陪伴和支持18～30岁本土青年成长，逐渐探索出非常有特色、非常有成效的做法经验。

（一）有为力量

"青榄社"的组建和发展，其实是和一批有志有为的"老青年"有关，他们是20世纪80年代至90年代创业发展的青年，现在事业有成、经验丰富，非常关心当今小榄镇青年的成长成才。他们发现，如今的小镇青年有着比几十年前好很多的经济基础、生活条件，但是也面临比几十年前更加严峻的竞争、更加庞大的压力。一方面青年创业就业的热情受到挤压和打击，逐渐有"躺平"和"随波逐流"的倾向；另一方面青年有很多想法、梦想期待实现，期待获得理解、支持和帮助。但小镇的环境局限、资源局限，使青年难以圆梦、陷入困惑。于是，这些"老青年"就有支持和帮助新一代青年成长成才、创新有为的情怀，出钱出力推动小榄镇青年探索实践。其实，在"青榄社"之前，小榄镇连续几年都举办了针对应届毕业青年的公益培训班，向青年传授国内外的经验、前辈们的体会及朋辈们的案例等，激励小镇青年勇敢前行、逐梦人生。青年人嘴里经常说的"何总""宝明姐"以及其他企业家、爱心人士，都是这些培训班的导师，也是发起和推动"青榄社"的热心人。我们在调查交流时发现，小榄镇这些"老青年"就是促进"青榄社"诞生和发展的重要力量之一，在他们的推动下，小榄镇的青年开始了轰轰烈烈的成长探索之路。

（二）有识之士

小榄镇的党政部门、事业单位、社区农村都有一大批关心和支持青年成长的有识之士。这其中既有长期在本地工作的党员干部，也有从全国各地来小榄工作的专业人士，他们都意识到小榄镇社会经济发展、民族文化振兴的关键在于青年传承、青年创造。同时，小镇青年的成长成才、创新有为，对他们的健康快乐非常关键，也对于解决青年问题、减少悲剧发生非常重要。所以，青年人希望成立青榄社时，获得了各部门、各单位、各社区的支持、指导和帮助。因此，"青榄社"在开展各种活动、进行传播推广时，也获得镇村的关心和帮助，在有识之士的助力下，青年成长有了"肥沃的土壤基础"。

（三）有志青年

小榄镇"青榄社"的诞生和发展，最重要的是获得一批批有志青年的支持和参与。一是热心青年导师群体。小榄镇从 2012 年起每年举办"创益菊城"公益志愿服务项目大赛，历年来发掘了许多事业有成、热爱公益的青年。他们发挥自己的奋斗经历和经验，帮助新生代青年认识社会、融入环境、寻求发展。二是同龄爱心青年群体。这些刚刚大学毕业的青年，或正在读大学的青年，有参与公益活动、志愿服务的经历，乐于帮助遇到困难与困惑的同龄青年，为他们提供沟通引导、活动解压等，帮助促进同龄青年的健康快乐成长。三是探寻发展前程的青年，包括大学毕业生、大学生、中学毕业生等。他们正处于人生转折时期，对未来容易产生迷惘与困惑，通过参加"青榄社"的活动，能获得启示、受到激励，逐渐寻找到正确的发展道路。小榄镇有越来越多的青年在"青榄社"的支持和帮助下，确立了人生志向，启动了人生航程。

（四）有效网络

从调查的情况看，小榄镇"青榄社"发展壮大、发挥作用的重要原因之一，就是建立起有效的支持与合作网络。作为关心关注、支持帮助本土青年成长成才和公益志愿的社团，"青榄社"不能单单凭借自身的力量，还需要发掘、发挥社会各界的优势，汇聚社会广泛的力量。一是主动对接共青团组织和青年社团的资源。"青榄社"通过积极主动接受中山团市委的指导、寻求小榄镇团委的支持，在小榄镇群众思想引领、正确发展等方面获得丰富资源。并且，"青榄社"负责人还主动争取市、镇团委的副书记、委员等职务，为群团改革、团工作创新作出贡献，从而更好彰显"青榄社"的积极作用。二是积极寻求党政部门、社区农村的支持，"青榄社"主动了解党政部门、社区机构的工作重点，并对青年参与的需求进行调研，积极在各项工作中发挥作用、作出贡献，从而在基层党建、文明实践、社区治理、生态环保等领域体现价值，受到关注和重视，扩大发展空间。三是积极探寻与工商企业的合作，获得资金、资源支持，以及创业就业、经营管理、专业发展等方面的支持。"青榄社"积极吸纳本土创业者、经营管理者、专业技术精英作为青年导师，为青年提供指导与帮助，帮助新生代青年少走弯路、健康成长。四是积极拓展国内外的合作网络。"青榄社"积极与北京、广州、深圳等支持青年发展的机构合作，以及与青年创新创意团体合作，引进青年成长的新理念、新方式，丰富小镇青年创新创业、公益服务的途径，为本土青年创造更多的机会。这样，"青榄社"构建了镇内镇外、政府企业、社会各界的合作网络，为青年提供更多的资源与机会，也促使小镇青年更加有信心、有志向，不断锻炼成长。

二、新时代"青榄社"的"六个一起"特色

几年来，我们观察和分析小榄镇"青榄社"的特殊活动及其社会效应，发现"六个一起"是非常具有吸引力与号召力的。不论是"青榄社"的发起人、负责人，还是参与"青榄社"活动的大学生、中学生，最初对社团的活动特色缺乏了解、对社团的活动价值缺乏认识，恰恰是在不断探索、创新的过程中，发现"六个一起"的做法对青年成长成才非常有用，对青年公益热情具有激励，就坚持下来，越做越好。

（一）一起走路：凝聚青春的活力

我们在调查交流时，发现"青榄社"有一个非常有特色、特别受欢迎的活动——"致敬中山·青榄同行"40千米止语徒步。即每年选择一个日子，"青榄社"骨干带着新生代青年徒步行走中山、亲身感受中山。这40千米的徒步，不只是一场旅行，还是一场青年人与自己、青年人与中山的对话。每年选择的徒步路线、游览景点有所不同，根据当年的社会发展需要、青年的兴趣特点进行选择。但是，每年的徒步行程中都会包括几个核心内容：一个

是中山市红色革命景点、爱国主义教育基地，如革命先烈斗争的地方，近代革命先驱的故乡；另一个是中华人民共和国建设时期青年奋斗的地方，改革开放以来青年创业发展的地方。其中：邓小平同志说出"不走回头路"名言的三乡，毛泽东同志批示"四最"青年突击队的民众，孙中山先生故居的南朗，都是徒步体验的地点。同时，热心企业家、关心青年成长的基层干部都陪同新生代青年一起徒步，在游览和锻炼的过程中进行交流、启迪思考、激发动力。这种"一起走路"的简单方式，成为将各年龄、各阶层人士与新生代青年联系在一起，重新换个角度认识自己、认识中山的有效途径。

（二）一起唤醒：传递青春的梦想

"青榄社"的一个品牌活动是 WEEKUP（周末唤醒）行动，该行动每期会召集 50 名 18 岁至 35 岁的青年，利用 4 个周末的时间举办自己喜欢、自己乐意参加的活动，发出自己的声音、吸引相似的人群、建立活跃的朋友圈。在沟通交流时，大家发现新生代青年最主要的一个感受是"孤独、寂寞"。这是非常奇怪的现象，一方面网络越来越发达，娱乐越来越丰富，物质越来越充足，游览越来越方便；但另一方面青年人的内心越来越孤独、越来越寂寞、越来越感觉不到生活的价值和意义。这是青年在表面、浮躁的网络交往、娱乐交往获得刺激之后，留下的空虚和孤寂。为此，"青榄社"就鼓励这些新生代青年通过参加 WEEKUP（周末唤醒）行动，不仅是要表达自己的心声、展现自己的才艺，更是在交往交流、同乐共享的过程中寻找到志同道合的朋友，建立相互了解、相互支持的朋友圈。在 2023 年的"青榄社"毕业生调研结果中发现，有 85% 的参与者通过 WEEKUP（周末唤醒）行动对自己有了更多的了解，73% 的参与者与他人产生了更多链接、更愿意主动分享，让青春的人生有了同伴、信任和力量。

（三）一起学习：积淀青春的优势

"青榄社"是特别重视学习的一个青年社团，因为最初就是在小镇青年成长培训班、训练营基础上创办的社团，学习的基因贯穿在所有活动的过程之中。从调查的情况看，"青榄社"的学习涉及方方面面，内容非常丰富。一是思想引领的学习。"青榄社"中有党员、团员，成立了党组织、团组织，还有成员兼任了地方团委的副书记、委员等职务，在引领青年思想发展、道德成长方面进行了积极探索，具有一定成效。在这一过程中，他们不是采用简单的讲课、会议等方式，而是适应新生代青年的兴趣爱好，通过案例、讨论、考察、分享等形式，让年轻人在潜移默化中获得思想成长。比如"解锁后 12 小时的小榄"活动，就是鼓励青年走上街头，深度对话不同的工作，在各式各样的人生中思考自己的人生，也从另一个角度认识小榄。二是创新创业知识的学习。不论是外国最新理论，还是国内最新知识，"青榄社"一旦发现有好的理念和观点，会尽快组织学习交流，让青年骨干先阅读和理解，再由他们向新生代青年分享，引导大家一起讨论，在这个过程中让知识的学习更有深度、更加有效。比如"高效能人士的七个习惯"研讨会，让青年人在专业机构的两天认证课程中学习，不断更新知识，实现各个方面由内而外的成长。三是行动能力的学习。"青榄社"特别重视培养青年一代的行动力，认为"说了不干，于事无补"。为此，"青榄社"探索 3 个月"教练陪同、小组陪伴"等形式，让青年尝试将知识转化为行动，同时获得企业家、成功人士的引导和鼓励，不断强化行动的自信，逐渐成为内在素质。"够姜周末""三分钟实验室""青年成长工作坊"等活动，都是创造机会鼓励青年人去行动、去实践，并在其中收获友谊与成长。在 2023 年的"青榄社"毕业生调研结果中发现，有 87% 的参与者通过"青榄行动计划"接纳了自己的不完美，懂得欣赏自己并与自己和解；同时 83% 的参与者认为自己从自我认知、工作、健康、情际关系、学习等 5 个维度得到了成长，达到了当初设定的参与目标。"青榄社"这种"学思想、学知识、学行动、学合作"的学习训练模式，对新生代青年的成长具有非常积极的作用。

（四）一起创新：闪烁青春的光芒

"青榄社"特别注重新生代青年创新创造精神的培养，"少年强则国强"，青年创新热情和能力的发挥也是小镇发展繁荣的希望。为此，"青榄社"开拓多种渠道，激发青年创新创造的兴趣。一是以本土创业者、创新人为榜样，吸引青年关注和学习。改革开放以来，小榄镇涌现出乐百氏、榄菊、华帝等著名企业，涌现出一批又一批的企业家、创业者。近年来则涌现出在科技创新、智能发展、生物工程等领域的创新人才。"青榄社"收集和整理这些典型榜样的材料，让新生代青年受到吸引和激励，并让他们有机会到这些知名企业、知名机构参观考察、亲身感受，激发创新思维。二是鼓励新生代青年围绕小榄镇的社会经济发展、社会治理创新进行思考，提出创新建议，提供政府参考。"青榄社"会积极通过市、镇建言献策等各个渠道，将青年的意见建议传递上去，让他们发挥积极的影响力。三是倡导"小创新、大启迪"。"青榄社"在各项活动中，都充分发挥新生代青年的主人翁精神，鼓励他们参与策划、组织、协调和完善，这样就让越来越多的本土青年有归属感、参与感、自豪感。当新生代青年有创新创造的机会，感觉小镇发展具有自己的贡献和业绩后，就逐渐变得更加热爱家乡、更加愿意建设家乡。

（五）一起奉献：洋溢青春的友爱

小榄镇是物质文明与精神文明共同发展，创新创业与公益志愿共同繁荣的地方，也为年青一代的奉献、友爱、互助、进步提供动力。"青榄社"一方面为新生代青年适应小镇社会环境，探寻创业发展机会提供引导和支持；另一方面吸引新生代青年关注和参与小榄镇的公益志愿服务，积极参与和奉献。我们曾经多次参与中山市"博爱100"公益志愿服务项目创投、中山市新时代文明实践志愿服务项目大赛、小榄镇"创意菊城"公益志愿服务项目大赛等的评审工作，其间看到不少由"青榄社"成员申报的爱心服务项目。在这些项目中，既有促进小镇文明风尚的，也有爱心扶助困难群体的，还有推动乡村环保生态的。"青榄社"成员的展示分享都很有活力、富有特色。同时，"青榄社"的成员还会深入社区和农村，开展"入细入微、惠及民生"的志愿服务，从关心问候老人、残疾人、困难家庭子女，到参与卫生清洁、环境改善等服务，还有发挥文创特点"扮靓"村居、体现时尚新颖的服务等。投入这些公益志愿服务的过程，就是小镇青年为社会和他人作出贡献、体现自身创意和价值的过程。

（六）一起成长：创造青春的未来

这些年来，由于新冠疫情冲击，以及经济发展困难，很多地方的企业家、创业者发出"抱团取暖"的呼声。同样，青年一代在创业就业、成长发展中遇到困难时，也会发出"抱团成长"的呼声。小榄镇"青榄社"就是通过一起成长的探索，不仅让新生代青年"抱团成长"，而且引导新生代青年"抱团发光发热""抱团创造未来"。一方面，"青榄社"汇聚本土青年党政干部、青年企业家、青年专业人才的力量，与新生代青年交往交流，针对他们的需要提供支持帮助。另一方面，"青榄社"鼓励新生代青年"从家中走出来""从网瘾中走出来""从孤寂中走出来""从冷漠中走出来"，与他人分享自己的想法、创意，促进相互支持、相互帮助，具有更强的创造性。同时，"青榄社"积极引导和鼓励新生代青年正视现实、面向未来，从失望中把握希望、从困难中探寻机遇，不断探索自己的前途未来。

三、几点启示

中国特色社会主义新时代，特色小镇的建设和发展成为一种新的趋势，也创造出一种新的机遇。小榄镇抓住这种趋势和机遇，成立"青榄社"等社团，成为鼓励小镇青年探索成长、创造贡献的有效方式。我们在调查研究中，获得几点主要的启示。

（一）发现小镇青年

小镇青年既有很多新生代青年共同的特征，也有生长于小镇、生活于小镇的特别之处。包括更贴近社会基层，更多体验乡镇民生，更具有"破茧而出"的愿望，也更具有"蟹居小镇"的困惑。因此，我们在研究青年、引导青年、激励青年时，既要关注城市青年和农村青年，也要关注居于二者之间的小镇青年，这是中国未来发展不可或缺的力量。

（二）关注青年生存

"青榄社"的负责人告诉我们，社团成立初期是希望引导小镇青年更多参与公益志愿服务。但是，在深入了解小镇青年的想法和需求后发现，生存难题、生活难题也是新生代青年的主要困惑。虽然不是几十年前"一穷二白"的生存困苦，但他们目前也确实面临着找工作难、要创业难、想自立难等情况。为此，"青榄社"就将关注小镇青年生存、帮助小镇青年生活作为最初开展活动的宗旨，受到很多青年的欢迎，产生了良好的效果。这种经验值得关注和重视。

（三）促进青年发展

新生代青年既关注当下的生活，也重视未来的发展。"前途""前景"成为他们的追求，也引起他们的困惑。因为不知道社会的未来会如何，青年就会陷入迷茫；因为不知道自己的未来会如何，青年就会犹豫、徘徊。为此，"青榄社"引导青年在看到社会发展面临困难挫折的同时，也要看见社会发展的方向和机遇，为自己的成长和发展寻找立足点，激发创新创业的热情。

（四）支持青年公益

"青榄社"既是小镇公益志愿服务发展中诞生的社团，也是小镇青年学习培训中诞生的社团，因此非常注重以"青年公益""青年志愿""青年爱心""青年善行"激发新生代青年的热情，使其在服务社会、帮助他人的过程中发现自己的价值，充实自己的人生。这样，引导青年将自身发展、创业谋生与关爱他人、奉献社会有机结合，让自己的思想道德、个性素质更加完善，成为新时代全面发展的人才，成为小镇发展的活跃力量。

（五）激发小镇活力

青年是国家发展的未来，也是特色小镇建设的未来。"青榄社"聚焦小镇新生代青年的生存生活、成长发展、创新创业、公益志愿等，开展一系列的活动，提供渐进式的学习，铺垫"小镇青年"成长的阶梯。这样，让一代代青年寻找到发展的方向，激发起成长的动力，不断成为建设的人才、创造的人才、公益的人才，在小镇建设与发展中发挥更加积极的作用。

青新公益说案例

党的二十大报告指出："青年强，则国家强。当代中国青年生逢其时，施展才干的舞台无比广阔，实现梦想的前景无比光明。""广大青年要坚定不移听党话、跟党走，怀抱梦想又脚踏实地，敢想敢为又善作善成，立志做有理想、敢担当、能吃苦、肯奋斗的新时代好青年，让青春在全面建设社会主义现代化国家的火热实践中绽放绚丽之花。"为此，广东省社工与志愿者合作促进会协力各方，与"未来社区实验室"联合开办"青新公益说（青年 TALK）"系列栏目。

"青新公益说（青年 TALK）"系列栏目于 2023 年 5 月 4 日启动，重点聚焦新兴青年群体对创业、学习、生活、兴趣等不同内容的所看、所闻、所想，展现青年追求美好生活的精神。截至 2024 年 9 月 9 日，共发布青年故事 57 篇。特挑选以下 7 篇作分享。

段心怡：冬奥新青年，一起向未来

我是段心怡，河北大学中央兰开夏传媒与创意学院广告学毕业生，四川大学文学与新闻学院研究生，2022 年北京冬奥会媒体运行骨干志愿者。喜欢演讲，擅长游山玩水写写游记，现任河北省保定市作家协会会员。

2020 年初，我作为学生代表同来自 18 个不同学院不同专业的同学一起赴美国加州州立理工大学波莫纳分校交流学习，突如其来的疫情打破了我们对世界的憧憬，回国后我把带回的几箱 N95 口罩捐给了社区，投入社区疫情防控，开启了长达两年多的线上网课学习生活。

2022 年 2 月，我在张家口赛区新闻发布厅担任摄影运营助理，见证了疫情期间的冰雪赛事。2月12日，一位外国摄影记者在休息区吃东西把自己的口罩戴头上了，以为弄丢了口罩，急急忙忙用围巾捂住口鼻跑过来，和我们说，非常抱歉弄丢了口罩，可不可以再给他一个？志愿者们赶紧给了他一个新的口罩，但是其实他的口罩就在他头上，我把这一幕拍了下来发在微信朋友圈和抖音平台，大家哭笑不得，频频转发。抖音视频一夜间获得了200万的播放量，4万多转评赞。感动于国外友人对我们疫情政策的支持和尊重，开怀于这一份小小的幽默。

2020—2022年末，我们在闭环内分享彼此的故事，结交不同国家的朋友，互换徽章，用眼神和拥抱表达友好和不舍，在闭环内试图触碰世界。2022年冬奥会结束的那一天，所有的摄影运营助理聚在一起，经理吕虓大喊了一声"mask off！"我们一起摘下口罩扔到空中，笑得开怀，露出了被紫外线灼伤的脸庞，口罩周围白白的，没有血色。

一年后，我们终于能带着笑容走在街头。我的学院是中外合作办学的学院，四年的大学生活，两年半都是线上的网课，今年3月外教们分批回到了校园，专注于文化创意和传媒的我们，好像一批沉睡许久的猛兽，慢慢苏醒，在中外老师的合作指导下，开始涌现大量的创新创意作品。我的专业广告学偏向于实践，大部分专业任务是给中英品牌做营销，洞察受众后，选定品牌的独特卖点，打出差异化营销战略，推广品牌。经历了两年疫情的我们迎来了解封后的第一次线下展。这次毕业展以韵律为主题。万物皆有韵律，音乐、诗歌、设计……每位设计师都展现了属于自己的节奏、自己的性格。

广告学专业毕业作品以"创意突破，和谐未来"为主题，我们的作品涵盖公益项目、品牌重塑、广告创意、媒体策划等多个方面，以社会关怀、未来生活等主题为线索，通过社会调研、人群定位等手段探索深度的广告洞察，使观众产生共情共鸣，加强传播效果。这些作品不仅是对大学学习经历和专业技能的总结，也是对未来广告发展趋势的瞭望和推动，展望广告人未来的发展前景和使命。

2024年京津冀协同发展十周年之际，正是疫情结束之际，是万事万物井喷式复苏的大好时机，我想我们亟待复苏的一些民营企业都需要一个契机，去把自己推广出去，让京津冀的顾客看到亮点。从事新媒体行业的我们，虽然涉世尚浅，但一定要凭借自己的专业知识，返乡助力一些企业的发展，尽己所能，投入时代。

闭环之内，商铺和店家都受到了重创，喘息不得。解封后的今天，京津冀协同发展。山谷里吹起了野风，自由自在，我们也可以重新大胆深呼吸，收拾行囊，即刻启程了。忘记闭环，拥抱时代。

顾杨：毕业季，湾区青年成长日记

我是顾杨，海南师范大学教育学院 2021 届教育学毕业生、澳门城市大学教育学院 2021 级教育学硕士研究生，获首届中国国际消费品博览会优秀志愿者、澳门城市大学校长办公室"学生大使"嘉许。我喜欢旅行和参与公益活动，现任澳门城市大学校长办公室学生大使。

2021 年 5 月 7 日至 10 日，我作为海南师范大学的学生志愿者，与来自海南省各个高校、单位的志愿者一起参与了中国四大展会之一的首届中国国际消费品博览会（以下简称消博会）志愿服务工作。我的岗位分别是前期在海南省政府接待办公室协助国内各省份代表团来琼接待工作，消博会进行期间在各个场馆协助观众入场和场内指引工作，消博会让我感受到中国坚定不移扩大开放的声音。

非常荣幸能够和小伙伴们一起，认真热情地迎接和服务每一位来到消博会的观众，同时我也见证了大家为消博会成功举办而展现的志愿精神。首届消博会的成功举办已经过去两年，前不久第三届消博会也圆满落幕，也同样有很多自贸港青年志愿者留下了许多令人难以忘怀的精彩瞬间。我非常期待有机会能够再次为消博会奉献青春力量，为海南自贸港建设作出贡献。

消博会的那段时间，也正好是毕业季，我们消博会志愿服务团队的几位小伙伴，也都在消博会结束之后各自继续奔向新的旅程，后来的我们，有的到三沙市的小岛上支教，有的回到家乡做基层教师，也有的通过一年努力考取了追求已久的大学的研究生，现在我们依然在相互鼓励、共同奋进……消博会，迎五洲客，计天下利，美人之美，美美与共，同样也让我们绽放青春之美。

很巧的是，在参加完消博会志愿服务后没几天，我就收到了来自澳门城市大学的硕士录取通知，这也让我的青春志愿之旅拓展到了澳门。

我本科、硕士就读的都是教育学专业，在教育行业工作，为教育事业奉献，这是我高中就明确的目标，这个目标的实现从高中到现在，不断摸索，渐渐清晰。我热爱教育也热爱公益，因此我希望将二者结合起来——在教育学专业的学习中结合公益，同时在公益行动或研究中融入教育视角的思考。也正因如此，我在来到澳门城市大学后，加入了澳门城市大学校长办公室学生大使。澳门城市大学学生大使团队在 2022 年 3 月成立，我从成立之初就加入进来，它隶属于学校校长办公室，旨在发掘和培养具有导览、接待、活动策划及执行等能力的学生，让学生在多元化平台中学习并发挥专长。不难感受到它与其他类型校园组织的不同，这也是校办学生大使吸引我的地方。我认为这是一个能够代表城大学子形象、展现城大学子风采的平台，并且我也在校办工作人员、其他学生大使伙伴的关怀指导下，完成了一些接待、导览、司仪、筹办活动的工作，比如前不久余华教授来到我校进行校庆讲座，我就担任了主持人。

每次接待校外来访嘉宾团时我都感到非常自豪。向嘉宾们介绍大学发展历史、开设特色学科课程、学生学习生活体验……无不让我感受到学校秉持"服务澳门、融入湾区"的社会责任与办学使命，遵循"明德、博学、尚行"的校训精神，在粤港澳大湾区高等教育融合发展的背景下，培养澳门和区域所需的应用型、实务型人才，持续为城市及社会发展提供智力支持而作出的努力和进步。

虽然疫情为我们的工作、学习和生活带来了诸多不便，但它也让我们青年学会更加坚强地迎接和面对困难与挑战。看到恢复旅游后澳门的游客络绎不绝，我对未来祖国的发展充满期待。来自北京的我即将结束硕士研究生学业，作为一名受益于公益活动的新时代青年，我希望能够发挥自己的价值，做好联系京津冀—大湾区—自贸港的小纽带，让青春在京津冀、大湾区和自贸港绽放！

杨峰：学长的火炬——青年梦想点亮绿色环保

我是杨峰，中南大学公共管理学院 2021 级在读本科生，喜欢旅行和探索性活动，现任中南大学绿色科技协会会长。

"每一代人的青春都是不平凡的，青年从来不是时代的过客、看客，而是担负使命、扛起责任的先行者、实干者。"2008 年 6 月,现于北京科技大学任教的冯大伟博士正在中南大学进行本科学习,在忙于一个重要比赛的间隙突然意识到校园环保的"无人问津",便有了创建科技环保社团的想法,并很快将想法付诸实践成立了绿色科技协会,绿色梦想,从此点亮。

社团成立之后便以探索绿色科技、宣传环保知识、组织环保公益活动为主,不断吸收热爱环保、乐于创新的在校大学生,进行绿色科技创新课题研究及日常绿色环保活动推广,秉承"绿色创造未来,科技改变世界"的理念,将科技探索融入环保实践。社团的活动将志愿精神和创新精神相结合,在环保领域贡献青年力量和智慧。15 年来社团进行了多项绿色创新探索,获得多项荣誉,2012 年获伊利全国大学生环保案例征集特等奖;2014 年获由北京水源保护基金会自然大学基金国家水卫队主办的"暑期任我行:大学生水卫士扶持计划"项目立项;2017 年获武汉"创意社区"公益创客大赛决赛一等奖;等等。同时探索形成了多个精品活动,"学长的火炬"便是社团的精品活动之一。

环保与每一个人息息相关,但在现实生活中大家又总会无意识地忽略环保的重要性,甚至觉得个体的环保举动太过渺小、无足轻重。特别是当下,我们被快节奏的生活裹挟着往前走,往往会把方便放在各种考虑因素的前面,为了赶时间选择快餐、为了减去清洗麻烦使用一次性用品,似乎很少想过我们产生的废料垃圾何去何从。大学校园集聚了充满青春活力的青年大学生,这里的网购和外卖每天都有很多,将焦点放在个体时环保的意义难以凸显,将视野从个体移至一栋宿舍,一所学校,一个省,一个国家,甚而全球时,不禁感叹于地球每日承受的新增垃圾之多,此时个体环保力量无疑是汇聚环保合力不可或缺的组成部分。每年的毕业季,毕业生都有许多生活用品、学习用品等待处理,为了减轻回家的负重,不少毕业生将还有利用价值的物品割舍在了宿舍楼道里,如果这些物品能很好地利用起来,不仅能提高已投入资源的利用率,而且能减少待用资源的消耗。

在众多高校环保落脚点中,社团发现每年毕业生有很多专业书和课外书需要处理,以此为切入点,社团连续举办了多届"学长的火炬"校园公益性文化活动,通过活动,一方面把往届学长学姐的优良学风传承给大一新生,另一方面向全校师生传播绿色环保、节约资源、低碳生活的生态理念。往期"学长的火炬"活动成功将无数二手书籍收集后再次发放,实现书籍的循环利用，活动不仅实现了绿色环保理念的传递，而且让受益的群体切实感受到环保的实用价值，从而形成理念传播与价值实现的良性互动。多期下来，活动取得很好成效，得到学校的支持和认可，逐渐成为一个校级活动。

虽然疫情以来，社团的发展受到了一定阻碍，但是热爱可抵岁月漫长、可破艰难困境，社团的小伙伴们积极探索走出困境的方法，争取让社团得到恢复和发展。在冯大伟博士的推动下，"学长的火炬"以更多新的形式出现在北京地区，如中关村雍和航星园的绿色科技图书馆，国子监街头的二手书捐赠。

对环保，关注了解而后言热爱，中南大学绿色科技协会将坚持热爱，坚持初心，把最初的青年梦想播洒到更远的地方，让绿色环保绽放绚丽之花。

王冬妮：旅居丹麦三十五年，银发人才创业之路

春夏秋冬，寒来暑往，循环往复，生生不息。春生、夏长、秋收、冬藏。

春天万物复苏，暖阳和煦，百花盛开，姹紫嫣红。夏天繁花似锦，"绿槐高柳咽新蝉"，烈日炎炎，也会雷电交加，大雨倾盆。天渐冷，秋到来，秋高气爽，蓝天白云，丰收的季节，农作物、瓜果熟了。冬，大雪纷纷，银装素裹，分外妖娆，梅花傲雪，人常说瑞雪兆丰年，冬的沃土下，孕育着春的希望。

我从小就喜欢冬天，因为我生在冬天。冬天干净、静谧，没了春天的灿烂、夏天的喧嚣、秋天的忙碌，只有白茫茫的雪，一些动物藏在地下冬眠，植物落叶悄悄休息等待开春。多像人生啊！

不论是幼儿园、小学、中学，还是大学都是学习的过程，是春。大学毕业，走上社会，工作、成家、育儿，就是夏。儿女们长大，我们工作有成，是秋。晚辈们离家自立，我们退休，就是冬。春，是我们为自立做准备；夏，为后代做准备；秋，为我们停止工作做准备；冬，终于要把一生的准备用于自己了。不必上班、不用操心儿女，只要身体好，就能做自己想做的事，有大把时间由自己支配，多惬意，多自在。

在北京读了小学、中学、大学，我的春在北京。后来到欧洲继续上学，结果就在欧洲定居工作，我的夏、秋在欧洲。年过花甲，满头银发，我回

到祖国，回到我生于斯、长于斯的故园，客久思乡，我的冬在故乡。我想在余生为祖国做点事。把我的经验、我的本事传给晚辈，扶君上马，再送一程。

人的一生像极了春夏秋冬。银发人就是进入冬了，谁说人老了、退休了就没用了。莫道桑榆晚，为霞尚满天。退休了，终于可以做自己想做、以前没时间做的事，绘画、书法、摄影、品茶、跳舞、唱歌……银发人除了自我提升素质，最重要的作用是发挥余热。

党的二十大对中国式现代化作了全面阐述，即中国式现代化是"人多"的现代化——人口规模巨大的现代化；是"人富"的现代化——全体人民共同富裕的现代化；是"人强"的现代化——物质文明和精神文明相协调的现代化；是"人天"合一的现代化——人与自然和谐共生的现代化；是"人和"的现代化——走和平发展道路的现代化。显然，中国式现代化是将理念统一起来的现代化，坚持为民发展，坚持长期可持续发展，坚持中国与世界共同发展。基于此，高质量发展就被赋予了全面建设现代化中国的内涵。

高质量发展是经济运行质量、社会治理水平、人的文明素养、生态环境标准都提升的发展，是全面建设社会主义现代化国家的综合表现。为此，中国要通过改革创新，进一步发展壮大实体经济，提升经济运行质量；也要统筹内外因素、统筹物质技术因素和社会治理因素、统筹发展和安全。要齐心协力，加快构建新发展格局，用高质量发展支撑中国式现代化，以中国式现代化全面推进中华民族伟大复兴。

近 5 年前，一群关心社区发展、社会工作的各行各业人士开始了周五走基层。从此每个周五都有一群人活跃在社区，脚步遍及北京市每个区、河北、上海、湖南、浙江、海南、四川、山东等地。截至 2023 年 9 月上旬，已"走基层" 256 期，也就是 256 周，难能可贵的坚持。我从第一期跟到现在，是我这个银发人为祖国做的一点点事。尤其深植于北京市东城区赵家楼社区，一个多老旧建筑物的居民区，却是有历史、文化的社区。1919 年五四运动中"火烧赵家楼"事件就发生在此。当今社区工作者们克服重重困难，付出大量智慧、时间、精力为建成更好的社区贡献力量。民生无小事，以人民为中心，既贯穿于中国式现代化的始终，又是高质量发展的核心所在。

党的二十大报告指出，教育是党之大计、国之大计。培养什么人、怎样培养人、为谁培养人是教育的根本问题。"为党育人、为国育才"是教师的使命、担当，让传道者先明道、信道，让讲信仰的人有信仰，推动党的二十大精神在校园落地生根、开花结果，老师是第一讲解者、宣传者和播种者。老师们要想把党的二十大精神讲好、讲透、讲出新意，自己首先要做到把握精髓、掌握真谛、高度认同，才能讲出底气、讲出感情、讲出水平，才能有效引导学生真学、真懂、真信、真用。"人"是高质量发展的核心要义。2023年我受聘为泰山科技学院五汶书院名誉院长。我会以立德树人、传播文明薪火、弘扬中华优秀传统文化为己任，尽我所能，用心教导学子成为目标明确、志存高远、坚韧不拔、胸怀宽广、心怀感恩、德智体美劳全面发展的优秀人才。

银发人才的概念不仅是传承文化的传统，更是对人才概念的创新发展。银发群体凝聚经验丰富、各行各业的专业人才，给银发人才提供发挥余热、施展才华的舞台，为中国、为世界作贡献。

冬天是美好的，孕育着春的希望和活力。（王东妮，中国－北欧技术创新与发展协会副会长、五汶书院名誉院长）

张佳鑫：数字时代，银发老年夕阳再晨

每个人都有老去的时候，我想帮他们跨越数字鸿沟，让大家老去时不再孤单。

——夕阳再晨公益组织发起人张佳鑫

2023年，"北京榜样"主题活动走进第10个年头。10年来，48万榜样群体活跃在基层一线、扎根在市民之中，在平凡日子里闪闪发光，在不凡坚守中续写担当。其中，90后张佳鑫发起"夕阳再晨"项目，帮助老人学习手机上网、挂号、电子支付，12年带动19个省超过100所高校志愿者参与科技助老志愿服务。

用青春守护夕阳

2014年"北京榜样"年榜人物、"夕阳再晨"创始人张佳鑫一直致力于科技助老服务，用青春守护夕阳。他表示，"夕阳再晨"对帮助老年人弥合数字

鸿沟的服务是随着认识而不断深化的。

从十三人到服务队全国"开花"

公益助老品牌"夕阳再晨"发起于 2011 年，当时只是北京邮电大学的一个志愿服务组织，致力于帮助老年人快速融入信息化时代。经过多年发展，"夕阳再晨"已经发展成一个引领型、平台型和智慧型的全国最大的青年助老公益组织。目前"夕阳再晨"已在全国 29 个城市的 100 余所高校中成立了志愿服务队，每年拥有近万名活跃志愿者。"北京榜样"传递出的精神力量，让整个团队都保有一种服务祖国、服务人民的热情。

从一本讲义到云课堂

开始，志愿者靠着一对一的教学方式帮助老年人逐一解决怎么在网上挂号、如何用手机聊天等问题；后来，大家发现预防网络诈骗和识别网络谣言，成了老年人学会上网后迫切需要具备的能力；现在，在教学中更加注重对老年人科学和媒体素养的培养，如：看到手机上的加号，就知道是添加的意思，这种举一反三的能力可以帮助老年人更好地进行娱乐和学习。

"实践是检验真理的唯一标准，通过下社区，我们才真正了解老人们对互联网的需求。"张佳鑫说，"2014 年以后我们就不教电脑了，智能手机的普及为老人们打开了一个全新的世界，怎么用美图秀秀，用美篇做相册，现在甚至开始要求学习拍摄小视频，发抖音。"

张佳鑫表示，让更多的高校志愿者进社区复制"夕阳再晨"模式，前提是教材、课程和组织的标准化。"夕阳再晨"的科技助老能够被复制到全国500 余个社区，直接、间接帮助老人达上百万人。

如今，"夕阳再晨"开发了大量的教材和标准课程，出版了《爸妈微信 e 时代》《手机里的大世界》《助老志愿服务工作方法》3 本教材。近几年，还开发出云课堂小程序，帮助老年人在线上看视频、学操作，反复练习。最近，又开发出"银龄智慧助手"小程序，老年人可以跟着课程，成体系地学习和互联网有关的知识。

从志愿服务到 5A 级社会组织

在"夕阳再晨"的"孵化"下，科技的"种子"正改变着人们的生活。

除了科技助老志愿服务，"夕阳再晨"团队在张佳鑫的带领下，在坚持开展志愿服务的同时，在社区治理、智慧养老、应急管理、融媒治理、乡村振兴、校城融合、新视听公共服务等方面搭建起多方位服务平台，多维度为首都美好生活助力，获评北京市5A级社会组织。在政治思想方面，张佳鑫坚持把习近平新时代中国特色社会主义思想作为强大的思想武器和行动指南，带动70家社会组织发起"ICAN智汇计划"、"助力回天·伙伴计划"、社会组织"纾困计划"，探索出党建与业务融合发展的"四步工作法"。疫情期间，张佳鑫组织联合党委成员单位，第一时间联合发起"抗疫有我"行动倡议，带动500余名社会工作者扎根服务200多个社区，共同奋战在抗击疫情一线；充分发挥了党员先锋模范作用，扎根老旧小区推动"五社联动"，让二里庄社区"美丽蝶变"为北京市最美街巷、垃圾分类示范社区。

回首"种子""改变世界"的公益经历，张佳鑫说，所谓公益，"本质上要行善立德"，"行善是你做的好事，立德是你自己德行修养的提升"。12年来，"夕阳再晨"让更多的大学生用专业知识、关爱和陪伴，以"高校覆盖社区""青春陪伴夕阳"的模式，用自己的力量发动周围的人创新服务社会，为祖国和人民贡献自己的力量，获得成长。而张佳鑫也始终不忘一位做公益的前辈的教导：不论有多少鲜花掌声，始终不忘初心。（文字转自：《新京报》《北京日报》）

林龙锦：乡村中国梦，海西有福之人

大湖乡岭头村位于大湖乡北部，群山环抱，风光旖旎。春看杜鹃、夏享凉风、秋观银河、冬观雾凇。

春看杜鹃。岭头村有峰峦奇峻的猫山，春季杜鹃盛开时，漫山红遍。2021年，首登央视的伏虎岩杜鹃花海成为"大美中国"中的一景，这让位于大湖乡北部的岭头村第一次为世人所熟知。

夏享凉风。夏季萤火虫漫天飞舞，与天上的星空银河交相辉映，美轮美奂。这里的夏天没有高温"烤验"，是一房难求的避暑胜地……

这里还有全福州海拔最高——海拔1403米的牛姆山、网红露营打卡地——蒋厝林千亩梯田草场、千姿百态的小山东龙井溪瀑布群。这里不仅拥有生态的绿水青山，更沉淀着厚重的历史文化。古民居里承袭着朱子家风，弘扬着儒学文化；作为革命老区基点村，这里曾是中共地下党游击队活动的重要地，涌现出一批革命先烈。

我们意识到，生态之美、儒学之风及革命之光齐聚的岭头村，具有独特的魅力与巨大的发展潜力。

激发乡村活力，蹚出一条农旅融合的乡村振兴之路

驻村以后，我们全盘梳理了岭头村的旅游资源，充分挖掘了农村的资源禀赋和乡村的生态文化价值，以创新的思维模式，推动乡村从主要"卖农产品"向"卖风景""卖文化""卖体验"转变，因地制宜进一步打通"绿水青山就是金山银山"的通道，推动乡村振兴实现产业共富。

我们与村"两委"形成工作合力，深挖岭头村革命事迹，激活红色资源。作为革命老区基点村，近年来，岭头村依托红色资源与自然风光，盘活村级集体经济，红色教育、红色旅游齐头并进，走出了一条党建引领、红色旅游之路。

我们成立了大美岭头农民专业合作社，持续开展旅游宣传，发展特色露营经济，加速乡村休闲农业旅游产业发展，形成"农旅合一"的鲜明特色，让相关景点具有观赏、展示、参与等旅游功能，也让游客享受更多接近自然、体验农事的乐趣。

我们通过实施党建引领打造线上宣传平台，拓宽宣传渠道，正式开通"大美岭头"微信公众号平台，依托"大美岭头"新农村电商平台和"大湖乡岭头村民服务"小程序数字平台，更好地推介宣传村中美景和特色农产品；通过细致合理的线上服务制度，实现业务办理网络化、信息沟通便捷化、服务内容精细化。通过数字赋能让乡村更"智慧"。

岭头村有非常好的山水资源和区位优势，我们统筹做好特色产业和文化旅游的融合，修建登山道等基础设施，打造"赏花经济"特色品牌，把"风景"变成"产业"，将"美丽"转化成"生产力"，让"资源禀赋"成为"村民财富"，有效激发了乡村活力，坚定走出一条具有特色的农旅结合乡村振兴之路。

小包裹有大温暖，"暖心健康包"解决长者的"药紧事"

为切实做好困难群体和重点人群健康保障工作，更好地向老年群体提供暖心服务，最大限度保护人民群众身体健康和生命安全。2024年初，大湖乡岭头村对辖区重点特殊老人免费发放了"暖心健康包"，让村中长者、特殊群体在寒冬有个温暖"医"靠。

防疫物资到位后，我与村"两委"迅速组成一条"包装流水线"，各司其职，清点药品、口罩等防疫物资并分装打包。这份特制的"暖心健康包"里包含抗原检测试剂、连花清瘟胶囊、布洛芬缓释胶囊、医用外科口罩、免洗手消毒液，还贴心制作了"就诊指南"，指导老年人加强防护、科学防疫、合理用药。这些"爱心健康包"可基本满足群众用药和防护需求，为群众抗疫提供"定心丸"，解决其后顾之忧。

"叔叔、阿姨，里面的药要按照说明吃，吃完药要多喝水，有任何不懂的地方，可以来电咨询我们。"我们会在现场耐心、细致地向老人们讲解"暖心健康包"的使用方法和注意事项，并叮嘱老人们做好个人防护，出门戴好口罩。

开展义诊服务，为建设"健康闽侯"作出积极贡献

作为卫健局下派驻村干部，我尤为注重村民的健康问题，坚持组织开展常态化义诊志愿服务活动，为村民免费测血糖、量血压，发放宣传材料，还认真解答村民对自身疾病以及生活健康方面的咨询，发现问题及时联系医院进一步诊疗。对患有慢性病的村民，我们会提供用药指导，免费发放常用药品。

我们还提供"家庭医生"签约服务，大力发挥基层医疗卫生机构"网底"和家庭医生健康"守门人"作用。

在今后的工作中，我们还会持续开展志愿服务，为建设"健康闽侯"作出积极贡献。（林龙锦，福建省闽侯县大湖乡岭头村第一书记、2023年"乡村中国梦"闽侯县青年代表）

王晓丹：永安故城 CITYwalk 的领航人

提起"永安城"，就要把历史追溯到明朝正统十四年（1449），这一年，发生了历史上有名的"土木堡之变"，明英宗朱祁镇被俘，危急时刻，时任兵部尚书的于谦组织京师保卫战力挽狂澜，可谓拯救了明朝。第二年，也就是1450年，为了保护皇陵，在皇陵以南、距旧城东面8里的地方筑造新的城池，取名"永安城"。

"永安"作为昌平这座城市的名字，寄托着美好的愿望，有长保久安之意。"让文物活起来，将文化传下去"是昌平高质量发展的定位，观赏文物古迹之美，探索明文化内涵，名家开讲的考古研学讲堂，设置模拟考古探索、古建趣味搭建、沉浸式文物修复等特色课程，在游戏化教学中带你了解明文化、探索中国古建、学习文物修复与保护，体验一系列全时、多元、沉浸式的文旅融合活动，永安昌平，其实可以这样去探索和体验！

今天我们推荐的人物故事是永安社区的志愿者王晓丹和她的志愿家庭团队。

王晓丹简直就是胡同文化的行走"百科全书"，走到哪儿都能信手拈来一段段引人入胜的故事，不论是永陵卫胡同、三步两庙胡同、龙王庙胡同、鸡鸭市胡同，还是褡裢胡同……让人听得如痴如醉，仿佛瞬间穿越到了往昔岁月。

每次 CITYwalk 活动前夕，王晓丹老师与东坡志愿家庭服务队的成员们都倾注心血，从精心规划路线到细致收集资料，每一个环节都力求完美。她那敏锐的洞察力，总能发掘出胡同深处那些鲜为人知的宝藏，让参与者眼界大开。更难得的是，她还擅长营造氛围，让欢声笑语伴随整个行程，仿佛整个胡同都被赋予了生命。

除了引领 CITYwalk，王晓丹老师还是胡同不折不扣的守护者。她带领志愿者清扫垃圾，关怀胡同里的老人，那份温暖与坚持，实在令人动容。她常挂在嘴边的一句话："守护胡同，就是守护我们的根。"每每听来，都让我心头涌起一股暖流。

最令小伙伴们动容的是，王晓丹老师不仅自己满怀热情，还携手爱人张元哲老师并肩作战，夫妻二人合力讲解，那场景真是温馨又动人！张老师一开口，尽显专业风范，历史典故随口道来，引人入胜，让人听得如痴如醉。这对夫妻搭档默契十足，无疑是胡同文化的最佳诠释者。

王晓丹老师的热情犹如盛夏的烈日，她携手团队老师们精心筹备了一场公益盛举，邀请了外语流利的导游高静、汉渊书院毛朝霞老师，以及古筝高手方可与陈超等多位文艺志愿者，共同为守护这片热土、传承文化精髓拍摄了一部意义非凡的公益宣传片。

在拍摄胡同宣传片的过程中，大家更是收获了意外的惊喜——Absolut Uniq 手作研习社，这家隐匿于胡同深处的瑰宝店铺——侯卓成与杨汝晴《心动的信号第六季》七夕互做戒指的拍摄地原来就在这里——不仅是手工艺品的璀璨展示窗，更是一座洋溢着创意与灵感的艺术殿堂。主理人 AMan 于 2017 年底在通福桥胡同创立手工皮具线下体验店手工皮艺研究所，她家的每件作品都承载着匠人的汗水与情感故事，让人不由自主地停下脚步，细细鉴赏，沉醉其中。

漫步在胡同中，耳边似乎回响起那遥远而亲切的叫卖声，糖葫芦的甜蜜、豆汁儿的醇厚、炸酱面的浓香……这些老北京独有的风味，悄然藏匿于胡同的每一寸空间里。不经意间，你还可能会邂逅一位悠闲地坐在门槛上沐浴阳光的老大爷，他眯缝着眼，手执烟斗，面带慈祥的笑容望着你，那神情仿佛在温柔地告诉你："孩子，这就是咱们北京的味道，你得用心去品味。"

让大家深受感动的是，在昌平公园"永安新秀"牌匾的映衬下，毛朝霞老师和张楠老师手执预先写就的楷书"永安"二字，她们的眼神里流露出对这片土地的深切情感与崇高敬意。毛老师的声音在轻柔的微风中悠扬响起，深情地阐述着"永安"二字的深远意蕴。她道："永安，它不仅仅寓意着长久稳固与永远安宁，更是古人对家园繁荣昌盛、未来无限美好的深切期盼与真挚祝福。"那一刻，我仿佛能穿越时空的界限，深切感受到那份情感共鸣，对这片土地的爱与守护之情在我心中油然而生。

王晓丹老师引领着我们一群志愿者，在胡同间穿梭，细心拾起每一个被遗忘的烟头。我们一行人在昌平二街中东段的青石板路上集结，与"永安故城 CITYwalk"的伙伴们以及东坡志愿家庭服务队的孩子们，共同踏上了第二期胡同探访的征途。王晓丹队长，这位永远充满活力与热情的领航人，用她那温暖而富有磁性的声音，引导我们一步步深入这座城市的灵魂深处——鸡鸭市胡同。

　　起初，一切正如我们期待的那般美好，胡同两侧的老槐树轻轻摇曳着翠绿的叶片，仿佛在低语着往昔的点点滴滴。孩子们满怀好奇与渴望，在狭窄的巷弄间欢快地穿梭，眼中闪烁着对未知世界的无限憧憬。我们行至龙王庙胡同，王晓丹老师生动地讲述了过去百姓在龙王庙会祈求风调雨顺的情景，正当大家沉浸在这份探索的乐趣中时，一场不期而至的大雨悄然降临，打破了四周的宁静。

　　面对这突如其来的变化，参与活动的孩子们兴奋地喊道："龙王显灵啦，下大雨啦！"其中，小志愿者陈家旺更是难掩激动之情，他大声说："王老师，你快看！龙王都知道我们今天要来胡同'求雨'呢，这天儿实在是太热了！"

　　雨势猛烈，迫使我们急寻避雨之所。幸运的是，不远处的新疆阿克苏烤馕店成了我们的临时庇护所。店主热情地迎接我们进店，店内顿时弥漫起浓郁的麦香与炭火交融的气息。孩子们的眼神中闪烁着惊喜的光芒，当他们接过那金黄诱人、香气扑鼻的烤馕时，脸上绽放的笑容如同窗外雨珠般清澈透亮。那一刻，我深切体会到，无论风雨多么肆虐，温暖与善意总能穿透重重阴霾，照亮人心。

　　雨势渐渐减弱，直至完全停歇，空气中弥漫起泥土与烤馕混合而成的清新宜人气息。我们重新整装待发，继续深入胡同的心脏地带。雨后的胡同更添了几分古朴与宁静，每一块青石板都仿佛承载着历史的重量，默默诉说着岁月的故事。就在这时，我们抵达了鸡鸭市胡同3号——安奶奶的家，一座拥有300年沧桑历史的老宅，静静地守候在时光的深处。

　　安奶奶慈祥的脸庞在门后斑驳的光影中渐渐显现，她以一种近乎神圣的姿态，缓缓为我们推开了这扇通往历史深处的大门。跨过门槛的瞬间，我仿佛经历了一场时空穿越，眼前的景象既真实可触又遥远模糊。老宅之内，每一块砖瓦、每一幅字画、每一处陈设，都静静地讲述着过往的辉煌与沧桑岁月的故事。

　　安奶奶耐心地引领我们穿梭于这座宅子的历史长廊，同时分享着她与这座城市结下不解之缘的故事。她的声音，温柔中蕴含着力量，宛如一位深邃的智者，向我们传递着关于城市变迁、文化传承与人文精神的深刻洞见。那一刻，我深刻感受到，这不仅是一次寻常的胡同探访之旅，更是一次心灵的净化与成长的契机。

　　在安奶奶的老宅里，时间的沉淀与文化的韵味交相辉映；而雨后的胡同，则见证着城市的日新月异与人文情怀的温暖延续。此次"永安故城CITYwalk"，让我们不仅领略了胡同独有的风情韵味，更在行走间深刻感受到了这座城市的灵魂与不竭动力。我坚信，这段经历将会成为我们心中永恒的瑰宝，镌刻在青春的记忆长卷之中。

此刻站在这里，我更加坚信，永安故城不仅承载着这座城市的深厚记忆，更是我们共同的精神寄托与归宿。每一次的CITYwalk，都是对心灵的一次洗礼，对文化的一次深度探索。我将不忘初心，继续以我的方式，去关注、呵护这些宝贵的文化遗产，让它们在新时代的阳光下绽放出更加耀眼的光芒。

"永安"这一名字承载着昌平深厚的历史底蕴，它是"北京保卫战"中畿辅重镇的历史见证与记忆。由昌平记忆与东坡志愿家庭服务队联合发起的"永安故城CITYwalk"守护胡同公益系列行动，正逐步展开。

在悠长的夏日时光里，一场关于胡同文化的温柔邂逅悄然铺展。从2024年的粽叶飘香端午起，至夏末初秋的八月天，昌平的老街小巷成为探寻历史脉络、感受城市呼吸的秘密花园。

首站，6月10日，周一的清晨，当第一缕阳光洒满昌平区西关三角地公园，我们的胡同之旅便悄然起程。这不是一场简单的行走，而是穿越时空的邀约，上午9时，我们在这里集结，准备步入昌平一街东南段的幽深胡同，去聆听那些被岁月轻抚过的石板路的低语。

随后，6月末的一个周末傍晚，我们移步至昌平二街中东段，于温柔光影中，继续这场未了的胡同情缘。每一次相聚，都像是与古老街区的又一次重逢；每一次驻足，都能听见历史的回响。

7月，暑气渐浓，我们却心怀清凉，分别于7月7日和27日的午后，踏入昌平三街东北段与五街西南段的胡同深处。在这里，时间似乎放慢了脚步，每一砖一瓦都承载着故事，每一扇门后都藏着往昔的温情。

转眼间，8月悄然而至，昌平六街中西段与八街西南段的胡同，在8月3日与11日的周末，等待着我们再次探访。这些胡同，如同城市的脉络，记录着变迁，也见证着永恒。

更令人期待的是，每次活动都会迎来神秘嘉宾，他们或是城市更新规划师，用专业的眼光解读胡同的未来；或是古建文物爱好者，带我们触摸历史的痕迹；更有书画家、教师、专家、作家、文艺工作者等，以各自独特的方式，分享对胡同文化的深刻见解与热爱。

参与这 6 期活动的小伙伴们，不仅将成为胡同文化传播的小使者，更将收获一份沉甸甸的"胡同文化传播小使者"证书及宝贵的公益时长。这是一场关于文化的旅行，更是一次心灵的洗礼。

小镇青年成长新摇篮：青榄社

李俊杰　梁志立 [①]

走进广东省中山市小榄镇，你会发现鳞次栉比的工业楼房之间，有一所特别的社区"青年学校"——"青榄社"。成立于 2019 年的"青榄社"，脱胎于中山市菊城公益服务中心，旨在陪伴与支持 18 ~ 35 岁本土青年人持续成长，为个体成长、社区打造与城市建设提供源源不断的支持。仅仅 4 年，他们不仅获得了本土青年的支持，还得到了地方政府的认可：2021 年荣获共青团中山市委员会颁发的中山市新时代"四最"青年集体、2023 年荣获共青团中山市委员会颁发的中山市五四红旗团（总）支部、2018 年荣获中山市民政局颁发的中山市 4A 级社会组织等。

"青榄社"从青年的需要、青年的期盼、青年的发展出发，为小镇青年提供个人发展、精神文化、休闲娱乐的平台，以朋辈群体理解青年、影响青年、支持青年，塑造小镇青年正向乐观、热情友好、不畏困难、勇往直前等品质。

一、看得见的"小镇青年"，服务源于需求

习近平总书记在二〇二三年新年贺词中深刻指出："明天的中国，希望寄予青年。青年兴则国家兴，中国发展要靠广大青年挺膺担当。年轻充满朝气，青春孕育希望。广大青年要厚植家国情怀、涵养进取品格，以奋斗姿态激扬

① 李俊杰（1995—），自由作家，香港浸会大学传理系硕士，曾长期供职于多家社会组织、公益组织与青年创新教育机构；梁志立，中山市政协委员、中山市青联常委、广州市海星公益基金会理事长，中山市菊城公益服务中心"青榄社"项目负责人。

青春，不负时代，不负华年。"①

广东省中山市小榄镇位于中山市的西北部，是广东省中心镇，中山市工业强镇、商业重镇，因菊花文化源远流长，1917年被孙中山先生誉为"菊城"，下辖23个社区和6个村，常住人口超78万，户籍人口28.86万，先后获得"中国乡镇之星""中国脆肉鲩之乡""中国办公家具重镇"等荣誉称号，拥有8个国家级产业集群和九大支柱产业。②吸引了相当规模的青年群体集聚。

为了更深入、全面、客观地了解小榄青年的真实需求，"青榄社"于2021年9月，联合ABC美好社会咨询社，通过广泛问卷调查、1V1访谈、工作坊等科学调研工具，共同产生了《中山小榄·小镇青年需求报告》。该报告反映了小榄镇青年的三大核心需求。

（一）高质量的陪伴与交际需求

一般而言，小镇青年与家人同住比例较高，拥有本地好友的比例也较高，交际安全感更足。但与之不同的是，小榄镇作为早年的工业强镇，居民普遍致富时间较早，加之本地教育资源不足等综合因素，相当部分的小榄青年从小学、初中就在外求学，成年后回到家乡，面对的是几乎陌生的人际交往环境。同时，小榄镇的主要产业为加工制造业，在"典型的小镇经济"中，家人辈的交际圈子相当有限，同时因为文化产业与娱乐资源有限，导致高质量的陪伴与交际链接难以实现。

在《中山小榄·小镇青年需求报告》中有69.4%的受访青年，都对"个人发展有帮助的人脉"与"兴趣上志同道合的伙伴"有明显需求。可见，除了吃喝玩乐的浅表性社交需求，小榄镇的青年群体，越发地呈现出对具有成长性、高质量交际的需求。

（二）个人成长发展与就业需求

从小榄镇的主要产业，足以看出本地青年的两大就业去向。一是承接父母辈的加工制造、贸易等行业；二是从事这些相关行业的基础职务。受限于

---

① 以奋斗姿态激扬青春：新时代党的青年工作成就综述［EB/OL］.（2023–06–18）［2024–11–04］. http：//news.china.com.cn/2023–06/18/content_88100687.shtml.

② 小榄镇经济社会发展总体情况简介［EB/OL］.（2024–03–08）［2024–11–04］. http：//www.zs.gov.cn/xlz/zjxz/xzgk/content/post_1262334.html.

"作坊式"的经营思维，无论是哪种去向，职业持续发展的潜能空间都相当有限。即使日常消费水平较一、二线城市水平有明显差距，但由于受教育程度的持续提升，本地青年对收入增长的"第二曲线"（即通过技能、经验与机遇的加持，实现劳动报酬的非线性增长）的需求是相当显著的。

在《中山小榄·小镇青年需求报告》中有 91.4% 的受访青年，提到目前的主要困扰都与个人成长、职业发展、职业生涯规划等话题息息相关。一定程度上，这也影响到了本地青年的身心健康水平，相当部分的青年人想要到大城市发展，但又缺乏机遇、能力与信心，对自身未来发展存在一定的焦虑与迷茫。

（三）丰富多样的精神文明需求

同在 2021 年，"黑蚁资本"深入走访了各地区数十个县城，调研发布的《县域市场中青年消费需求趋势报告》显示：75% 的被访者，平均每人每天在短视频上花 1.24 小时，网购 0.6 小时，游戏 0.7 小时。

由于工作时间和通勤时间相对较短，使得小镇青年的休闲时间较长。但是，小镇青年拥有的娱乐消费、精神消费的选项是有限的，因此，丰富生活的娱乐休闲需求尚不能很好满足。

在小榄镇的广泛调研中，一位青年志愿者向研究者勾勒了前些年小榄青年日常生活的场景：周末的时间里，青年大多集聚在奶茶店，将大部分时间投入电子游戏中。同时，一旦小榄镇有新的电影院、游戏店或书店开张，都会有相当的青年群体前往捧场。这揭示了小榄青年对丰富、多样、有品质的精神文明的需求，是相当旺盛的。

基于小榄镇青年以上三大核心需求，"青榄社"打造了一系列有创意、有趣味、有深度的青年文化产品。一是"WEEKUP"行动（谐音 Wake Up。寓意"周末唤醒"，鼓励青年人周末不要宅在家里，而是走出来做一些更有意义的事）。仅在 2022 年，持续 9 个月的 3 期活动，吸引了 486 名青年报名，共150 位青年入选，同时推动了 115 场社群成员聚会。与此同时，通过回访发现，100% 的参与者实现了"认识了真诚的朋友"，90% 的参与者"打破了两点一线的生活"，75% 的参与者实现了"与家人朋友关系更融洽"等，这些方方面面都足以体现小榄镇青年具备更多正向、多样、有趣的活动选择，同时在参与活动时，收获了比自身期待更为丰富的成长。1 年间，超过 62 场线下优质活动得以举办，累计参与人数为 1119 人。二是"青榄行动计划"。该计划是以提升青年综合素质、支持青年成长为目标的公益项目，通过 3 个月支持、小组陪伴等方式，完成工作、生活、人际关系等方面的挑战，最终成为具有行动力和社会责任感的青年，主要面向对自身成长感到迷茫，对能力增长有要求的青年群体。通过回访发现，超过 50% 的人希望通过自身成长，激励更多青年群体成长，并最终加入后续成长计划，成为"青榄社"重点培育青年人才库的一员。

通过这些多样化的文化产品，小榄镇的青年需求得以满足，意味着巨大潜力的消费市场、人才市场与文化市场得以孕育。同时，秉承着志愿服务的初心，更多像"青榄社"这样的地区公益服务品牌，将激活更多青年人成为优质青年，更多优质青年成为有志青年，更多有志青年投身于公益事业当中，实现"人人公益，爱满菊城"的组织愿景。越来越多被看见的小榄镇青年，必将成为这座城镇未来发展的关键力量。

二、打造"四个友好"青年空间，焕发城市鲜活动力

中共中央、国务院印发的《中长期青年发展规划（2016—2025 年）》，明确提出青年文化的发展目标："更好引导青年传承中华优秀传统文化、弘扬社会主义先进文化。青年文化活动更加丰富，文化精品不断增多，传播能力大幅提升，人才队伍发展壮大，服务设施、机构和体制更加健全。青年对提升国家文化软实力贡献率显著提高。"

"青榄社"结合国家对青年的发展要求和广泛调研需求，针对本地青年的核心需求，建成大型青年文化综合体——青榄空间，迅速成为社群伙伴聚集乃至周边青年聚集的常态化流量入口。作为特色青年文化空间，青榄空间在文化打造与实地建设中，融入了"四个友好"作为精神内核，即友好青聚、友好青趣、友好青爱、友好青创。

（一）友好青聚：让青年人有正向聚集的空间

青榄空间于 2023 年 4 月在小榄镇中心地段落成，拥有约 200 平方米的集约式设计，包括社区剧场、社区咖啡、阅读空间、社区展览等功能，主要服务于"青榄社"现有社群活动业务的开展，旨在成为社群伙伴的根据地、本地青年的正向聚集地，以及中山本土的青年文化地标。

梁志立作为"青榄社"的发起者及管理者，很早就意识到青年文化空间构建的重要性。2019 年，在"青榄社"品牌发起初始，他带领"菊城公益"团队进行了大量的实地考察、走访等调研工作，发现当地青年人面临的共性困境：个人发展遭遇瓶颈、优质精神文化活动缺乏、人生转折点缺乏多样化指导……当时，他率先开始打造"青榄社"线上社区，用优质活动促进青年人聚集。现在他带领落成青榄空间，未来还将落成青榄空间二期，超过 6000 平方米的可持续社区综合体。通过这些线下空间的落成与打造，"青榄社"将让本土以及周边青年人，通过更多的正向聚集，产生更多正向可能。

（二）友好青趣：让青年人有正向聚集的理由

"够姜"，在粤语中有"充满勇气"的意思。围绕这一接地气、有画面感的概念，"青榄社"打造了一系列文化品牌延伸活动。社群成员统称"姜姜"，他们通过陪伴、学习与实践，目标是成为"够姜青年"（寓意为有实干精神、充满勇气的青年代表）。

如何成为"够姜青年"？"青榄社"为社区成员描绘了生动、清晰的成长路线图：通过"WEEKUP"计划，鼓励青年人在每周末开展正向成长活动，产生良性成长变化；"青榄行动"计划鼓励青年人通过阅读经典书籍、改变自身行为、培养良性习惯，实现个人与社区的持续成长……与此同时，"青榄社"还积极鼓励、推动社区青年，在青榄空间开展疗愈工作坊、趣味周末、青年讲坛等有趣、丰富、多元的社区活动。层出不穷的青年文化活动，在青榄空间中落地，也为本土青年聚集带来无限可能。

（三）友好青爱：让青年人成为精神的收获者和付出者

除了物理空间外，青榄空间还为本土青年构筑了一个精神空间：在这个空间里，每位青年既是正向内容的受益者，又是正向内容的输出者。在"青榄社"社区内，成长经验较为丰富的成员被称为"老姜"，新加入社区的成员被称为"萌姜"。他们不仅是普通的成员关系，更是深入的"传帮带"关系。在"青榄社"组织的青年文化活动中，"老姜"将自身成长经验分享给"萌姜"，带动周边成员的改善与成长。每一个从活动中涌现的案例，都将成为"青榄社"的青年文化榜样，如在家风建设、个人成长、社区建设等领域，引领有相关经历的青年人投身社群，成为精神的收获者与付出者。

（四）友好青创：让青年人有创新的落脚点

创新是社会发展的动力所在。青年是社会创新的中坚力量。然而，青年创新普遍需要相应的支持、辅助与引导。对此，青榄空间提供了大量友好的支持。

如发起项目"3分钟实验室"，鼓励青年人通过轻松、快捷、迅速的方式，将对社会友好的想法迅速落地。无论是疗愈型工作坊，还是副业探索讨论，抑或社区问题项目制研习，青榄空间将为青年成员提供场地、想法以及项目形式上的支持。同时，青榄空间也为企业组织的引入提供更多可能，如与蔚来汽车联合举办的"够姜周末"，为本土青年提供了周末活动和企业联动的成长机会。

让青年人有创新的落脚点，将"小榄公"精神融入日常实干当中，无疑是"青榄社"的初心所在。

打造"四个友好"青年空间，是青年友好型城市的创新举措体现。截至2023年12月，青榄空间累计开展了113场活动，吸引了4576人次的青年参与其中。青年是实干兴城的重要主体，我们要焕发青年的活力与热情，为本土建设添砖加瓦，为本土发展插上永续腾飞的翅膀。

三、创新打造青年榜样，促进志愿服务正循环

与传统的榜样案例（如地区好人好事等）不同的是，"青榄社"所打造的青年案例，更多从个人具体困扰出发，突破自身困扰后，将成效分享给身边的社群，最终实现群体成长。因此，这些案例更加贴近青年群体的真实状况，起到的正向带动效果也相当喜人。

（一）家庭建设：被家庭重新"点亮"的青年们

习近平总书记指出："尊老爱幼、妻贤夫安，母慈子孝、兄友弟恭，耕读传家、勤俭持家，知书达礼、遵纪守法，家和万事兴等中华民族传统家庭美德，铭记在中国人的心灵中，融入中国人的血脉中，是支撑中华民族生生不息、薪火相传的重要精神力量，是家庭文明建设的宝贵精神财富。"[①] 在"青榄社"众多青年活动中，有一个主题贯穿始终，那就是家庭关系。无论是倡导

---

① 提高精神境界 培育文明风尚：加强家庭家教家风建设（有的放矢）[EB/OL].（2023-08-21）[2024-11-04]. http://dangjian.people.com.cn/n1/2023/0821/c117092-40060216.html.

青年人在周末积极动起来的"WEEKUP"，还是持续通过行动实践，改变自身行为，改善周遭环境的"青榄行动计划"，"青榄社"认为：通过良性、积极与正向的社群打造，身处其中的青年，自然就会改变周遭的环境。最先发生改变的，莫过于我们相处时间最久，影响最大的家庭环境。

龙鸽，就是其中的一位青年人。在外求学的他，因实习机缘接触到"青榄社"。在活动中，他发现已退休的父亲在年轻人中，展现出了充满活力的"年轻"一面，这让他们之间的沟通更为顺畅，也促进了父子之间正向关系的建立。这样的变化，还发生在更多的年轻人身上：曾经与父亲长期保持沉默的泽桦，如今在继承家业当中理解父辈的选择。曾经不理解母亲情绪化一面的健深，如今在家庭沟通中游刃有余。

这些真实的家庭建设榜样，同时激励着社群中的其他青年主动经营家庭关系，并从家风建设中汲取力量。

（二）实干青年：背着一桶泡面的他，用镜头闯出了一片天

党员干部要大力弘扬实干精神，坚持干字当头、实字为先，将实干精神转化为实实在在的行动，做到思想上有新观念、思路上有新突破、工作上有新举措，在新常态下更好地适应经济发展新常态、建设创新型国家。[1]要想培养出对党和国家合格的青年，实干精神是必须具备的品质。

志恒，是"青榄社"众多青年榜样中颇具特点的代表。作为退伍军人，他具有吃苦耐劳、不怕困难的优良品质，却在回归社会时，遭遇生意失败的难关。最困难时，甚至以泡面为生。在人生的岔路口，他遇到了"青榄社"。通过各项活动，他收获了重新开始生活的力量与勇气，以及启动事业的资源与机会。如今，他是一名专职摄影师，也通过自身的经历，帮助更多的退伍军人重返社会，发光发热。他的经历激励鼓舞了很多社群内的年轻人，他们都通过自身的成长与努力，带动周遭的环境持续向善，实现环境的持续变化。

---

① 大力弘扬实干精神［EB/OL］.（2023–11–23）［2024–11–04］. http://www.ce.cn/xwzx/shgj/gdxw/202311/23/t20231123_38803197.shtml.

（三）回归乡土：曾经小榄将他推向世界，如今他将世界带回小榄

梁志立，作为土生土长的小榄人，亲手打造了"青榄社"这一青年公益品牌项目。在社群中，他的事迹感染了相当多的青年人。

作为曾经的网球运动员，他投身于体育行业，在北京奥运会看到了更大的世界。随即，将网球教育带回小榄，带领这个小镇实现一个又一个零的突破。曾经网球场难觅的小榄镇，如今有 4 个专业本土网球俱乐部，为国家网球运动输送了大量人才。2017 年，他正式接手了"菊城公益"，在实践中思考公益如何持续作用于社会当中。2019 年，通过大量的实地走访与调查，他主导创立了青年文化品牌"青榄社"，旨在帮助本地 18～35 岁的青年人实现持续成长。4 年以来，"青榄社"将众多品牌资源、文化活动引入当地，打造了一个青年友好、青年聚集、青年发展、青年提升的青年文化角落。

对"青榄社"的众多青年而言，梁志立是一个典型的榜样：曾经小榄让他走向更大的世界，如今他决心把世界迎进小榄，让这个小镇迎来崭新的发展机遇。他不仅让本地的青年看到自身更多的可能性，同时，也鼓舞了无数的同业同行，为乡土建设付出自身的力量。

众多在"青榄社"涌现的青年榜样，也许只是在平凡生活中，实现微小变化的普通人。但正是这些微小的变化，能够鼓舞更多平凡的青年人，在日常的生活中，以亲身行动投身于志愿服务，实现不平凡的成长，最终造福所处的环境——而这份善意的不断传递，就像是"赠人玫瑰，手留余香"，会始终延续下去，形成一种正向、积极、友爱的社会氛围。

四、中山小榄镇"青榄社"，社区青年的终身成长学校

走进"青榄社"，不禁让人好奇：本土青年为什么聚集在这里？他们收获了什么？他们又将走向何方？

（一）精神——社区启动的根本

《中共中央关于制定国民经济和社会发展第十四个五年规划和二〇三五年远景目标的建议》提到，健全志愿服务体系，广泛开展志愿服务关爱行动。弘扬诚信文化，推进诚信建设。提倡艰苦奋斗、勤俭节约，开展以劳动创造幸福为主题的宣传教育。加强家庭、家教、家风建设。加强网络文明建

设，发展积极健康的网络文化。党的二十大报告对志愿服务又提出了更高的要求——"完善志愿服务制度和工作体系。"

"青榄社"将志愿服务活动融入日常青年文化活动中，通过"WEEKUP""青榄行动计划"等文化产品，鼓励青年人心系社区，投身公益，加强对社会困难群体如基层工人的关注，亲身实践改善基层生存环境的行为。同时，将家风家教建设、勤俭节约等中华优秀传统美德，结合创新创意的活动形式吸引更多青年人参与其中，100%的受访青年表示，参与活动后都改善了各自的家庭环境与相处方式，足以证明突出青年主体的精神，是启动社区之本。

（二）信任——社区构造的基石

在"青榄社"核心成员的访谈中，有一个词语屡次被提及，那就是——信任。在社区内，成员通过3个月的多次成长活动，建立了深厚的信任与友谊。因此，社区内成员的相互交流与支持，在个人主义、消费主义、空心化、"宅"文化盛行的当下，显得尤其珍贵。仅仅是2022年，就有数十场线下活动在这里发起，1119名青年人得以会聚。

这种信任，源于持续多年的社区付出。早在2014年，"青榄社"的孵化单位——菊城公益中心，就已经长期扎根于小榄，支持助老、扶贫等本地公益项目。再到2019年，孵化出"青榄社"这一面向本土青年成长的品牌，该组织始终秉承"人人公益，爱满菊城"的精神，创新的是活动形式，不变的是本土情怀与奉献初心。回首过去，正是10年的扎实付出，构建了"青榄社"在本地的信任基石。

（三）开放——社区活力的秘密

虽然植根于中山小榄本土，但"青榄社"的视野放眼珠三角、大湾区乃至全国。4年来，"青榄社"积极与社会各界联动，包括互联网、教育、户外、制造业、大学、政府单位等各个组织与集体，旨在为青年提供更为有趣、多元、开放的成长机遇。同时，"青榄社"所开展的活动中，除了保留本土青年的参与比例，更加积极开放周遭地区青年的引入，无论是"WEEKUP"还是"青榄行动计划"，都不乏有社会各界精英的身影。

在改革开放初期，小榄是青年人走向世界的起点。如今，"青榄社"致力于让世界走进小榄，让小榄在世界舞台上绽放光彩。

（四）实干——社区成长的未来

实干精神，是"青榄社"在社区活动中时刻践行的。在这所青年成长学校中，学习有一个很清晰的目的，那就是：用自身成长改变周遭环境，带动更多人持续成长。无论是"WEEKUP""青榄行动计划"，还是"3分钟实验室"，"青榄社"都强调：想法是干出来的，未来是闯出来的。作为青年，我们应该有建设社会、肩负未来的担当，而担当正是始于日常生活的改善与实践。遍访"青榄社"成员，会发现他们身上的一些共性：对家庭环境建设越发重视；亲自做饭，减少外卖，践行环保理念；无私奉献支持社区体现志愿精神……

青年，是社会建设的中坚力量，也是社会发展的未来希望。实干精神在青年群体中不断夯实，在这所青年学校中不断成长，也将为小榄打下更为坚实的基础。

后 记

十年磨一剑，志愿有力量。

2014年，我们出版《志愿服务：理念与行动》一书，阐述了志愿服务不仅有思想、有愿望，更要有行动、有作为。至今过去10年了，我们再次出版《志愿服务：传承与创新》一书，阐述志愿服务对中华优秀文化、党的先进文化、雷锋精神、国际经验的传承，同时分析中国特色志愿服务的探索和创新、发展和贡献。

这是一本在实践中总结和思考的书籍，也是一本在服务中体会和感悟的书籍。编委会成员是跨越不同年代的志愿服务专家学者、领军人物、骨干人才，既有20世纪60年代到90年代的人，还有21世纪出生的人。恰恰是不同年代、接续努力的志愿者，让这项崇高的事业不断发展繁荣，也让志愿服务研究富有生机活力。

在本书出版之际，首先要感谢全国的志愿者、志愿服务组织、志愿服务工作者，是你们的奉献和服务、努力和创新，让理论研究充满魅力。其次要感谢广东省社工与志愿者合作促进会、广东省团校（广东青年政治学院）青年公益与志愿者学院及其合作伙伴，多年来深入一线、潜心调查，为理论创新积累丰富的素材。再次要感谢何伯权先生以及广州市海星公益基金会，多年来的倾情资助让这项研究持续深入、富有成效。从次感谢广州市天河区原点社会工作服务中心和广州市天河区启智社会工作服务中心对我们工作的大力支持。最后要感谢中国社会出版社的编辑，你们认真的工作，让本书增色许多、更有价值。

我们的工作有退休，志愿服务没有退休，本书的出版仅仅是一个新的开端，还需要进一步的调查和思考。我们会一直努力，我们一直在路上。

再次感谢广大志愿者的支持，感谢各界朋友的支持。

作 者
2025年1月于广州